はじめに

中世の讃岐を絵解きしてみたい。当時の景観を再現してみたい。その時の場面を描画してみては、との想いがあった。幸い先行出版された『古代の讃岐』と『近世の讃岐』とがあって、本書はシリーズとして両書の間隙を埋める三冊目となるものであった。それらは見開き頁を写真と文章で構成されている。これは、引き継ぐべきポリシーだと思った。

しかし、そんなに都合よく中世の絵画史料が揃っているわけでもない。古文書・古記録の類は、ビジュアルではない。現在の写真を使って説明するにも好機の画像を得られるとは限らない。そのような不安が脳裏をよぎった。さほどに中世の写真資料は本文と乖離しようことが多い。でもやるしかないと……。なら可能な限り「読みやすく」を心がけたつもりであ新たな中世の歴史的景観を創り出せたとすれば幸ある。

世の讃岐は、これまで「華」がなく、配流の国柄て暗いイメージで語り始められることが常のようあった。それは、崇徳上皇や法然・道範などの貴人・人といえども流人の立場から悲壮感が漂う一面があったからかもしれない。けれども、古来「臨海の近国」という表現があって、これは必ずしも讃岐国を指すものではないが、中世の当国は常に京洛の政治や文化の影響下、というよりはそれらを担う当事者の往復によって畿内に密接した「近国」という位置を占めていたと思われる。都鄙を行き来すること、つまり、京都に上洛し讃岐に下向するためには瀬戸内海という交通の場があることは言うまでもないが、この海が、実は中世では交通の障壁ではなく、むしろ交通の利便性を増すものであったことを知るべきである。現代の我々は、海や川は交通の妨げでしかないが、中世では、逆に、それを増進させるものであった。

本書は、また、「四国」という視野、具体的には阿波や伊予・土佐から見た中世の讃岐についても表現してみようと思案した。そこで、特別寄稿者として、それぞれ在地の研究者からの玉稿を鏤めさせてもらった。従来の郷土史関係書と一味違った特色を持たせたのではないだろうか。さらに県内の寄稿者からは執筆内容の狭間を補っていただいた。

平成十七年七月吉日　唐木裕志

はじめに

「目　次」

※市町名は、平成十八年三月二十一日以降の合併後のものを使用した。
※口絵・扉絵の写真は、香川県教育委員会の提供による。

第一章　中世誕生

「先生、質問。中世って一体どんな時代なんですか。」

「おいおい、随分と難しい質問だな。逆に尋ねるけど、君は中世ってどんな時代だと思う。」

「えーっ、ずるいなあ。ええっと、高校とかの歴史の教科書では、武士が台頭してきて、鎌倉幕府を開いたりして政権を担うって書いてあったかなあ。博物館とかでは『武士の時代がやって来る』という映像があったけど。」

「うん。確かに武士が前面に出てくる時代だね。鎌倉時代の僧、慈円が『愚管抄』という書物に「武者の世これより始まる」って保元の乱を指して書いている。でも武士だけの時代じゃないんだ。そうだなあ、君は中世って、いつからいつまでを指していると思う。」

「ええっ。何でこっちが質問されちゃうのかな

木造阿弥陀如来坐像　如音寺蔵（重要文化財　12世紀）

あ。あ、この前、近世の講義で、検地が近世の始まり、って言っていたから、中世はそれまでかな。始まりは保元の乱からですか。「武者の世始まる」でしょ。」

「おいおい、単純化して答えたね。まあ検地は一つの指標になるね。検地によって複雑な土地所有が重層していた荘園制が解体されて、耕地一つひとつに直接生産者が掌握されるからね。と考えると、中世の特徴は荘園制ということになる。確かに中世は「荘園の時代」とも言うからね。」

「私、荘園制って、さっぱり分からなかったんです。複雑で……。」

「そうだね。ところで荘園制が中世の特徴なら、その始まりが中世の始まりになるのかな。」

「え、でも荘園って古代からあったような……。」

「うん。ただし同じ「荘園」と呼んでいるけど、鎌倉時代以降につながる荘園は大概十二世紀、院政期に立てられたものなんだ。」

「じゃあ、その院政期が中世の始まりなんですか。」

「うーん、最近は院政期が一つの画期と言われているけど、そう簡単にはいかない。何年何月何日に時代が変わります、というのは宣伝広告ではよく使うコピーだけど、歴史の変化はもっとロングスパンで考えないとね。検地以降にも生きていた中世武士はいるわけだし、土地制度だけでなく他にも様々な指標がある。」

「結局、その指標から中世ってどんな時代かを探るわけですね。」

「そうだね、ここでは平安時代中期から後期にかけて、どのようなことが前の時代から変わったのか考えてみよう。」

「古代と中世の比較というわけですね。」

「うん。まず古代といえば。」

「律令制度ですか。律令という法律に基づいて運営される国家ができた時代ですね。人々を戸籍や計帳で把握し、口分田を班給し、租・庸・調といった税がかけられていました。」

「まあ合格点かな。律令の建前では、個別人身支配と言われ、税も人頭税とされている。」

「建前って、どういうことですか。」

「実際は、各地方のボスだった有力者を郡司に任命して、彼らの支配を利用していたらしいんだ。人数分の税を郡や郷ごとにまとめて収められていたんだ。だから伝統的な郡司層の地位が揺らぐと、律令の建前も動揺する。」

「律令国家の動揺、とか崩壊とか、教科書に書いてありますよね。」

「うん。でも最近では、受領国司を通じて国家が国内支配を強めたという説もある。当時の宮廷が華やかなのに、動揺や崩壊というのは変だろう。古代の国家は受領に一任、といった別の方法で収入を確保したんだ。と考えるとまだ古代は続いていることになるね。」

「ふーん。でも租庸調という税がなくなりますよね。」

「うん。それまでの租に対応する米中心の税は「官物」、労役は「雑役」、調庸の系譜を引くものとして「公事」という税になり、「名」という土地を単位にして課せられるようになった。」

「それが、大体いつ頃なんですか。」

「土地を通じての支配を目指したのが十世紀の初め、菅原道真が失脚した頃だよ。実は転換した政策は彼の献策という説もあるんだ。「官物」や「公事」といった税の単純化は十一世紀になって行われた。」

「税制から見たら、十世紀から十一世紀にかけて中世化されていったんですね。」

「うん。そう言えるかもしれないね。次にちょっと難しいけど国家意思の決定について見てみよう。」

「こっかいしのけってい？」

「平たく言うと、摂関政治と院政の違いだよ。」

「なーんだ。摂関政治は、藤原氏が娘を天皇の妃に入れ、間に生まれた子を次の天皇にするんですよね。それで外祖父として幼い天皇を後見するのが摂政、成人した後は関白として権力を握るんでしょ。院政は、天皇だった父親が譲位して息子を天皇にして、実権を父親が握るんですよね。あ、母親を通じて実権を握るのと、父親として握る違いが、古代と中世の違いです。」

「ちょっと勇み足かな。婚姻形態についても、妻問い婚から嫁取り婚への移行期なので、あながち間違いではないけどね。また氏集団と家という違いもあるかもしれない。摂関政治、院政の理解はその通りだけど、もう一歩突っ込んで考えよう。摂関政治は摂政や関白が実権を握るけど、最終的には律令官制に従って公卿会議が開かれ天皇に奏上され、決定される。天皇を頂点とするピラミッドで政務運営されているんだ。ただ天皇周辺に「ミウチ」として摂政や関白がいる。でも彼らも公卿会議のメンバーなんだ。一方、院政は天皇のピラミッドと別のところに院を頂点とするものがある。そしてその周辺に「院近臣」がいる。摂関政治の図式と頂点の数が異なるんだ。これが根本的な違いかな。」

「他にも、中世の成立を示す指標があるんでしょう。」

「そうだね。色々な視点から、中世ってどんな時代だろう、って考えることが大事なんだ。ここでは、中世開始期のうちいくつかの話だけだったけれどね。そうだなあ、じゃあ、せっかくだから讃岐の中世についてレポートを提出してもらおう。参考文献としては、『中世の讃岐』がある。

この夏休みにこの本を読んで、レポートを提出してね。」

（渋谷啓一）

(1) 南海道から中世の大道へ

昔日のおもかげを今に伝える大坂峠の古道（東かがわ市引田）

谷筋の緩やかな山道を登る。やがて勾配はきつくなり、峠の頂上は目の前になる。国境を越える。眼下には讃岐国、そして瀬戸内海に浮かぶ島々の姿が広がっている。ここは阿讃の境、大坂峠。

古代には、当時のハイウェイである南海道がこの峠を越え、讃岐国府と都をつないでいた。律令国家は地方制度として、国―郡―里（郷）の制度を導入したが、これらをまとめる広域の制度として五畿七道という制度を用いた。陸路を使って国々をつなぎ、その「道」でグループを作る制度である。讃岐国は南海道のグループに属し、道路は紀伊・淡路・阿波から讃岐に入り、伊予そして土佐を目指すコースが設定された。この設定されたルートに従えば、都方面からの使者は、この大坂峠を越え、引田の駅家に向かう。そして丹生から田面へ抜け、松本駅・三谿駅・一宮を経て讃岐国府を目指すことになる。

しかしながら、讃岐国は瀬戸内海をはさんで首都圏（畿内）と隣接する国であった。使者の往来、税の輸送に海路が採られるのは当然ともいえよう。すでに古代の法令集『延喜式』には、讃岐国からの物品が「与等津」＝淀の津まで海路で運ばれる日数が書かれている。また、讃岐国司として赴任した菅原道真は海路着任し、国府の港湾施設である松山館から一時都に戻ったことが『菅家文草』にある漢詩文から分かる。

都との間の交通が海路中心になる一方、陸路は地域間交通に用いられ、各地に「大道」が作られる。もちろん伊予国に向かう「伊予大道」は、古代の南海道がルートを変えつつ変貌を遂げたものといえよう。例えば、条里地割の余剰帯から推定される南海道は、大日峠を越えて高瀬の平野部へ入ってくるが、中世には鳥坂越えの「伊予大道」に変化したと考えられる。また、地域の中心を目指して各地に「大道」が作られる。現在の高瀬町から三野町にかけて見える「大道」や「道免」といった道についての地名は、本門寺を目指す道に沿って残存している。地域の中心となった本門寺への道が整備されたのであろう。

阿波との国境を越えるルートも、大坂峠だけでなく、現在に至る峠道のうち中世まで遡る道もいくつか作られていった。阿讃の山並みを越えて土佐の軍勢が襲来してくるのは、まだ遠い未来の話である。今は名もなき修験者や商人あるいは林業に携わっていた人たちが、峠道を行き来していたと推測される。

遥か彼方の瀬戸内海を西に向かう船が見える。どうやら高貴な方が乗船されているようだ。かつての国司菅原道真のように流罪となった方だろうか。船は松山津を目指しているように見える。

今度は何十艘もの軍船が往来している。船には紅旗を掲げ、まずは九州方面を目指し、やがて讃岐に戻ってきた。彼らは再び都へ向かうのであろうか。

後ろからは、馬が駆けてくる音が聞こえる。およそ一五〇騎ほどであろうか。疾風のように峠を駆け抜けていく。白旗を掲げながら屋島を目指して。

さあ、峠を降りよう。讃岐の中世が始まろうとしている。

（渋谷啓一）

(2) 受領《ずりょう》と在庁官人たち

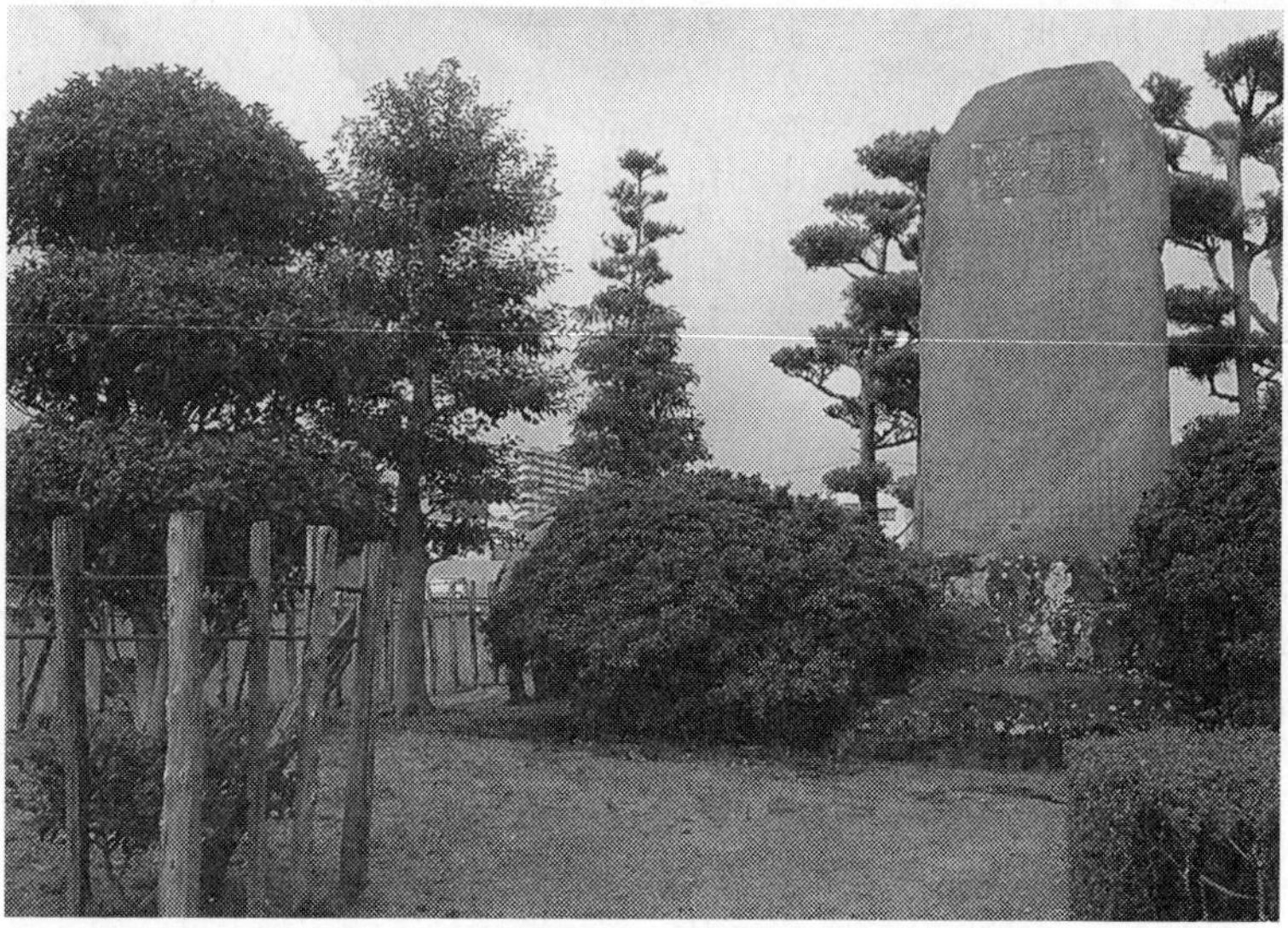

受領や在庁官人らが政務を執った讃岐国府跡（坂出市府中町）

九世紀、時の天皇、宇多天皇は重大な決断をしようとしていた。諸国からの調・庸の進上が遅れ、品質も粗悪になり、さらには未進に至る国まで出てきた。調・庸の収入減は、即、国家財政に打撃を与える。これまで未進分を補填《ほてん》するよう国司に命令を下したものの、その未進分の多さに圧倒され、補填は進まなかった。讃岐国司など諸国の国司を歴任した藤原保則《やすのり》が献策したのは、この時であった。累積は一時棚上げし、国司の任期中の未進は完済する、完済できない場合は次の官職に就けない。そしてその責任は官長である守《かみ》が負う。こうして四等官制であった国司のうち守が、政府に対する一国の責任を負う体制がつくられた。受領の誕生である。

やがて政府は国内のことを受領国司に一任する体制をとり、受領は決められた額の租税などを都に送れば、その他の任国での政治は自由裁量となった。こうして受領は任国を蓄財の場としていった。

これに対し、他の任用国司（介《すけ》・掾《じょう》・目《さかん》）や郡司、台頭してきた富豪層が、権益をめぐって受領国司と対立するようになる。国司の非法を訴えた「尾張国郡司百姓等解文」はこうした背景で書かれた。讃岐国でも、長暦四（一〇四〇）年に郡司や百姓（富豪層）が、高い税率を設定し特産物以外の産品をも徴収した国司を訴え、太政官で争われた事件が、藤原資房の日記『春記』に記されている。こうした紛争が各地で起こった。こうした事態に対処するため、政府も受領国司の甚だしい収奪を抑えるため、国ごとの税率を定めるようになった。

税についても、十一世紀になると、調・庸や租・出挙という租税名はなくなり、米を中心とする官物、調・庸の流れをくむ公事の二本立てとなり、人頭ではなく土地、「名」を基準単位として課せられるようになる。国司は、国内の田地を調査して検田帳を作成し、田地の所在地、面積、租税額と租税納入責任者の名を把握する。田地はその租税納入責任者の名をつける。これが「名」である。租税納入責任者は「名」の租税を負担するから「負名」と呼ばれる。「名」は国家の土地で、付けられた人の所有ではない。預って耕作（請作）し、租税を納めるのである。彼らは田地を請作する面から田堵とも呼ばれた。

郡司の性格も変容した。伝統的な在地有力者の持つ権威よりも事務能力が求められるようになった。こうして任用国司と郡司らが国衙事務を担うようになる。

任国に赴任しない遙任《ようにん》国司が登場すると、国衙《こくが》は、国司が留守の場所＝「留守所」と呼ばれるようになる。その留守所で執務する任用国司や郡司は、在庁官人と呼ばれ、国内政治の実務を行った。在庁官人は様々な職能によって実務を請け負い、また国衙の軍事警察権をも持ったことから、後に武装化し、地方の武士団を形成していくことになる。

やがて、国司が持つ得分は公卿らの俸給とみなされる。公卿らにその国の知行権を与え収入を得させる知行国《ちぎょうこく》制度が十二世紀に確立される。

（渋谷啓一）

(3) 「氏」から「家」へ

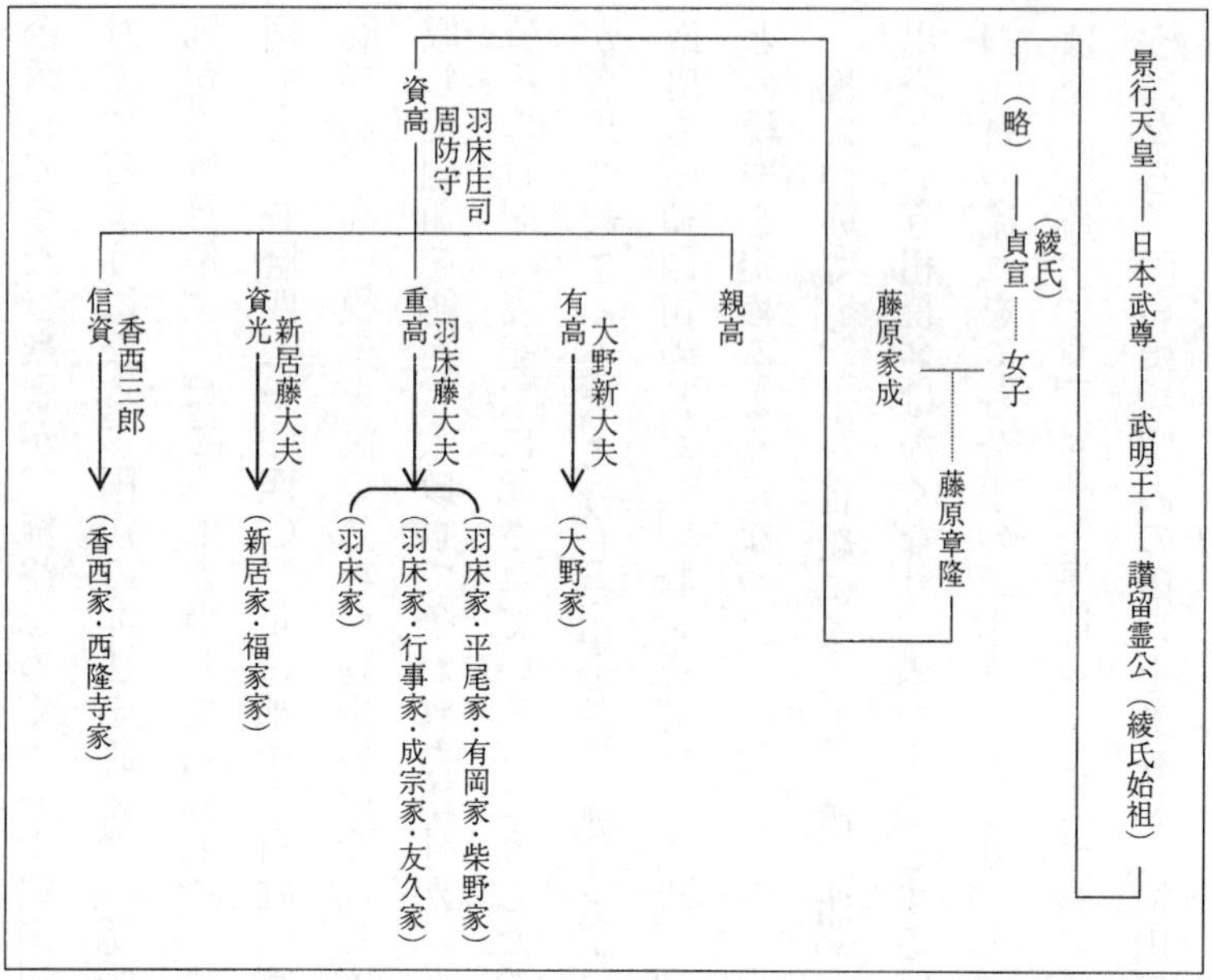

氏（綾氏）から各家へ分かれていった様子が分かる『綾氏系図』（前半部略出）

歴史上の人物の名前を読む時、「の」の有無について苦労した経験はないだろうか。「藤原道長」は「ふじわら『の』みちなが」、「源義経」は「みなもと『の』よしつね。」ところが「北条政子」は「ほうじょうまさこ」、と「の」が入らない。

この「の」の有無が混在する時代が、ちょうど平安時代後期から鎌倉時代に対応する。「の」が入る場合、それはウジナを示している。「藤原（朝臣）兼実」や、「源（朝臣）尊氏」といういわゆる本姓を示している場合、「の」が入る。一方で名字の場合、「九条兼実」や「足利尊氏」のように「の」が入らない。中世のはじまりの時期は、ウジナでの表記から名字の表記に変わりつつある時代とも言える。

ウジナから名字へと表記が変化する背景には、それまで各人が帰属する母体が「氏」から「家」へと変化していったことが考えられる。「家」の成立については様々な議論があるが、ここでは、官司請負の視点と「一家」集団の形成の視点から考えたい。

平安時代後期、中央政府の事務局である弁官は小槻氏が、天文関係を掌る陰陽寮は安倍氏や賀茂氏が請け負うといったように中央官庁において特定氏族の職能に業務運営を請け負わせる体制になり、また地方においても国衙を中心に様々な職能への請負が行われるようになった。本来の請負先は、職能をもった個人だったが、やがて「一家」と呼ばれる集団の「家業」となり継承され、家業を旨とする経営体である「家」ができる。小槻氏や安倍氏、賀茂氏はもちろん、「日記の家」、そして「兵《つわもの》の家」、さらに摂政や関白を出す「摂関家」といったように「家」が成立し固定化していく。従来は天皇の外戚であることが重要視されたが、「摂関家」成立以後は、藤原道長―頼通―師実の直系が摂政や関白となった。

院政についても「天皇家」という「家」成立の視点から考えると、それまでの外戚を含めた「ミウチ」の合意形成による皇位継承から、「家長」＝院が後継者を定め、「家」を運営する体制に変化したものと考えられよう。

讃岐国においても、「氏」から「家」への変化は窺える。「綾氏系図」に注目してみよう。

この系図は中世讃岐の武士たちの祖が、讃岐国の伝統的氏族である綾氏の流れを汲み、一方で鳥羽院政期に讃岐国を実質支配した知行国主藤原家成の系でもあることを示している。系図全体は讃岐藤原氏の広がりを示すが、個々の名前の傍らに「大野新大夫」、「羽床藤大夫」、「新居藤大夫」、「香西三郎」、「福家次郎」といった注記がある。この注記が、各々の「家」、すなわち「大野」・「羽床」・「新居」・「香西」・「福家」が形成されたことを示し、またその名字に拠点地名が採られているが、その地域の荘園や公領の運営などを国衙や領主から請け負ったためと考えられる。彼らは、讃岐藤原氏として「ふじわら『の』しげたか」である一方、「家」の者として「はゆかしげたか」と名乗ったのである。

（渋谷啓一）

(4) 荘園の形成

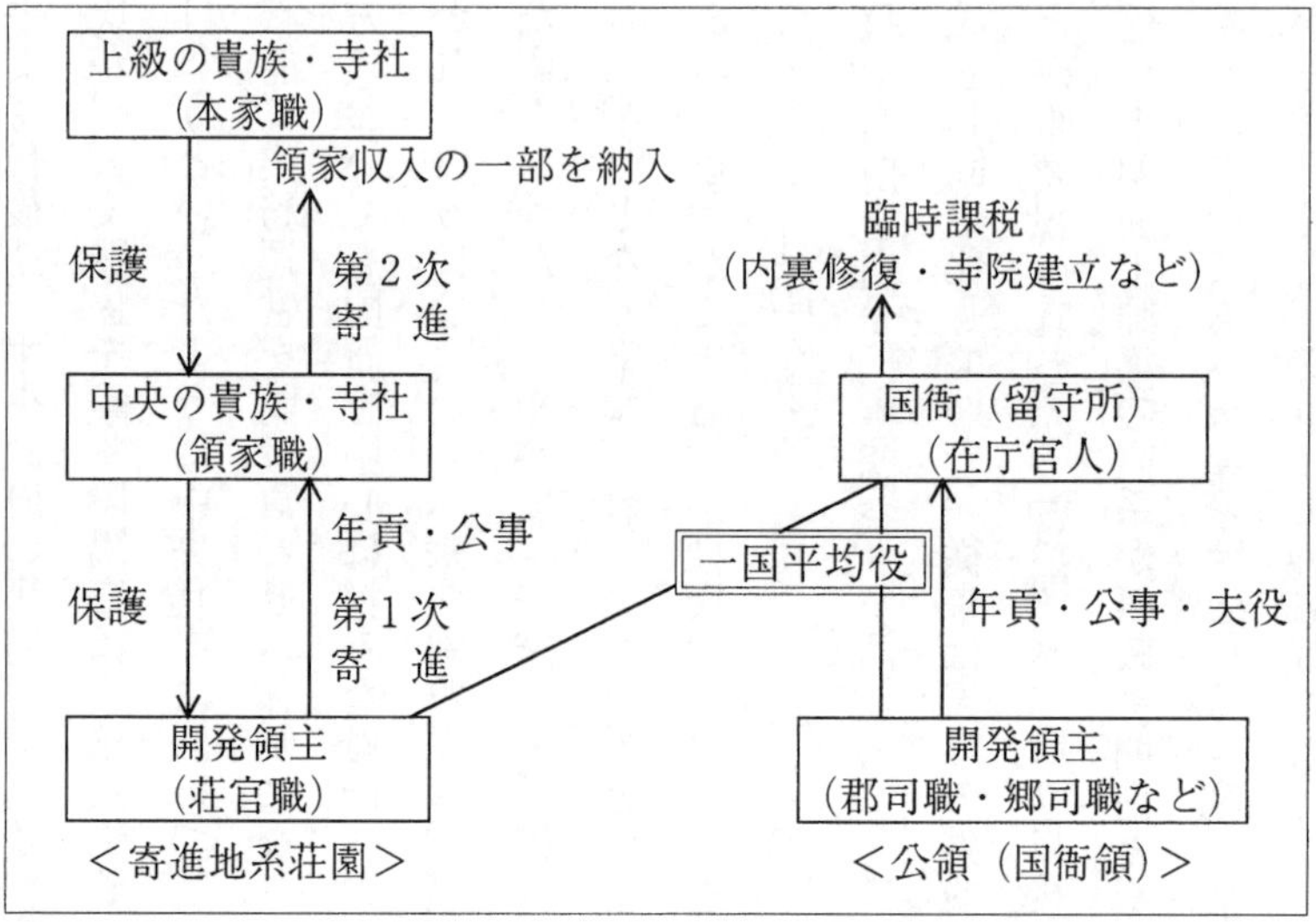

荘園と国衙領（公領）の構造

荘園の歴史は、古代における寺社などの大土地所有からはじまるが、一口に荘園といっても、八世紀のいわゆる初期荘園と、それ以後十一世紀以前の荘園、そして十二世紀以降立てられた荘園で性格が異なる。鎌倉時代以降に続く荘園は十二世紀、院政期に立てられた荘園がほとんどであり、十二世紀に新立した荘園が存続する時代＝「荘園の時代」＝中世と言えるであろう。

中世荘園の詳細については、第五章で述べられるので、ここでは中世の荘園が形成される前段階について触れたい。

初期荘園は、都の寺社や貴族らが所有した私有地で、讃岐国には、弘福寺の田畠が山田郡に、西大寺の田地が多度郡、塩田が寒川郡に、法隆寺の庄倉が国内八郡に一三ヵ所置かれていた。これらの荘園は、国家が認める寺院の土地所有のため、その管理や経営は、国家の機構を通じ、国司、とくに在地の郡司らが担っていた。ゆえに八世紀末以降の在地の変化、伝統的な郡司層の没落などにより、初期荘園の経営は動揺した。建久二（一一九一）年の年紀を持つ「西大寺所領庄園注進状案」（西大寺文書）には、多度郡の田地は見えず、寒川郡の塩田が「顚倒《てんとう》庄々」の項目にあり、既に実体がないものと記している。

次いで、在地の開発者たちが自ら開発した土地を貴族や寺社に寄進する寄進地系荘園が出現した。と記すと、藤原道長らが寄進された荘園からの収入で栄華を極めたと想像しがちだが、実際は異なる。摂関政治を担った貴族や寺社の主な収入は、国家から支給された封戸《ふこ》であった。各国衙は指定された戸数分の封物を国内で徴収し、封主である貴族や寺院に納めた。つまり受領からの納入がある限り、貴族たちは封戸を収入源とし、荘園収入が占める割合は低かった。例えば、奈良時代に讃岐国には東大寺の封戸が一五〇戸分設置されていた。この封戸は天暦四（九五〇）年の「東大寺封戸庄園并寺用雑物目録」にも記され、永承二（一〇四七）年には讃岐国雑掌の「秦成安」から封物の納品書が進上されている。十二世紀以降、納入が困難となり、久安四（一一四八）年の「東大寺諸国封戸進未注進状案」では「凡不済之国々」と記される。このように、十一世紀までは封戸収入が貴族や寺社の経済を支えていた。

封物を納入出来なくなった受領は、封物分に相当する土地を保として国内に確保し、封主への補填とした。これを便補という。封戸の荘園化である。讃岐国内の東大寺封戸は、十二世紀に那珂郡金倉保と三木郡原保に転換された。

十二世紀の荘園増加は国家が把握する荘園が増えることを意味する。院政期、内裏造営など臨時費用徴収に対し、受領は国衙領だけでなく不輸特権をもつ荘園も負担する「一国平均役」を求めるようになる。一国平均役の導入により、国家は存続している荘園を承認し、その実際を把握するようになる。こうして把握された荘園と国衙領（公領）が、中世の土地制度の単位となったのであった。（渋谷啓一）

(5) 来世への祈り

阿弥陀仏・弥勒への信仰

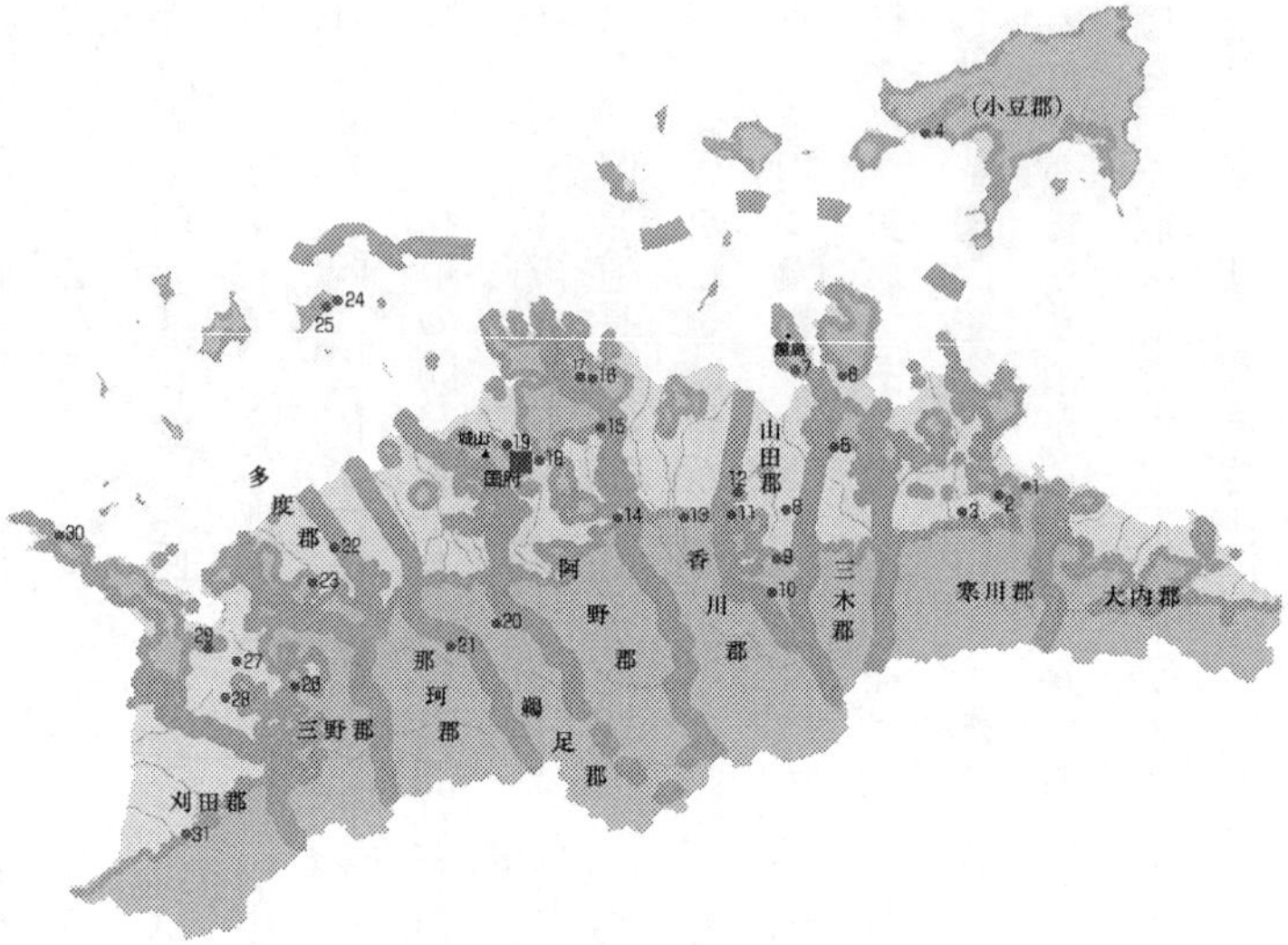

香川県内の経塚分布図

仏教は伝来当初から伝統的な信仰との併存、融合の動きが見られたが、平安時代になると神仏習合がますます盛んになる。仏教の影響で、神のいる森が切り開かれ社が建てられ、仏像と同じように神を描いた像が造られる。また地域社会で崇められていた神々の権威が喪失し、地方に布教活動を展開した天台・真言二宗（ことに密教）と習合するようになった。在来の信仰がもつ多神教的な性格と、密教の説く曼荼羅世界が合致したためであろう。

平安時代中ごろ、打ち続く社会不安や跳梁跋扈《ちょうりょうばっこ》する怨霊に対する怖れは、穢れある現世から逃れて阿弥陀仏にすがって極楽浄土を目指す浄土信仰を盛んにした。念仏を唱えれば極楽浄土へ行くことができるというこの信仰は、難解な教義や複雑な修法を用いることなく救済へ到達できることから、庶民、中小貴族、そして大貴族に至るまで広まった。

天台宗の学僧源信は『往生要集』を執筆し、念仏の実践方法と阿弥陀仏の救済根拠を明らかにするなど、浄土信仰の理論化を進めた。また、十世紀に出現した「市聖」空也は京内の市井などを巡り、民衆への念仏布教に大きな役割を果たした。そして何人もの聖たちが救済のため人々の間を巡り、極楽往生を説いた。

十二世紀に成立したという説話集『今昔物語集』には、讃岐国の聖とその説法を受け往生を果たした人物の話を載せている。多度郡に源大夫という者がいた。狩猟や漁撈などの殺生を業とし、人の首を切り手足を折るなど乱暴で、仏法を信じていなかったが、ある日、仏の教えを説く聖の説法を聞き、浄土信仰に出会い、改心し、阿弥陀の姿を求め西方へ旅立つ。そしてついに阿弥陀の声を聞き、往生を遂げる。救済のため浄土信仰を広めていく聖の存在と、それを受け入れていく讃岐の様子が窺える。

極楽浄土への往生を求めて、貴族たち富めるものは、造寺造塔や装飾を施した経典書写、奉納をおこなった。一方、庶民層は、結縁による経筒埋納や百万遍念仏唱和を通じて来世での救いを求めた。

浄土信仰と同時期に、社会不安を背景として流行した仏教思想に、末法思想がある。釈迦入滅後、正《しょう》法《ほう》・像法《ぞうほう》の世を経るにつれ、釈迦の教えが衰え、末法の世に至り、その教えが滅んでしまうという考えである。日本では永承七（一〇五二）年が末法初年と考えられていた。

末法思想においては、滅んでしまう釈迦の教えを復活させる救世主として五六億七千万年後に登場する弥勒仏が尊ばれた。弥勒が現れるまでの末法の間、経典を保管するため、経典を銅板などで作られた経筒といった容器に納め、それを地下に埋めて築かれたのが経塚である。法華経などの経典のほかに、合子や鏡などが副納品として納められ、平安時代後期以降江戸時代に至るまで、全国で作られた。

讃岐においても、図のように屋島周辺や善通寺香色山などの山腹、神社・寺院の境内など三一ヵ所確認されている。

（渋谷啓一）

第二章　武士出現

「中世は、武士の時代」と言われている。ところでその「武士」とは何であろうか。

一昔前の教科書には、「平安時代の都の貴族たちは儀式に明け暮れた。そのために地方政治は乱れて、自分が開発した土地を守るために人々は武装した。こうした人々が武士だった。」と記述されていた。武士は乱れた地方から発生し、頽廃した貴族政権を倒して歴史の前面に出てきた印象を与えてきたが、近年の研究により、このような時代を切り開く武士のイメージは覆されている。

武士の発生と土地開発とを切り離し、武芸を職能とする面に注目し、「武」という特殊な芸能・職能によって区別された人々が「武士」であるという見方が有力になっている。歌人や能書家、白拍子、琵琶法師らと並んで「武芸の人」―「芸能人」と当時は認識されていた。ここでいう「武芸」とは何を指すのか。十一世紀に書かれた『新猿楽記』には様々な「芸能人」の姿が描かれているが、「天下第一の武者」勲藤次の「上手」なものとして「合戦・夜討・馳射・待射・照射・歩射・騎射・笠懸・流鏑馬・八的・三々九・手挟等」

紙本著色なよ竹物語絵巻　金比羅宮蔵（重要文化財　南北朝時代）

があげられている。合戦・夜討以外は射芸を指しており、ことに馬上からの射芸、馬を走らせ矢を射る芸（弓馬の芸）という特殊戦闘技術が、武士の芸能であったと考えられる。これらの技術を持たない単なる武装集団は「武士」とはいえないのである。

特殊戦闘技術をもった武士は、受領の苛政に苦しむ富豪層に乞われれば国衙を襲撃し、一方国司らが群盗を鎮圧するための軍を編成する際には、その職能を生かし軍事警察機能の中心を担った。こうして「武士」という身分が形成され、武芸を業とするイエが成立していったのである。

十世紀に勃発した平将門・藤原純友の乱では、反乱軍、鎮圧軍の両陣営に、こうした武士の両面が表れている。そしてこの乱の平定に活躍した兵たちは、後世の武士たちから「武家の創始者」として崇められるようになった。「創始者」たちは、乱平定の勲功により貴族として武官や国司などに任命され、都の周辺に拠点をおき、貴族社会の中で国家の軍事部門を担うようになった。そして武力を必要とする事件が勃発すると動員された。このような兵の動員は、臨時的なものからしだいに恒常化していき、国家の軍事部門を担当する「京武者」の家柄が形成された。

武士が都の貴族社会とも深く関係しながら発展していることは、彼らが身にまとう武具に関する研究から判明してきている。武士が着用する大鎧は、近衛府の貴族・官人が騎兵する際の武装から発展したと推定されている。さらに鎧の威糸の彩色、金物の意匠や造形、そして札《さね》の細工などは、都の専門工人を中心とする技術水準を前提としている。こうした鎧は都との交通を通じて地方に流通していった。

平安時代後期、都においては院や貴族、寺社といった中央の権門間での紛争―人事面や荘園・公領間での紛争など―が、また地方においては国衙と荘園領主（開発領主）との間の紛争が深刻化し、武力が使用される場面が頻繁になった。「京武者」は、都では宮中や院の警護にあたり、地方では紛争の調停役として、また武装勢力の組織化＝武士団の生成を通じて武力を提供するようになる。

やがて権力闘争の場に「京武者」の武力が用いられ、政権維持のために彼らの武力が必要となってくる。「武者の世」（『愚管抄』）が始まろうとしていた。

（渋谷啓一）

(1) 瀬戸内海の海賊と純友の乱

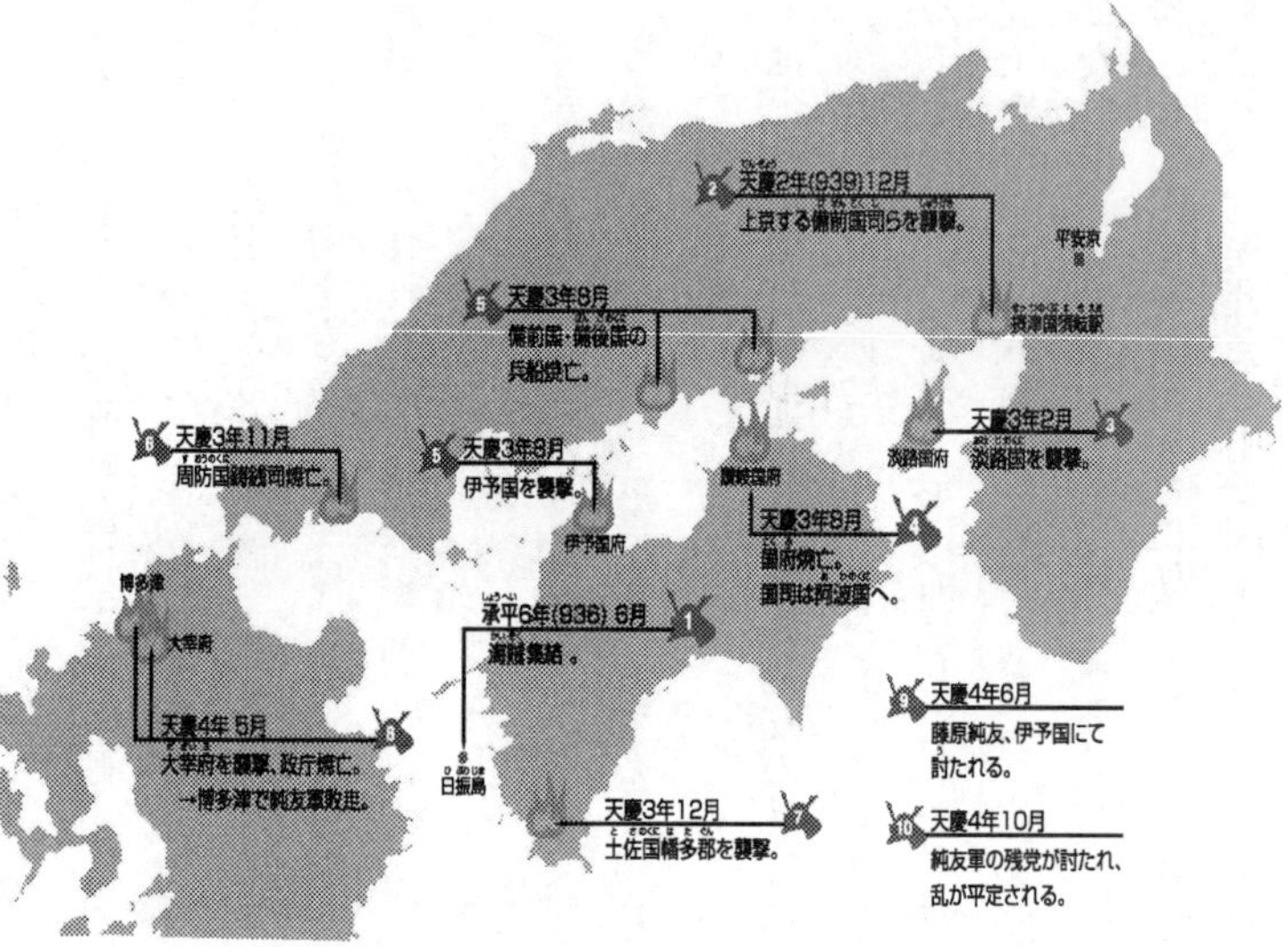

瀬戸内海を舞台に広域に展開した藤原純友の乱

瀬戸内海は古くから海上交通の大動脈であり、沿岸諸国からは、政府や寺社へ納める米や、一般の私財などが活発に輸送されていた。海上輸送の活発化にともなって、これを襲う海賊の出没が頻発する。『続日本後紀』承和五（八三八）年二月条に、海賊取締りの記事があり、海賊は平安時代初期には活動していたことが分かる。海上輸送を担う人々は、一方では海賊の船を操る側にもなりえた。平安時代中期の讃岐国司菅原道真が詠んだ「寒早十首」に登場する「賃船の人」は、雇い主が変われば海賊の戦力にもなったのである。

十世紀、南海道諸国の警固使が定められるなど、広域的に活動する海賊への対策が出される一方、『土佐日記』には、土佐国司として赴任した紀貫之が承平五（九三五）年に帰京する際、海賊の報復を怖れている様子が記されている。

藤原純友は北家発展の基となった冬嗣の三代孫だが、その家系は、父良範の段階で五位クラスの受領の家として格付けられ、地方軍事貴族としての道を歩んでいたと考えられる。純友は伊予国司（掾）として赴任し、海賊鎮撫に務めていたが、むしろ彼らとの結びつきが深まり、海賊の頭目らを配下に従えていたと考えられる。彼ら頭目を通じて瀬戸内海地域の三〇余りの海賊集団を統率下におき、伊予国日振島を拠点としていた。

天慶二（九三九）年、東国で起きた平将門の反乱（九三五～九四〇）と時を同じくして、瀬戸内海で藤原純友が活動をおこす。海賊出現の報を伝えるべく上京する備前国司を、純友配下の藤原文元が摂津国で襲撃。翌天慶三年、純友軍は瀬戸内海の広範囲で海賊活動をはたらき、淡路・讃岐・備前・備後・伊予・土佐の各国や周防国の鋳銭司を襲撃した。

讃岐国は八月に純友軍に襲撃された。讃岐国の官軍は純友軍と合戦して敗れ、讃岐介藤原国風は国府から脱出し阿波国へ、さらに淡路国まで逃れ、朝廷へ被害を通報した。純友軍は讃岐国府へ乱入し公私の財物を奪った。国府は放火により焼亡した。その後、純友軍の次将藤原恒利が寝返ったため、純友軍は大敗し退却した。

翌天慶四年に純友軍は大宰府を襲撃したが、博多沖で小野好古率いる官軍に破られ敗走。以後統率された軍事行動ができず、六月には伊予国へ戻った純友が誅殺され、また十月にかけて純友残党が討たれて、乱は平定された。

瀬戸内海全域を舞台とした純友の乱は、国府だけでなく讃岐国内にも影響を与えた。江戸時代に編纂の『南海通記』には、純友の乱の際、伊予国諸郡の郡司とともに讃岐国三野郡大領である綾高隼が純友軍に加わり、乱後、信濃国に流されたとある。『南海通記』の記述が必ずしも史実とはいえないが、この乱で、燧灘《ひうち》や備讃瀬戸に面した讃岐国に住む人々が、海賊側であれ官軍側であれ、戦闘に参加し、また戦乱に巻き込まれていったのであろう。

（渋谷啓一）

(2) 武士の誕生

塩飽の地頭高階保遠の館の様子を描いた『法然上人絵伝』
（知恩院蔵・京都国立博物館写真提供）

武士第一号は誰であろうか。武士のイメージを持つ人々のなかで、一番遡る人物は誰になるだろうか。「武家の棟梁」源平両氏の場合、平貞盛や、源満仲、さらに源経基まで遡るだろうか。他の氏族、藤原秀郷にはどうも武士のイメージがありそうだ。平安時代初期に蝦夷と戦った坂上田村麻呂の場合はどうだろう。坂上氏は、後に警察・検察組織である検非違使を歴任する家柄になるが、法曹官僚としての検非違使であった。坂上田村麻呂は、武官ではあるが、どうも後世の武士につながらない。

先に概説では「武芸」という視角から武士の定義づけを考えたが、ここでは、武士と武士に非らざる者を区分するもう一つの指標として、平貞盛・源経基・藤原秀郷に共通する点、すなわち「天慶の乱平定者」という点をあげたい。

将門と純友の乱は、平定されたものの、当時の貴族社会に大きな衝撃を与えた。後に安和の変勃発時（九六九）にも「天慶年間以来」の騒然さと、当時記録されているように、宮廷貴族の脳裏に天慶の乱は刻みこまれていた。乱に対する衝撃は、逆に乱の平定者への驚嘆にもなる。平定者こそ国家の軍事警察権を執行した者、その流れを汲む家の者こそ、軍事警察権を執行する武士という観念が作られる。一方、後世の武士たちは、自らの由緒正しさを「天慶の勲功者」から続く系譜を通じて訴えていく。

讃岐国でも同様である。例えば、江戸時代に編纂された『南海通記』の記載は、必ずしも史実とはいえないが、純友の乱に加担した三野郡大領綾高隼の後に「大庁官」（在庁官人）の綾大夫高親が三野郡司になると書かれている。後の源平合戦時に讃岐国御家人として登場する三野首領氏はこの系譜に連なると考えられるが、この『南海通記』の記載も、後世の武士が自らの祖を天慶の乱平定者に求めていることを示している。

讃岐国にも武装した人々がいたことは、当時の史料に散見される。東寺百合文書には、治暦二（一〇六六）年に、多度郡と三野郡の悪業人が朝夕狩りをして鹿や鳥などを殺害している旨を述べ、彼らの行為の禁止を求める文書がある。彼ら「悪業人」は、狩を行うという武芸の持ち主であろう。また、『今昔物語集』には第一章で見た多度郡の源大夫が描かれている。狩猟や漁撈などの殺生を業とし、人の首を切ったり手足を折るなど乱暴をはたらく彼には、出家前に彼に寄り添う従者がいた。いわゆる、家子や郎党・下人たちと考えられ、小さな武装集団（武士団）が讃岐国内でも形成されつつあることが確認できる。

彼ら「殺生を業」とする者は、殺生を禁じる聖たちからみれば、「悪業人」たちであるが、一方で、土地を開発した者たちが自衛のために加勢を頼むべき存在であり、また地方の警察力ともなる「兵」でもあった。讃岐においては、やがて在庁官人や郡司層を核とする武士団が生成され、組織化され、国衙を通じて警察力として動員されていく。

（渋谷啓一）

(3) 保元の乱と崇徳上皇

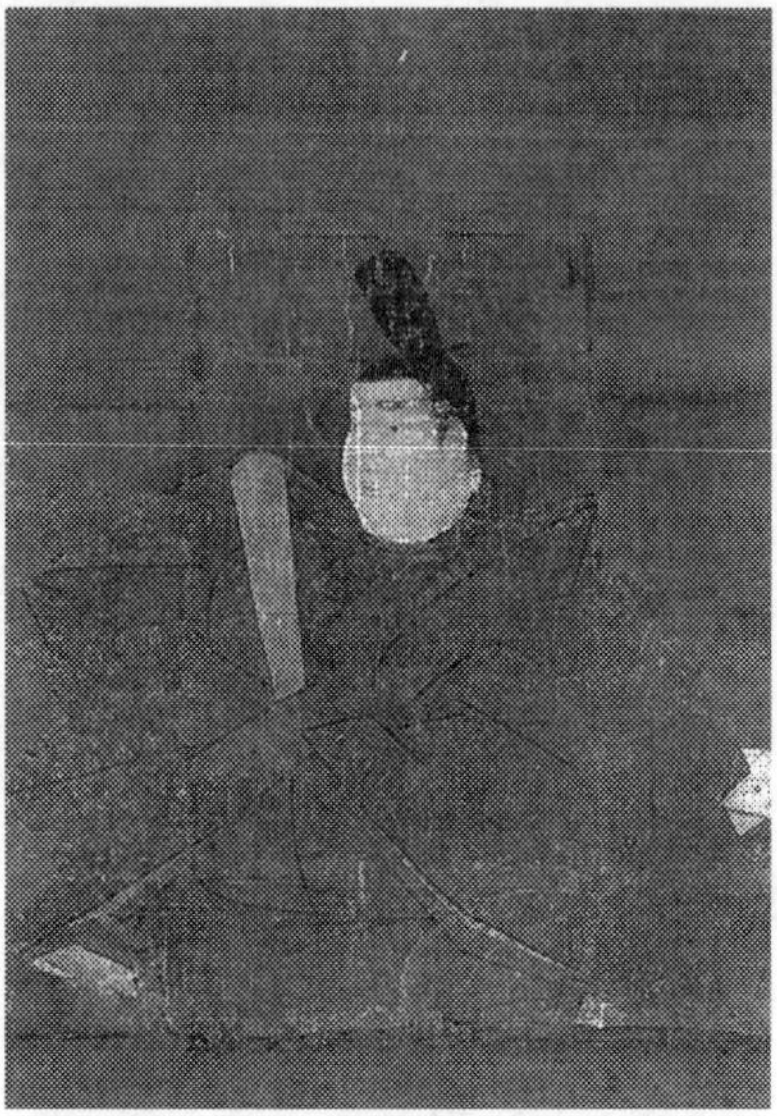

崇徳上皇画像
（白峯神宮蔵・京都国立博物館写真提供）

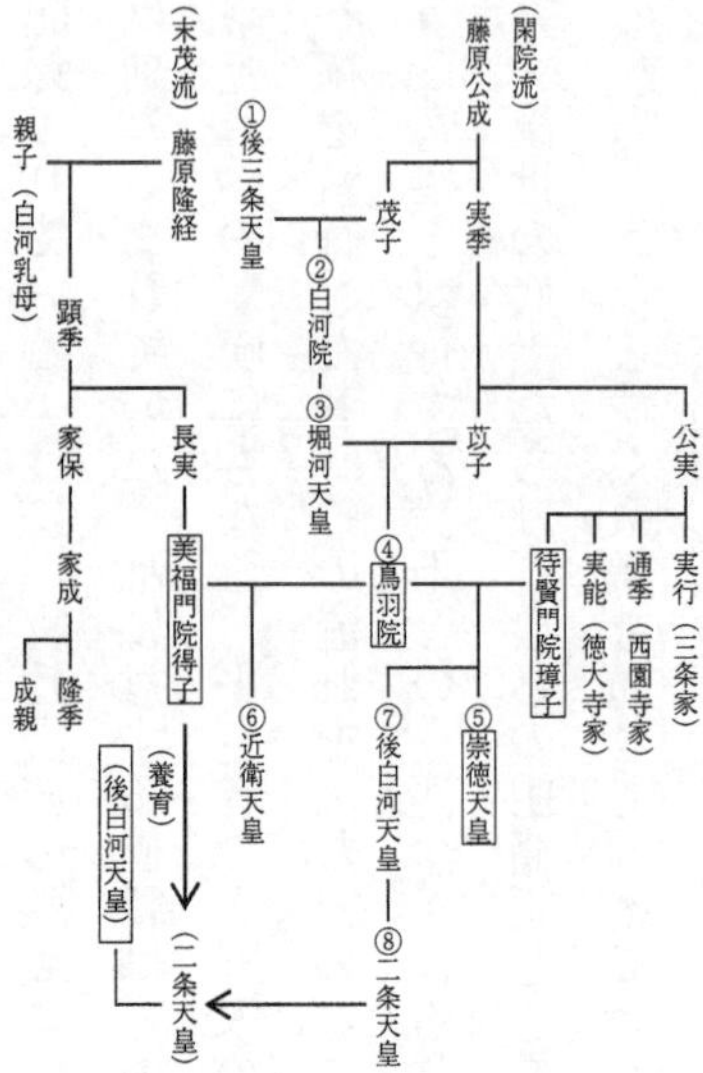

鳥羽院周辺の関係図

保元元（一一五六）年七月十一日未明、都大路を東に向かう総勢六〇〇騎の武士たちの姿があった。率いるは源義朝、平清盛ら後白河天皇方の武将。軍勢の目指す先は鴨川の東にある白河北殿。そこには崇徳上皇や藤原頼長が、摂関家の主要な武力となっていた源為義らに警護されていた。やがて両軍は鴨川付近で激しくぶつかる。四時間ほどの激闘の後、白河北殿から火がのぼり、崇徳上皇や藤原頼長らは退去、後白河天皇方の勝利となった。

皇位をめぐって武士たちの武力が激突した戦乱、保元の乱はなぜ起こったのだろうか。そもそもの皇位争いは院政の持つ性格に遠因があった。皇位継承について自らの意志を貫徹するため、譲位し後継者を指名することが院政のはじまりであった。天皇家という「イエ」の後継について家父である上皇が決める、ということである。

白河院は自らの直系に皇位が継承されるよう後継を指名し、以後、堀河・鳥羽・崇徳という路線を敷いた。しかし白河院死後に、「治天の君」として院政を執った鳥羽上皇は、崇徳直系の路線を否定し、近衛天皇の即位を実現させ、崇徳の「治天の君」化を妨げた。このように「治天の君」の恣意に基づく決定により皇位は定まるが、「治天の君」亡きあと、新「治天の君」によって皇位の既定路線が転覆することもあり、そこに皇位を巡る不穏な動きが生じることになる。保元の乱の原因に挙げられる皇位争いは、白河院政の路線を翻した鳥羽院政の方針、後継をめぐって各々の妃に連なる公卿、院近臣層の対立、すなわち待賢門院方と美福門院得子方の対立（関係図参照）から生じたのである。

この皇位争いに摂関家の分裂（藤原忠実・頼長対忠通）が加わり、摂関家主流（忠実・頼長）と待賢門院、白河院政期に外戚として勢力を伸ばした閑院の一派、対美福門院（葉室家系）と院近臣らと結ぶ藤原忠通と閑院流に押されつつあった村上源氏、といった構図に政界は分裂してくる。

さらに王家や摂関家が保持していた自衛のための武力＝京武士が用いられ、王権や摂関家内の対立が宮廷内の策謀に留まらず、武士の武力があるため、一触即発の戦乱に転化していった。以降、武士の武力を握った者が王権中枢を担う「武者の世」になっていく。

乱の結果、崇徳上皇は讃岐国に配流と決まった。「中継ぎ」後白河体制が不安定であるがゆえに、出家遁世しても都にいる限り、万が一の際、治天の君として復活する可能性があったためである。天皇位にあった者が流刑となるのは、奈良時代に淳仁天皇（廃帝）が淡路国に流されて以来、約四百年ぶりのことである。武士たちによる死刑の復活、しかも一族どうしによる刑の執行もさることながら、ひとたびは正統な王権継承者であった崇徳上皇が、配流という形で王権から追放されるという結末は、当時の宮廷社会に大きな衝撃を与えた。

（渋谷啓一）

(4) 崇徳院怨霊

崇徳上皇は死後、白峯に葬られた（白峯寺）

讃岐国に配流された崇徳上皇の様子を伝える同時代の文献資料はほとんどなく、後世に作られた記録や伝承、伝説によるところが多い。早い段階での文献では、軍記物語『保元物語』の記述に多くをよらざるをえず、讃岐での実情を確定することは難しい。

その居所の変遷についても、松山津と直島と国府鼓丘の間をめぐり諸説ある。『保元物語』によれば、上皇は在庁官人の造営した松山の堂に滞在した後に、讃岐国司によって直島へ移され、数年の後、島（直島）から鼓丘へ移ったとある。『保元物語』の記述からは松山→直島→鼓丘の順に移ったと推定できる。

一方、応永十三（一四〇六）年作という「白峯寺縁起」（『香川叢書』第一所収）によれば、上皇は松山津に到着後、在庁官人の野大夫高遠の御堂に三年おり、国府所在地の鼓丘の御堂に移るとある。鎌倉時代中期成立の『源平盛衰記』では、松山津に赴く途中に直島でしばらく滞在したと記されている。この場合、直島→松山→鼓丘の順が想定される。

後述する寂然の和歌を考慮すると、松山から早い段階で移ったと考えるのは難しいが、成立年代の古い『保元物語』の説も無視しえない。

松山での所在地については、「白峯寺縁起」に収められている和歌

ここもまた　あらぬ雲ゐとなりにけり
　そらゆく月の　かげにまかせて

から「雲井御所」と呼ばれ、江戸時代の天保六（一八三五）年には高松藩主松平頼恕によって、故地推定地に「雲井御所跡」との石碑が建立された。

崇徳上皇は八年間讃岐で過ごし、長寛二（一一六四）年八月に四十六歳でこの世を去った。

『保元物語』には恐るべき崇徳上皇の姿が描かれている。例えば、五部大乗経を書写し、自身の代わりに経は帰京せんことを祈るが、叶わないと知るや、自分の舌を噛み切り、その血を混ぜた墨で五部大乗経の願文を記し、海に沈め、「日本国ノ大悪魔ト成ラム」という呪いの言葉を発し、自ら天狗となったという上皇が描かれている。

上皇配流の後、再び都を戦場とする平治の乱が勃発した。また上皇の死後では、安元三（一一七七）年四月には内裏が焼失する大火「太郎焼亡」があり、六月には鹿ヶ谷事件が発覚するなど、都は世情不安に襲われた。いつしか、世の乱れは讃岐に流された崇徳上皇たちの怨霊によると、人々は考えるようになった。後に、源平争乱の真っ只中の元暦元（一一八四）年六月、時の右大臣九条兼実は噂を聞き、「あの方（賢君）がまだ生きており、世の中を昔に戻らせるとおっしゃっているそうだ」と日記に記した。正統な「賢君」の配流と死、その後におきた争乱、混乱が、朝廷の公卿をはじめとする当時の人々の脳裏に、崇徳上皇の怨念の存在を刻み付けたのであろう。そして実際に上皇が仁和寺に納めた五部大乗経の存在をもとに、帰京が認められず憤怒のうえに配流先で悶死し、怨霊と化す上皇像が作られ、語り継がれるようになったと考えられる。（渋谷啓一）

(5) 寂然《じゃくねん》の来讃

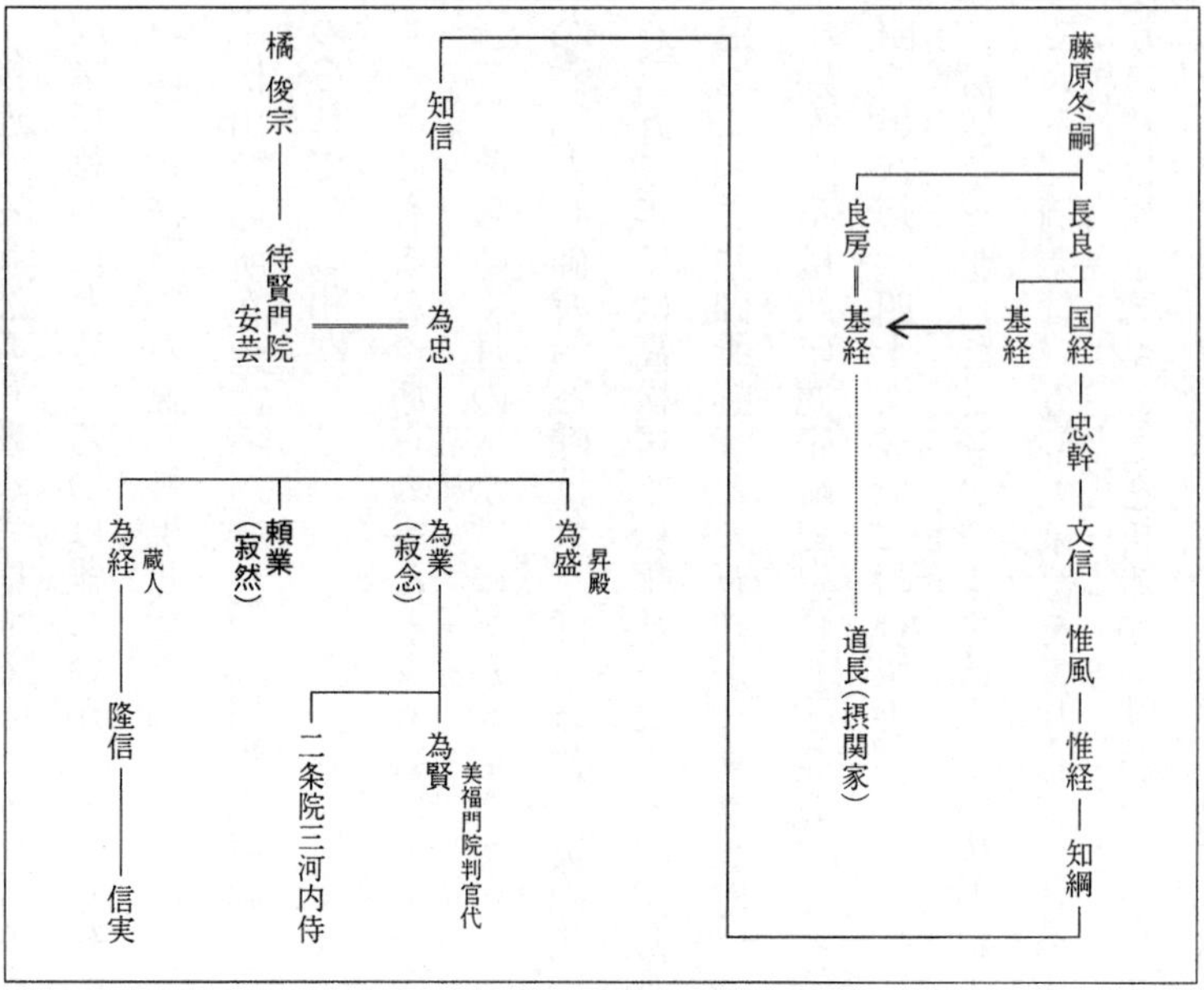

寂然の関係系図（『尊卑分脈』より作成）

讃岐国に流された崇徳上皇のもとに、都からの来訪者があった。寂然という僧である。

寂然は出家前の名前は藤原頼業といった。兄の為業（寂念）、弟の為経（寂超）とともに大原に隠棲し、「大原の三寂」と称される。いずれも歌人として著名であり、寂超の子に似絵の名手、藤原隆信、その子に藤原信実がいるなど、文化面に秀でた家であった。藤原北家の出身で、藤原基経の実弟国経を祖とし、四～五位クラスで国司を歴任する家系である。父為忠は、従四位下まで昇り昇殿を果たした。『尊卑分脈』によれば、寂然の母は不明であるが、兄の寂念や弟の寂超の母は、橘俊宗の娘で待賢門院安芸と称していた。

従来、和歌を通じた崇徳上皇との関係で、寂然の讃岐訪問が捉えられているが、この待賢門院安芸を通じて寂然ら兄弟が待賢門院とつながりを持ち、さらに崇徳上皇の近臣へと至ったとも考えられる。弟寂超は、康治二（一一四三）年の出家前には崇徳上皇の近くに仕える蔵人でもあった。こうした関係から寂然の来讃は位置づけられよう。

もっとも、一方で兄寂念の長男為賢は、保元の乱の一方の側である美福門院の判官代を勤め、娘は美福門院の猶子となった二条天皇に仕える（三河内侍）など、当時の中下級貴族たちが分裂する王権に対しバランスをとりつつ家を守っていった様子が窺える。

さて、寂然が崇徳上皇のもとを訪れた時期ははっきりしていないが、一説には保元年間ともいわれている。その際に詠んだ和歌が、「寂然法師集」（『群書類従』第十五所収）に二首収められている。

さぬきよりみやこへのぼるとて道より崇徳院にたてまつりける

慰に　みつゝもゆかむ　君かすむ
そなたの山を　雲なへたてそ

崇徳院松山におはしましけるにまいりて、日かすへて都へかへりなむとしけるあかつきよめる

帰るとも　後にはまたと　頼むべき
このみのうたて　あだにも有かな

寂然はしばらく松山にいた崇徳上皇のもとに留まり、都へ戻ったようである。配流された上皇の境遇に対し、何もできない自分の情けなさ（「うたて」）や、都に向かうにつれ遠ざかる上皇の居所、そこに住む上皇への思いを詠っている。

この寂然の和歌に応える形で詠んだ崇徳上皇の和歌が、南北朝時代に編纂された勅撰和歌集『風雅和歌集』に収められている。

松山へおはしまして後、都なる人のもとにつかはせ給ひける

思ひやれ　都はるかに　おきつ波
立ちへだてたる　こゝろぼそさを（崇徳院御歌）

後世、怨霊として恐れられた崇徳上皇であるが、讃岐国での実際の生活は、望郷の念を抱きながらも、憤りを募らせることはなかったと、近年の国文学の研究から明らかにされている。

（渋谷啓一）

(6) 西行の軌跡

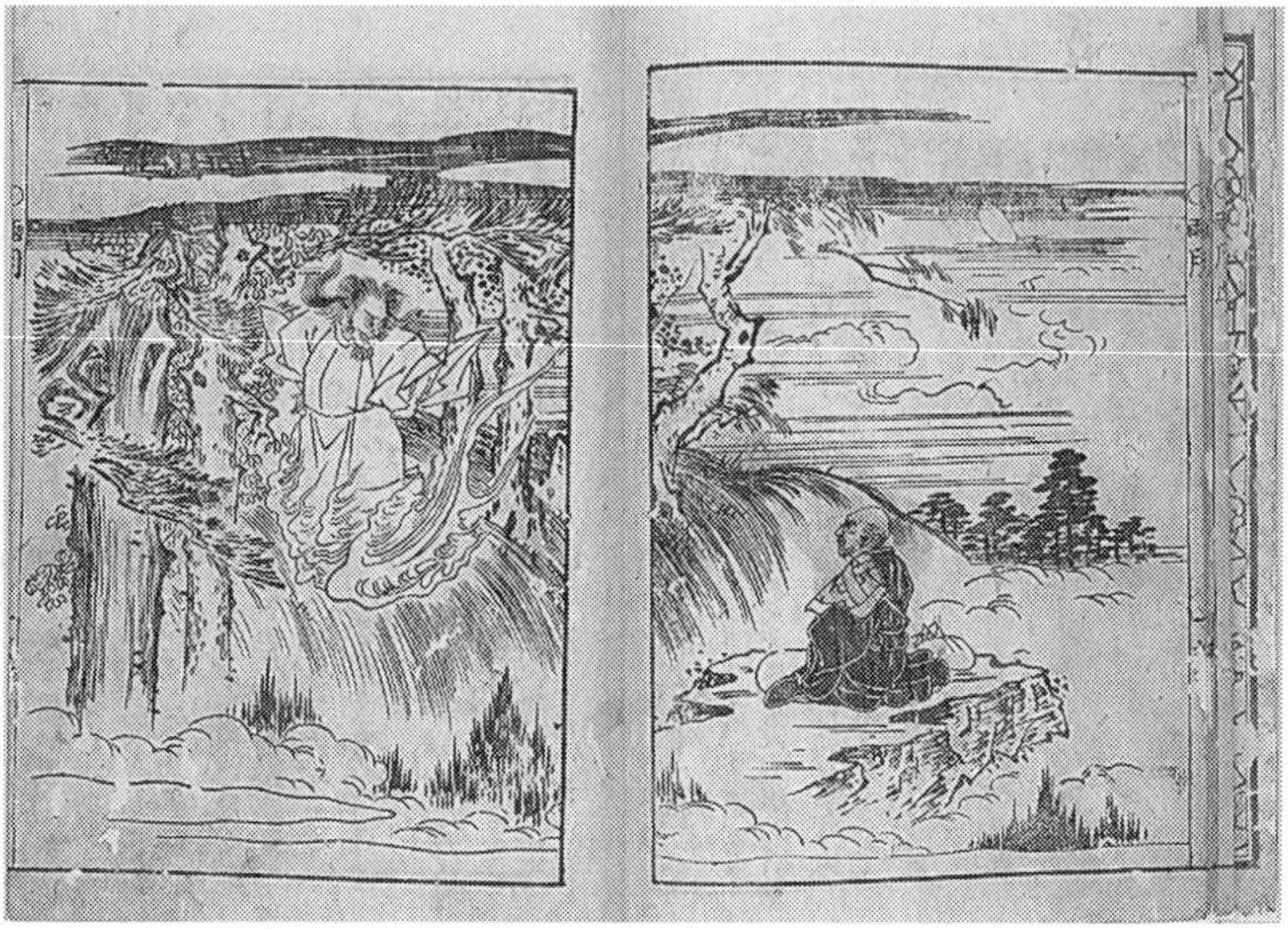

崇徳上皇の霊と西行との対話シーン（『雨月物語』）

崇徳上皇を慕って、もう一人の歌人が讃岐にやってきた。西行である。

西行は、保延六（一一四〇）年、二十三歳の時に出家するが、出家前は佐藤義清という北面の武士で白河・鳥羽両院の御所警護にあたっていた。院に近侍する立場もあったのだろうか、西行は崇徳上皇とも和歌を通じた交流を持っていた。

保元の乱に敗れた上皇は仁和寺に入り出家するが、西行は参上し、次の歌を詠んでいる。

かゝる世に　影もかはらず　すむ月を
　みるわが身さへ　うらめしきかな

上皇が讃岐に流された後も、院の女房らを通じて歌の贈答をしている。西行の私歌集『山家集』には、「さぬきにおはしましてのち、歌と云事の、よにいときこえざりければ、寂然がもとへいひつかはしける」という詞書のある和歌と寂然の返歌が収められており、讃岐にいる崇徳上皇、寂然、そして西行の交流がうかがえる。

西行が白峯陵に詣でるために都を出発したのは仁安二（一一六七）年。崇徳上皇崩御の三年後、西行五十歳の時のことであった。松山の行在所跡や白峯陵の前にたたずみ、歌を詠んだ。

讃岐にまうでて、松山の津と申す所に、院おはしましけむ御跡尋ねけれど、かたもなかりければ

松山の　浪にながれて　こし船の
　やがてむなしく　なりにけるかな

野大夫高遠が松山津に建てた堂を指すのかは不明であるが、すでにその跡は「かたちもなかりし」の状態であった。その後、白峯陵に赴いた。

しろみねと申しける所に、
御はかの侍りけるにまいりて

よしや君　昔の玉の　ゆかとても
　か丶らん後は　何にかはせん

西行は歌を詠むことで、崇徳上皇の霊を慰め、鎮魂したのであろうか。彼もまた鎮魂のために諸国を巡る聖の顔を持っていた。

西行が行った鎮魂詠歌と、社会不安のなかで作り上げられた崇徳上皇の怨霊への恐れが、後に江戸時代の『雨月物語』での、荒ぶる上皇の霊と鎮める西行との対話のシーンを生み出したのである。

その後、西行は弘法大師の旧跡を慕い、善通寺を訪れ、庵を結ぶ。現在、善通寺の一隅にある玉泉院の場所に西行は滞在したと伝えられ、同院は別名、西行庵とも呼ばれている。

久に経て　我が後の世を　問へよ松
　跡しのぶべき　人も無き身ぞ

ここをまた　我住みうくて　浮かれなば
　松はひとりに　ならむとすらむ

後に西行に詠まれた松は、「西行が松」と呼ばれたと、鎌倉時代中期に讃岐に配流された道範の『南海流浪記』に記されている。

数年間讃岐に滞在した西行は、源平争乱のさなか高野山に向けて出発する。

（渋谷啓一）

第三章　屋島合戦

大坂峠を越え、讃岐国に入った総勢一五〇騎の軍勢は、引田で休憩した後、白鳥・入野を抜け一気に牟礼・高松へと向かった。源義経率いる源氏の軍勢である。時に元暦二（一一八五）年二月十八日。源平争乱はクライマックスに向けて進行していく。

前章で触れた保元の乱以降、武士が政治の表舞台に登場し、武士が保持する武力によって政治が決定するようになる。鎌倉時代の『愚管抄』に「武者の世これよりはじまる」とある見解は、当時の公家社会が認識していた時代観であろう。保元の乱に続いて勃発した平治の乱では、藤原信頼と源義朝の武力が乱の主導権を握り、平清盛の武力が乱を終結させた。

平治の乱後は、京武者の棟梁となった平清盛の武力に依存する形で後白河院政が展開した。後白河院政において、平氏一門はその官位を上昇させ、新たな貴族として後白河政権を支えた。

平氏は清盛の祖父、平正盛以来、瀬戸内海を自らの勢力下におき、海路を開き、大輪田泊（神戸）といった港を整備し、瀬戸内海交易、さらに日宋貿易をすす

白峯寺十三重塔
（重要文化財　13世紀）

めた。

この時期の讃岐国は、当初は後白河院と平氏の協調を反映するように、藤原家成など後白河院の近臣や、建春門院滋子（後白河の皇后、清盛の義妹、高倉天皇の母）の知行国であった。建春門院の死後は後白河の分国になったが、清盛クーデター後の平氏政権下では平氏の知行国となった。このように讃岐国は断続的に平氏影響下にあり、平氏はこうした国家の制度を通じて、在庁官人をはじめとする国衙周辺有力層を組織化し、当地の武士を把握していった。

後白河と清盛の協調路線は、平氏一門の貴族化に伴い院近臣との間で権益を巡る軋轢が起こり、調停役の建春門院や平重盛の死後、破綻を迎える。福原から兵を率い上京した清盛は、後白河を幽閉し、自らの外孫安徳天皇を擁立し、高倉院政を敷く。平氏政権の樹立である。平氏は一門に三〇もの知行国をあてがうが、それまでの在庁官人と新しく知行国主となった平氏が派遣する目代との間での争いが起こるようになった。源平争乱時に、地方の在庁官人らの武士が平氏方から離反する動きがあるが、その火種は、平氏政権樹立時に求められるのである。

盛者必衰を説く『平家物語』などの記述に従うと、以仁王の挙兵や清盛の熱死以後、坂道を転がるように平氏は滅亡に向かう印象を抱くが、実際には様々な局面が展開されており、条件によっては異なる結末を迎える可能性もあった。西国を中心とする養和の大飢饉がなかったら源氏は態勢を整えられたのだろうか、後白河の休戦申し入れを受けずに、平氏が一の谷の守りを固めていたら……。

一の谷合戦は源氏（頼朝）方有利に傾く結末となったが、その後、平氏は再び讃岐国屋島に拠点を置き、知盛率いる別働隊が門司関を掌握し長門国彦島に駐屯、瀬戸内海の制海権を握っていた。源氏は、水軍を持たず、範頼軍が山陽道を西下し九州方面の水軍を味方につけてから屋島本拠を目指し、義経軍が四国に渡り「背後から」迫るという両面作戦をとった。あるいは両面からの包囲で降伏を迫る戦略であったたか。瀬戸内海制海権を握る平氏に対し、範頼軍は苦戦を続けた。両面作戦のバランスが崩れた形で、義経軍は四国へ向かった。宗盛率いる平氏が屋島から瀬戸内海に目を向けているその背後に、一五〇騎の軍勢が迫りつつある。

（渋谷啓一）

(1) 義経の屋島攻め

屋島より臨む源平合戦場跡地（高松市・牟礼町）

元暦二（一一八五）年二月十六日、強風の中、摂津国渡辺津を出航した五〇騎からなる義経軍は、通常三日かかる行程を約六時間で阿波国勝浦に到着した（二月十七日）。上陸した義経軍は、一〇〇騎ほどの武士を率いて帰順してきた阿波国の住人近藤親家を案内者とし、途中阿波国の在庁官人、桜間介良遠を打ち破りながら終夜行軍し、一路、屋島へ向かった。

未明の空にぼんやり浮かぶ讃岐国の風景は、義経の目にどのように映ったのであろうか。あるいは、はるかに屋島対岸の八栗山を視界にとらえていたのであろうか。大坂峠を越え、軍勢は十八日の午前四時ごろ引田で一時休止。その後白鳥、入野を経て屋島対岸に到達した。

近藤親家に屋島の地形を聞いた義経は後続を待つことなく強襲を決め、屋島東方の牟礼、南方の高松（現在の古高松）の民家に火を掛け、屋島の平氏軍を急襲した。平氏は義経軍の急襲により屋島の内裏を捨てて海上へ逃れた。こうして合戦は始まった。

海上へ出た平宗盛率いる軍勢は、源氏の少ない兵力を見て再上陸を試みるが、義経軍はそれを阻止。このように平氏軍の再上陸をめぐっての射掛けを中心とした戦いが続く。その中で、義経直属の家臣、佐藤継信が義経をかばって戦死する「継信最期」がおこり、また戦況が膠着するなかで、那須与一が平氏方の舟の上に掲げられた扇を射る「扇の的」のシーンが展開された。さらに戦闘が再開されると、義経の「弓流し」や、平氏方の悪七兵衛景清の「錣《しころ》引き」などが波打ち際で展開された。結局、平氏軍は再上陸かなわず、翌日の志度浦再上陸策も義経軍に撃退された。こうして平氏軍は陸上の拠点を失い、長門国彦島にいる平知盛率いる別働隊と合流すべく瀬戸内海を西へ向かった。そして瀬戸内海の水軍も源氏に味方するなか、翌三月二十四日に長門国壇の浦にて滅亡する。

以上は、『平家物語』の叙述に沿った屋島合戦前後の様子である。讃岐国を舞台とした屋島合戦について詳細に記している文献は、実は『平家物語』のみであり、後世の軍記物、例えば『義経記』などは『平家物語』のストーリーを下地にして叙述している。屋島合戦当時の記録としては、右大臣九条兼実の日記『玉葉』があるが、その元暦二年三月四日条に、都に届いた義経からの報告が記されている。それによれば、二月十六日に渡辺津を出発、翌十七日未明に阿波国へ、十八日に屋島へ攻め寄せるも平氏を討ち終わらなかったとのことであり、屋島合戦の具体的戦闘については述べられていない。また、後日の戦況報告をもとに編纂された鎌倉幕府の公式歴史書『吾妻鏡』は、屋島合戦について、義経軍の進撃と焼き打ち、佐藤継信の討死と、翌日の志度合戦のみを伝えている。

つまり、私達が知っている、そして知りうる屋島合戦の具体的な戦闘シーンは、『平家物語』が織り成すストーリーをもとに伝えられているのである。

（渋谷啓一）

(2) 平家物語の世界

『平家物語』のエピソードを絵画化した源平合戦図屏風
（香川県歴史博物館蔵）

前項で述べたように、実は、屋島合戦のハイライトシーンである「扇の的」や「弓流し」などについては、『平家物語』にのみ叙述され、同時代の他の文献には見えない。極端に言えば、実際にそのシーンが展開されたのかという疑いも生じうる。一方、逆に『平家物語』のみの叙述にも関わらず、屋島合戦のシーンが史実のように伝えられているという点に留意するならば、『平家物語』の描く屋島合戦が、強烈に人々の間に浸透していったことを示している。

なぜ、『平家物語』に描かれた屋島合戦は人々の脳裏に定着していったのであろうか。近年の研究を参照しながら、『平家物語』が浸透していった背景と、屋島合戦のエピソードが人々の中に根付いていった理由について見てみよう。

「語りの文学」平家物語は、琵琶法師によって千本閻魔堂・北野社など京都の寺堂などで読み語られた。寺という葬送の場所、「あの世」との接点で、しかも閻魔堂や菅原道真を祀る北野社といった地獄や怨霊を祀る場との接点で、『平家物語』は語られたのである。「平家読み」とは鎮魂という意味があり、ここで鎮めるべき魂は滅んだ平家の怨霊であった。

戦乱の続いた当時において、戦乱の終結は、真の平和たりえなかった。戦乱終結は、必ず敗れ滅んだ者を生み出し、その者たちの怨霊がさらなる戦乱を引き起こすと考えられていた。敗者の怨霊を鎮めることで、次の戦乱を防ぎ平和な状態を保たねばならない。戦乱の世において、敗れ去りし怨霊の鎮魂こそ真の平和実現という、武家政権や戦乱を生み出した王権にとって痛切な政治課題があったのである。余談だが、昭和五十四年放映のＮＨＫ大河ドラマ『草燃える』の最終回に、戦乱の勝者北条政子が琵琶法師の奏でる『平家物語』を聞くシーンがある。その姿こそ、戦乱の世に求められた鎮魂という課題に、勝者＝政権担当者が取り組んでいる姿なのである。

こうして「平家読み」は、政治的、社会的要請に対応し寺堂を中心に行われ、その物語は人々の間に浸透していった。さらにその場面が絵画化され、絵解きに用いられることで、人々の脳裏に記憶されていくのである。

屋島合戦についてのエピソードが定着していくには、江戸時代の讃岐での状況が影響を与えている。慶長十七（一六一二）年、屋島寺復興のための勧進が行われた。屋島寺は勧進活動の一環として、屋島合戦の地に位置することをアピールし、合戦のエピソードを絵画化し絵解きし宣伝した。こうして屋島合戦譚が定着していった。また高松に入部した松平頼重は、源平合戦の故地など領内の旧跡に関心が高く、佐藤継信戦死の跡を訪れ、石碑建立を命じるなどした。こうして屋島合戦の故地として伝えられた場所が定着するようになる。

現在、古高松から牟礼にかけて様々な伝承が語り継がれているが、こうした伝承も江戸時代における合戦譚と故地の定着により、形成されたと考えられよう。

（渋谷啓一）

(3) 在庁官人らの動向

御家人名	氏	本拠地	出身	苗字
藤大夫資光 新大夫資重 新大夫能資	讃岐藤原氏（綾氏）	阿野郡	在庁官人	新居氏
藤次郎大夫重次 六郎長資			在庁官人	羽床氏
藤新大夫光高		香東郡	在庁官人	大野氏
野三郎大夫高包	阿野（綾）氏	阿野郡	在庁官人	綾氏系
橘大夫盛資	橘氏	鵜足郡	在庁官人	橘氏
仲行事貞房	綾氏	那珂郡	在庁官人	仲行事氏
三野首領盛資 三野九郎有忠 三野首領太郎 三野首領次郎	（綾氏）＊	三野郡	郡司 在庁官人	三野首領氏
大麻氏家人		多度郡		（大麻氏）

＊『南海通記』によれば、純友の乱後、三野郡司（大領）に在庁官人綾高親が任命され、三野氏の祖となったと書かれている。

元暦元年に源氏方についた讃岐国の有力武士たちの一覧

讃岐国内の武士たちは、屋島合戦にどのように関わったのであろうか。実際のところ、屋島合戦に関わった讃岐の武士たちの姿を描く文献資料はなく、源平両軍の中にその存在を推測するしかない。阿波国から屋島へ急行した義経軍は佐藤継信・忠信など義経家人を中核とし、阿波国の近藤親家らを加えた軍勢であるが、情勢を見ながら讃岐国の武士もこの源氏方に加わったかもしれない。一方で、それまで讃岐国は瀬戸内海沿岸の国として、また平氏の知行国になるなど、平氏の勢力圏内であった。そのため平氏方になった者、例えば、九州を追われた平氏を屋島へ導いた粟田口成良（阿波民部大夫重能）に組織化され平氏方についた武士もいるかもしれない。

讃岐国内の有力武士たちの動向は、一の谷合戦後の史料に表れる。『吾妻鏡』元暦元（一一八四）年九月十九日条には、同年五月に名簿《みょうぶ》を提出し源氏方についた讃岐国の御家人一四名に、橘公業のもとで源範頼軍に参加し西海道戦線に赴くよう命令が下ったとの記事がある。この一四名は、表に掲げたように拠点を香東郡から三野郡にもつ在庁官人・郡司出身者である。

彼ら讃岐国の在庁官人・郡司出身の武士たちは、『平家物語』「六ヶ度軍」に登場する「平家を背いて源氏に付かむ」とした「讃岐の在庁ども」の姿であろう。『平家物語』に描かれた讃岐国の在庁官人は、争乱の初期には平氏方であったが、平氏が屋島から勢力を挽回し福原へ戻った際に離反を決意し、源氏方につく証として、対岸の備前国下津井に陣取っていた平教経らを襲撃した。しかし教経の反撃を受け敗走し、淡路で態勢を立て直すも再び教経に惨敗を喫した、と描かれている。

この『平家物語』と『吾妻鏡』の記述を総合するならば、彼らは一の谷合戦以前に平氏方から離反し、平教経らの軍に敗れ、都へ逃げ上り、一の谷合戦後の五月に名簿を提出して御家人になった、すなわち源氏方に入ったと考えられる。

治承・寿永の内乱期以前、讃岐国は、清盛の祖父平正盛が守となったが、その後は院の分国となり、治承三（一一七九）年の平氏政権樹立後に平氏の分国となった。平氏は瀬戸内海を勢力下におき屋島に拠点を置いたが、国制に基づいて国府周辺の在庁官人を掌握し、在庁出身の武士たちを組織化しており、源氏と東国武士のような主従関係を築いていたわけではなかった。そのため、争乱の状況により讃岐の武士たちは源氏方へと替わったのである。また奇襲とはいえ義経軍の進撃が可能だった背景には、在庁官人以外でも、平氏方につくことを鮮明にしていた武士があまりいなかったことも考えられよう。

源平争乱期の記録に表れた在庁官人等出身の讃岐国の有力な武士たちは、源範頼軍に従い、九州を目指し山陽道を西へ向かった。彼らの出身地、後に源平争乱の趨勢を決定づける合戦が行われる讃岐、屋島を対岸に見ながら。

（渋谷啓一）

今はなき境内の舞台では、童児の舞いが盛んに行われた（善通寺）

(4) 楽所《がくしょ》と舞童《まいわらわ》

屋島合戦での扇の的あてに見られるように武芸もまた芸能の一つであった。そこで当時の芸能についてスポットをあててみよう。

天喜四（一〇五六）年十二月五日付讃岐国善通寺田畠地子支配状案（東寺百合文書）に、善通寺が勤修する仏神事と、それに支配すべき用途料が記載されている。本書によれば、春と秋の大門会祭や毎八日・大師御忌・修正月・御八講（法華八講）・不断念仏講などの講・会式に列挙して西方会があり、当時、善通寺では、これらの法事を興行していたことが知られる。そして、この西方会のために七石の地子が用立てられ、そのうちの三石が畠地子をもって楽所并儛人等録物に充てられている。これによって、十世紀半ば、すでに、善通寺には楽所と儛人の存在を確かめることができる。

本来、楽所は、令外官の一つで、蔵人所の下にあり、雅楽寮にかわって朝廷の舞曲を管掌した部署を指す。中世以降、楽所別当には四辻家が世襲して任ぜられ、それは江戸時代にも及んでいる。これを大内楽所といい、その成立は、十世紀半の天暦二（九四八）年とされている。この内裏の楽所のほかに、奈良興福寺を中心とする南都楽所と難波四天王寺を中心とする四天王寺楽所があって、これら三楽所を総称して三方楽所と呼んだ。定説によると、『楽所補任』といい、天永元（一一一〇）年から弘長二（一二六二）年までの楽人補任の記録が遺ることなどから、その制度的確立は、十二世紀初頭であるとされている。

善通寺での楽所楽人らによる舞楽は、天喜四年から、ほぼ一五年後の延久四（一〇七二）年、善通寺所司から本寺である東寺を介して、仏事の勤修、堂宇の修理が不能になっている事実が言上され、その原因となっている新別当延与の支配停止について国主（国司）からの沙汰を要請する旨の解が出されている。これは、東寺から新たに任命された別当である延与が寺領から収納される地子物を横領・私物化したために寺の行事運営が滞っていることを訴えたものであるが、このとき、西方会で舞楽を演ずる楽人に支給するための例録物も停止されている。したがって、逆推すると、新別当になった延久四年あたりまでは、西方会舞楽は続けられていたことがわかる。

その後、鎌倉時代以降の善通寺における楽所の動向を知るための史料は、見ることが出来ない。ただ、天永三（一一一二）年、讃岐国の留守所によって、太鼓一面（この太鼓は、まちがいなく、雅楽用の楽器に使用される太鼓であろう）が押し取られるなど、国衙役人の干渉・圧迫が打ち続くなか、寺勢の疲弊とともに舞曲の興行も儘ならないようになったものと考えられる。

この平安時代後期は、もともと善通寺の末寺であった曼荼羅寺の復興を、廻国の勧進僧であった善芳（範）が懸命に成し遂げていく時期でもあった。そして、善通寺も、国家の庇護から見捨てられ、寺の自立化か中央の寺社勢力への隷属か、その存続基盤

寺社の放生会でも盛んに童舞が行われた（琴弾八幡宮・観音寺市）

の模索と葛藤の渦中にあり、東寺との本末関係に揺れ動いていたときでもあった。

仁治三（一二四二）年、高野山正智院主で金剛峰寺執行を兼ねていた高僧道範は、大伝法院焼失の責めを負って、讃岐に配流となった。当初は宇多津の御家人長尾氏に預けられ、同所にある一堂宇に居たが、やがて、善通寺の誕生所近傍に庵室を得て移った。

その道範が、まだ、宇多津に住まいしていた仁治四年三月二十一日、善通寺に詣で、同日午後から講堂において法華講があり、その後に童舞が行われたことを記している。

また、彼は、善通寺転居後の寛元二（一二四四）年正月の比、「当寺ノ童舞装束被調事……」と記している。これは、おそらく、道範が指図・目利をして童たちの舞衣裳を調えたことを述べているのであろう。それでは、この時期の善通寺では、かなり華やかな童舞の行事が催されていたものと理解してよいのであろうか。

童舞は、舞楽の前に舞台を清めるために行われる「振鉾（えんぶ）」と本番の舞楽を兼ねて演じられたものと見てよい。つまり、童が無垢・神聖であり、依坐（よりまし）として神に近い存在であるとみなされていたため、もともと、舞楽や神楽も清めや神降のための行事であるにもかかわらず、なお、童舞が重視されて舞楽の演目に数多く組み込まれていた。当時、寺社には、僧侶の後継者としての出家前の児童や、従僕としての児童が存在していた。いずれにしろ、中には、僧侶の寵童として衆道、つまり男色の対象になっていた童児もいた。しかし、衆道の有無は別として、かなりの数の児童が寺社の内で生活をし、高度の学問と教養を身につけていたことは、疑いない。

十五世紀半の享徳元（一四五二）年、琴弾八幡宮では、放生会に際して舞楽・神楽を始めさまざまな催事が行われていた。その配役記によれば、まず、舞童八人による振鉾が行われる。これは、あきらかに、舞童による清めの儀式である。つぎに、「舞台之大衆八人」による舞楽が演じられる。琴弾八幡宮では、安養寺賢仁以下の、それぞれ寺・坊・院号を持つ八人の寺僧によって行われていた。そして、管弦は、八幡宮専属の伶人と思われる大石雅楽頭重元はじめ同姓の、同族の者たち一〇人を中心に構成されていたのである。そして、終局に近づいては、朔・菊市ら十歳から十三歳の童児六人による童舞も催された。

琴弾八幡宮は、将軍足利義持署判の「琴弾八幡宮縁起」を伝えるなど、山口隼正氏によれば、「当時（室町時代）、あるいは琴弾宮が四国随一の八幡宮としての役割を担わされていたのかもしれない」程の有力な社であったと見てよかろう。そこから、善通寺に劣らず遅れないだけの琴弾八幡宮楽所の成立と存立を想定することが出来る。

（唐木裕志）

第四章　鎌倉武士

鎌倉武士といえば、北条政子の獅子吼とも評される大号令に応じて「いざ鎌倉」と尼将軍の下へ結集したイメージがある。しかし、これは、鎌倉武士像の始まりの出来事にすぎなかった。質実剛健で「一所懸命」の武士像は、当時代の文化遺産からもイメージングされる。これら鎌倉武士への想像は、虚像と実像の狭間を往来し、また、新しい時代の創造者としての期待感を込めて現代の我々の目前に去来するものがある。

当初「鎌倉殿」の家臣となった武士だけが「御家人」と称した。御家人は、自分の領地を侵略されることはなく、しかも合戦に功績を挙げれば新恩の領地を得ることも夢ではなく現実にあった。武士はその見返りとして「奉公」した。それは、あくまでもその「御恩」があってのことである。「いざ鎌倉」という御家人の表札のような合い言葉は、「御恩」によっていよいよ熟成されていった。やがて、北条時宗の時代にいたり「鉢の木物語」で武士のあるべき姿の典型が描かれてしまう。佐野源左衛門常世のような武士の理想を追い

国分寺本堂　（重要文化財　鎌倉時代）

かけ、江戸時代には武士道という精神論を開花させる原点にもなった。

また、土地は農産物を生み出し、なかでも米は対価性・換金性が最も高い重要な農産物で、そのため用水を引き水田を開拓することが、武士らの本業であり土地経営者としての本務であった。その外、桑を植え養蚕を盛んにしたり、塩浜を経営したりしてまさに、土地なくして武士の生活は成り立たなかった。そこから「一所懸命」とは土地を死守する武士の基本的な生活理念を表現したといえよう。したがって、武士は、土地を守るためには身内・味方をさえ裏切ることがあり、それが悪徳だとは思っていなかったようである。

ところで、頼朝は全国に守護・地頭を置いたことは周知のことであるが、実際には畿内や北陸はじめ西国では、平氏が所有していた荘園以外に地頭を置くことは困難であった。しかし、西国の地頭らも、年貢を横領したり、土地に居座って農民らを自らの支配下に組み入れ始めた。そうした問題を抱えた荘園が増加するとともに、他方で、荘園整理令によって数多くの荘園が摂関家から院など皇室に移管されていった。本所・本家は異動しても実際にこれらの荘園を管掌しているのは地頭であり、在地領主たる武士であった。彼らは、鎌倉幕府将軍と主従関係をもって「御家人」になると、たちまち名目上の領主である本所・本家の皇室や貴族に年貢未納のまま滞留しはじめる。こうして、荘園の増加は、つまり鎌倉武士の増大を意味したのである。

さて、ここ讃岐に於いても鎌倉武士と称される武士団は存在したし、営々として一族と領域の生命と財産に関わって生き抜いた証左がある。鎌倉時代に名を遺す讃岐武士には、それ以前から居住する在地系の武士と讃岐以外に本貫地を有し当代に移住をしてきた武士との二系統があったと分類できる。前者は、綾氏系とされる讃岐藤原氏や三野氏があり、また、橘氏系の武士がいたが、いずれも国衙在庁の官人や郡司出身の系譜を有し、鎌倉幕府の御家人となった人々が多くいた。後者は、小早川氏や壱岐（葛西）氏、秋山氏など讃岐国内に幕府から地頭職を得て来讃した東国出身の武士たちであった。

（唐木裕志）

(1) 讃岐の守護と国司

鎌倉時代から守護所が置かれた青ノ山の北麓（宇多津町）

中世では、鎌倉幕府の成立により設置された守護（人）と、律令時代以来の国衙を代表する国司とは対比・対極的に説明されることが多いが、そもそも守護権限の萌芽は国衙権力の一部を委譲されたことに始まる。

鎌倉時代を通じて守護は、鎌倉幕府御家人や御家人化した国衙の在庁官人らの統率を媒介に国衙の権力を奪取しながらその形骸化を進めていった。そして、戦国時代には国衙の機能は全く失われていったようである。戦国時代以降に国司の職位を名乗る武将の多くは自称であった。

江戸時代に「禁中並公家諸法度」の定めによって武家の官位は公家当官の外とされ、大名や旗本らに重複して与えられるようになった。

守護の職務は、当初、「御成敗式目」に規定された大番催促・謀叛殺害人に対する実務など後にいわゆる大犯《たいぼん》三ヵ条といわれるものであったが次第に裁判権や広範な警察力や徴税権を獲得していった。建武新政期に、一時並立するような時期もみられたが、時流は地方行政機関である国衙の機能を奪い取り、これに取って代わるようになった。

さて、讃岐の守護は、『吾妻鏡』正治元（一一九九）年三月五日条によれば、後藤基清は罪科あるによって讃岐守護職を解任され替わって頼朝側近の近藤国平が補任された。これより、おそらく基清が初代の讃岐守護であったと思われる。その後は半世紀ほど史料には現れず、同じく『吾妻鏡』寛元四（一二四六）年三月十八日条に守護人三浦光村の名が見える。この三浦氏は、宝治元（一二四七）年の宝治合戦に於いて滅亡する。三浦氏後の讃岐守護は、北条重時・同有時・同某（駿河左近将監）など北条氏一門の手に帰したようである。

ところで、仁治四（一二四三）年、高野山の高僧である道範《どうはん》が宗教上の争いに敗れ讃岐へ配流された。その時の紀行文に「讃岐ノ守護所長雄二郎左衛門ノ許《もと》ニ至」るという記事がある（『南海流浪記』）。三浦氏の被官に関東出身の長尾がいるので、道範の言う長雄氏はこの長尾氏であった可能性が高く、光村の代官として讃岐の守護所に赴任していたと思われる。

さて、平安時代中期以降、とくに院政の進行とともに有力な公卿などに諸国の知行権（所得権や国司の任免申任権など）が与えられ、彼らは知行国主となって知行国を相伝したり売買することが行われた。讃岐国では、後白河法皇の知行国時代は平氏が実権を握っていたが、その滅亡後は源氏方である一条家（藤原氏）が知行国主となって縁者を国司に任じた。承久の乱前後は、頼朝の縁者が多かった一条家に替わり九条家が知行国主となっている。建長五（一二五三）年に後嵯峨上皇の院分国になってからは、上皇や天皇の側近らが讃岐国守に任じているが、知行国主からの国守任官も間隙を縫って見られる。北条氏や足利氏の名もあって実質的な国衙支配もしくは経営とは縁のない俸給の伴う名目上の存在であったと思われる。

（唐木裕志）

(2) 承久の乱

羽床氏の本拠羽床城跡下に広がる豊かな水田地帯（綾川町）

武家の棟梁である頼朝は、姻戚関係から一条（藤原）家を重用し、その縁で同家は朝廷内部に重きをなしていた。しかし、建久十（一一九九）年正月の頼朝の死後は急速に没落していった。それは、後鳥羽上皇の乳母の夫である源（土御門）通親の専横の影響にも起因したようである。

建保七（一二一九）年正月、鎌倉幕府三代将軍実朝が二代将軍頼家の遺児公暁によって鶴岡八幡宮に於いて殺害された。この事件は、武家の棟梁たる源氏の廃絶を招いたこと以上に大きな波紋を投げかけた。幕府と後鳥羽上皇とのいわゆる公武の良好な関係に暗雲が漂うことになった。

承久三（一二二一）年五月、後鳥羽上皇は鳥羽の城南離宮に流鏑馬《やぶさめ》揃えと称して近国の兵を召集し、北条義時追討の院宣を発した。併せて諸国の守護地頭を院庁の指揮下に置く旨の宣旨を出した。

一方、鎌倉では頼朝の妻政子のいわゆる尼将軍の大号令による動員に応じた東国一五カ国の御家人らが結集した。北条泰時・時房らを大将に東海道・東山道・北陸道を京へと攻め上った。この合戦は、幕府方の東国勢と京方の九州を除く西国勢との東西合戦の様相を呈したが、準備の整わない西軍の劣勢は緒戦から勝敗が決していたという。六月には幕府の大軍が占拠し、京方西軍の大敗に終わった。

乱後の処分は、苛酷を極め後鳥羽上皇の隠岐島配流をはじめ院の近臣らはことごとく斬殺又は自害させられたという。また、元讃岐国守護であった後藤基清ら京方に荷担した御家人らへの処分は、特に厳しく梟首刑にされた。この結果は、東国の御家人らが行賞によって西国の所領を得て進出する、後に元寇に備え現地赴任を命ぜられ移住をする西遷御家人を生み出す契機となったものである。

乱後は、讃岐国においても幾多の変更があった。「綾氏系図」等によれば、元暦元（一一八四）年に橘公業の許に着頭して鎌倉御家人に列した（羽床）藤次郎大夫重資（『吾妻鏡』には重次と記載）の子息に当たる重基の脇註に、「承久兵乱之時、讃岐国軍勢相催、依参院御方、於彼跡者被没取」とあって、京方に参加するも敗退し所領を没収されたという。これが要因となり讃岐藤原（綾）氏の嫡流であった羽床氏は、その地位を新居氏に譲ることになったという。

ただ、羽床氏が讃岐京方の軍勢を率いて参加したという記事は、重要である。それは、乱の前後を通じて藤原（大炊御門）頼実の讃岐国知行は継続しており、しかも当時の国守であった藤原資隆にも改替がないことなどから国司を通じての京方への軍勢動員がなされなかったことは明らかである。それでも羽床氏は在庁官人層の統率者として京方に参陣したのである。讃岐藤原（綾）氏が平安末期より在庁官人として優勢を誇り藤原氏を称する所以となった家成が、藤原北家中御門流という縁故からの行動と思われる。なお、乱後讃岐にあった京・畿内の有力寺社領や讃岐にあったその末寺領が幕府によって没収され地頭が置かれた。

（唐木裕志）

(3) 讃岐の地頭

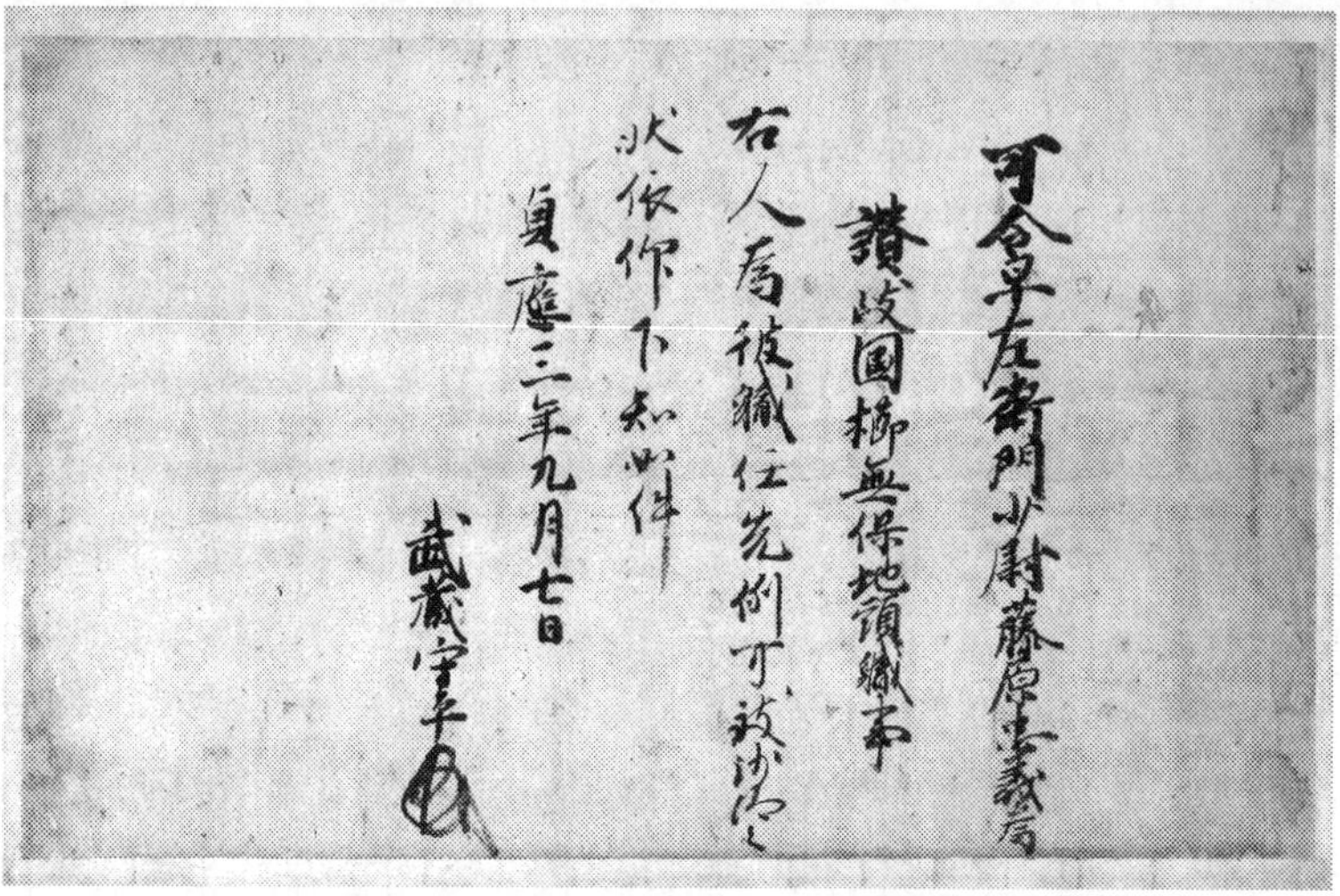
可令早左衛門少尉藤原忠義為
讃岐国櫛無保地頭職事
右人為彼職任先例可致沙汰之
状依仰下知如件
貞應三年九月七日
武蔵守（花押）

承久の乱後、島津忠義が櫛無保の地頭に補任された
（島津家文書・東京大学史料編纂所写真提供）

地頭は、もともと現場を意味する用語から発しているようで、やがて現地の地主・領主などを表現する名称になった。

在地支配の制度として地頭が補任されるようになるのは平氏政権からであるとされている。それを引き継いだ源頼朝が文治元（一一八五）年に地頭職補任の勅許を得て以降は、幕府の公的な制度として在地領主（武士）である御家人に対する所領等の安堵や新恩の給付として行われた。

地頭の職権は、荘園・国衙領における下地管理権、徴税権、警察及び裁判権などであり、こうした行為を通じて年貢等を横領するなどによって地頭の領主化が進行した。

鎌倉時代の讃岐国における地頭の補任は、史料上二〇余例がある。何れも東国出身者か幕府関係者で地元からの例はほとんど見られない。

地頭の例を具体的にいくつか見てみよう。相模国土肥氏の流である安芸国沼田荘の小早川氏が与田郷地頭以下の職分を所有していた（小早川家文書）。おそらく源平合戦後に与えられたものであろう。鎌倉時代に同氏の一族が当地に移住したかどうかは不明であるが、後に阿野郡国分を本拠とする小早川氏の存在が確かめられている。

葛西氏は下総国葛西御厨を本領とするが、幕府創立の功労者の一人である清重の子時重が壱岐氏を名乗り鵜足郡法勲寺地頭職を得ている（『吾妻鏡』）。本補と新補の選択を命じられており承久の乱後の補任である。その際、寺の雑掌が訴えを起こしており、当時の法勲寺に寺務を担う役人がいたことが知られる。

島津氏は、摂関家の家司惟宗氏であり平安時代末期から西九州の雄族である。その一族である島津忠義（時）が那珂郡櫛梨保の地頭職に補任されている。

近藤氏は、伊豆国の御家人で讃岐守護に任ぜられた国平がいる（『吾妻鏡』）。この国平の子孫である地頭近藤国弘以下の輩が三野郡二宮荘の年貢を横領したことを訴えられている（臨川寺文書）。近藤氏は、南北朝以降在地領主として当地に土着していく。

『小豆島肥土荘別宮八幡宮縁起』によれば、弘安六（一二八三）年、伊喜末村の地頭高橋入道の下人が同宮の神人に乱暴をはたらいたことを訴えられている。この高橋氏の素性は不明であるが、この時、別宮八幡宮は石清水八幡宮の社領に勧請された末社であった。

さて、南北朝・室町時代になると、細川氏をはじめとする他国出身者の多く見られる中で寒川氏や十河氏などの讃岐国人の名が混じってくる。鎌倉幕府時代には讃岐出身の御家人に対して地頭職補任が、あまり行われなかったものが、次第に浸透していき在来の国人である御家人も地頭となって一般化していくのである。

そもそも御家人は、源頼朝時代に将軍と主従関係を結んだ武士のことを呼んだが、それ以外の武士は非御家人と呼ばれ厳格に区別されていた。鎌倉時代の御家人は、西国では一国平均で三〇人余であったといわれている。

（唐木裕志）

(4)　讃岐の御家人

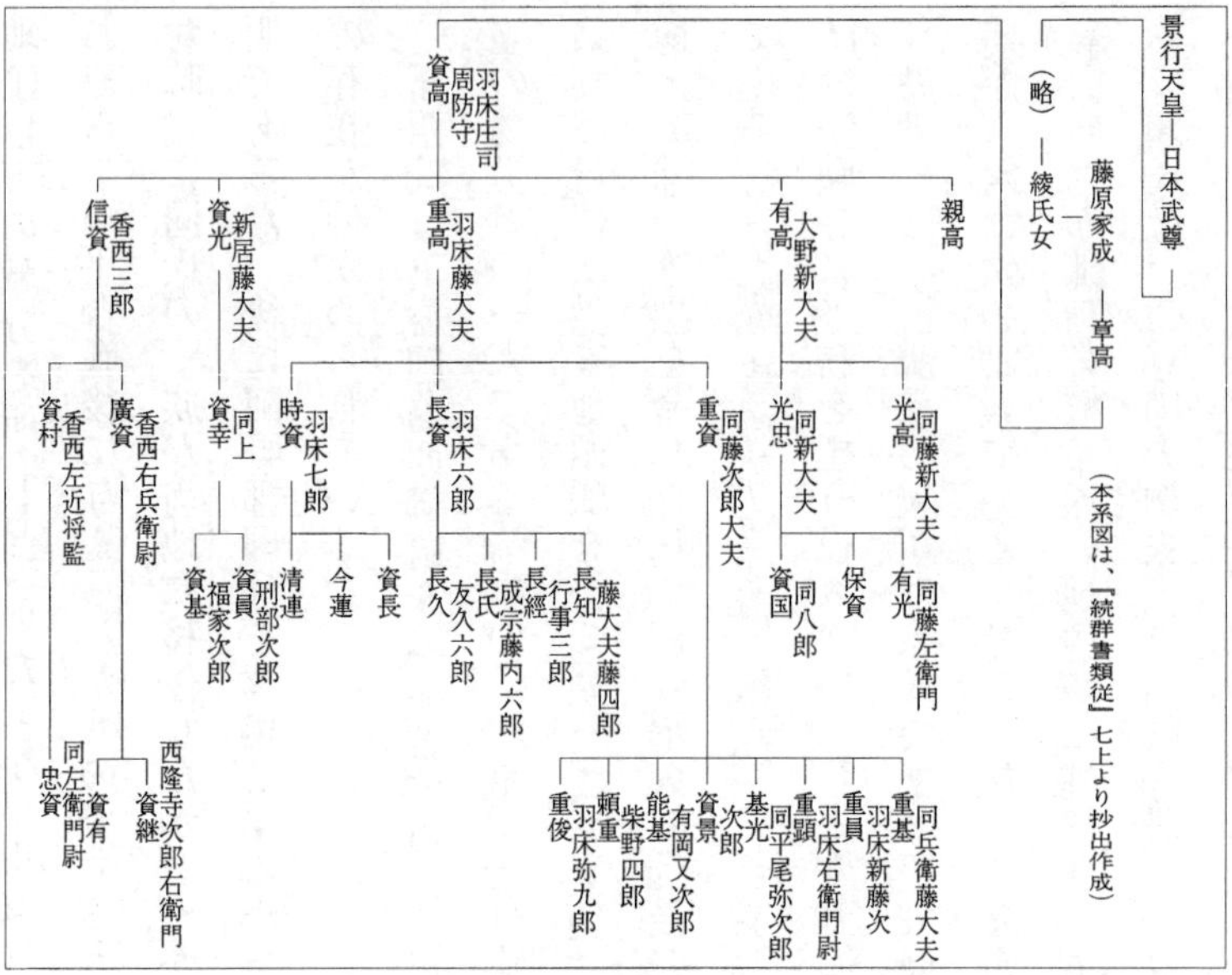

平氏から離反し早くから頼朝に味方した讃岐藤原氏の系図）

元暦元（一一八四）年五月、讃岐の武将一四名を中心とする小勢が京都に入った。讃岐の在庁官人らの軍勢で源頼朝の有力家臣であった橘公業の許に参じるためであった。公業は、さっそく頼朝方に参陣した彼らのことを、鎌倉の頼朝へ注進した。はれて頼朝の家臣である御家人に列することができたのである（『吾妻鏡』）。

一四名の内訳は、藤大夫資光・同子息新大夫資重・同子息新大夫能資（以上新居氏）、藤次郎大夫重次・同舎弟六郎長資（以上羽床氏）、藤新大夫光高（大野氏）、野三郎大夫高包（阿野（綾）氏）、橘大夫盛資（橘氏）、三野首領盛資・三野九郎有忠・三野首領太郎・同次郎（三野氏）、仲行事貞房（仲（綾）氏）、大麻藤太家人であった。

末尾の家人藤太の主人である大麻氏は交名（名簿）には見えない。じつは、この集団は讃岐屋島にいた平氏の軍から離脱し、寝返りの実を挙げるために淡路島の平氏方（平教経ら）を攻めたものの逆襲され敗残となって京都にたどり着いたものであった。多くの味方を失ったという。したがって、このときに彼の主人である大麻氏は討ち死にしたと思われ、家人のみが他の武将に従って行動していたのであろう。『平家物語』によれば、淡路島で討ち死にした讃岐武士は、一三〇余名を数えたという。

御家人は、もともと頼朝と主従関係を結んだ家臣が自称したものであり、将軍家の家来であることを尊称して表現した。頼朝の許には、千葉氏・北条氏や和田氏、三浦氏・小山氏などの有力御家人らが存在し、これらの有力御家人間で、とくに頼朝の死後、権力闘争が展開され、最後に残ったのが北条氏であった。北条氏は、幕府の要職である侍所別当と政所別当を兼ねて執権となり、しだいに他の御家人らの筆頭者として権力を行使するようになった。

こうした鎌倉幕府の下で登場する讃岐国御家人を掲げてみよう。寛元四（一二四六）年、讃岐国御家人藤左衛門尉が海賊退治の恩賞にあずかった（『吾妻鏡』三月十八日条）。『南海通記』は、橘氏を通じて讃岐で最初に御家人になった新居資光の曽孫の香西資茂だとする。文永八（一二七一）年、讃岐国山田郡十川郷の源千午王丸は、執権北条時宗の下知（関東下知状）によって本領を安堵されている。この源氏は、御家人であったものと思われる。

『八坂神社記録』によれば、弘安元（一二七八）年、阿野郡林田郷の沙弥円意は、「代々の庁宣并関東御教書」などの手継証文を持っているとし、また、正和三（一三一四）年、年貢滞留で多度郡収納使綾氏女と綾孫三郎入道の両人は、六波羅探題への出頭を命じられている（善通寺文書）。彼らもまた、御家人であったのである。讃岐では、前述のように讃岐国衙在庁官人や郡司層らの出身で源氏方に付いて御家人になった者たちが、いわゆる西国御家人として存在した。また、東国の御家人のなかで、秋山氏や近藤氏のように西国に所領を持ち元寇に備えて西遷してきた御家人らもいた。

（唐木裕志）

第五章　荘園の村

荘園といえば、本所、領家、預所、地頭などさまざまな職名がでてきて、複雑で馴染みにくいというのが率直なところではなかろうか。しかし、中世は「荘園の時代」ともいわれ、中世を語る上で欠かしてはならないものである。

荘園とは中世の土地支配制度の単位であり、その荘園に人々が生活する舞台となる村があった。荘園の名残りは我々の身近に遺っており、現在の村の多くはその起源をたどれば中世にまで遡ることができる。荘内（詫間町）、西庄（香南町・坂出市）などはその地にあった荘園に由来するものと考えてよかろう。また荘園は、さらに名《みょう》と呼ばれる単位に分割され、その主人は名主と呼ばれ、貢納の責任者であった。名は成重・常政・貞遠・国安（いずれも東かがわ市の例）など人名を付した名も多い。これらは今でも各地の地名やまた姓として残っている場合も多くある。

荘園には農民だけでなく、漁民や手工業などの職能

長尾寺経幢
（重要文化財　13世紀）

を持つさまざまな職人も存在した。彼ら農民や職人たちによって貢納物や公事に代わる物が京都などに住む荘園領主に納められた。讃岐国の特産物である円座や陶（須恵）器の生産地は、それらを貢納するために保、つまり国衙（諸国の役所）領に設定された。それが香西郡円座保（高松市）や阿野郡陶保（綾川町）である。また讃岐国は古くから瀬戸内海地方を代表する塩の産地であった。古代律令制下において調として塩が貢納されており、中世においても塩飽荘のように塩を貢納する荘園もあった。

さて、そもそも荘園とはどのような体系を持つものであろうか。その主なものが寄進地系荘園である。荘園は有力農民や開発領主らが国司による収奪から逃れるために、その私領である田畠を京都や奈良の寺社・皇族・貴族などに寄進することにより成立した。寄進した有力農民や開発領主は地頭や下司となり、村落を生活基盤とした。彼らは学術上、在地領主と称されている。それに対して荘園の持主となった京都や奈良の貴族や寺社は、本家や領家となり荘園領主と称されている。

讃岐国には摂関時代の十一世紀から室町時代の十五世紀にかけてのあいだに、五四の荘園と五三の郷、八保、二御厨、二勅旨があった。最も早く立荘されたのは、治安三（一〇二三）年の岩清水八幡宮領香川郡平賀荘（笠居郷）・同領林津荘（阿野郡ヵ）・同領楢前荘（所属郡不明）である。

讃岐国で多くの荘園の成立をみたのは、白河院政から後鳥羽院政までの一一〇〇年代であった。保安四（一一二三）年に多度郡多度荘、長承三（一一三四）年に寒川郡富田荘が立荘され、両荘とも鳥羽院の御願寺である安楽寿院へ寄進された。ほかにも鳥羽院の皇女・八条院暲子内親王の所領豊田郡姫江本荘や、その御願寺である仁和寺蓮華心院領の寒川郡鶴羽荘・豊田郡姫江新荘、最勝光院領寒川郡志度荘、宜秋院領那珂郡子松荘などがあり、皇室領、上皇や女院が荘園領主となったものが目立つ。このころ二五荘、一御厨、三保の計二九ヵ所、つまり讃岐国に存在した荘園の半数ほどが平安時代末期に成立したといえる。ついで鎌倉時代半ばの一二五〇年代までに一八荘、一保、一御厨が成立または初見となり、ほとんどの荘園の成立が確認される。このことからこの時期に讃岐国の荘園制は確立しており、全国的な荘園制の成立から確立に至る時期と同時期にあたる。

次に荘園領主別にみると、皇室領が一四ないし一六、九条家・近衛家・鷹司家・一条家などの摂関家領一四ヵ所となる。寺社領では石清水社領七ヵ所、ついで興福寺春日大社領五ヵ所、以下賀茂社領、園城寺領各四ヵ所、高野山領三ヵ所、比叡山領・東大寺領各二ヵ所となっている。

荘園が成立したときに、荘園領主は支配の正統性を示すために荘園鎮守を勧請した。摂関家や藤原氏の氏寺興福寺が荘園領主であれば藤原氏の氏神春日権現、比叡山領であれば山王権現（日吉社）、賀茂社領であれば賀茂社が鎮守として勧請された。観音寺市柞田町の日枝神社は日吉社領柞田荘、丸亀市川西町の春日神社は興福寺領二村荘の荘園鎮守として勧請したものであろう。また、香南町の冠纓神社も香東郡井原荘の鎮守であったと考えられている。

また貴族や寺社が領有する荘園だけでなく、国衙の支配下にある公領（国衙領）の比重も大きかった。建長五（一二五三）年、讃岐国は後嵯峨上皇の院分国となり、以後大覚寺統の皇統に伝領された。皇室の経済的基盤の一つとなった。讃岐国の公領の一部は、分国主である上皇から近親者や近侍者にあたえられ、もしくは特定の寺院の料所となったところもある。香西郡円座保、三木郡井戸郷、鵜足郡河津郷などが前者、如来寿量院領鵜足郡垂水郷や三宝院領那珂郡郡家郷などが後者にあたる。

一つの荘園でも時代によってその姿は実に多様である。それを一つひとつときほぐし、その荘園の個性を描き出すことが荘園研究の魅力である。しかしながら、香川県における荘園研究は史料が少ない上、荘園を支配していた荘園領主に伝えられた文書がその多くを占める。そのため支配の変遷などはある程度知ることはできるものの、荘園に暮らした人々の生活の実態はほとんど知ることができない。こうした中、近年の日本中世史研究の傾向では、荘園研究は文献資料の分析とともに、考古資料・民俗資料・地名資料など多様な資料や、そして歴史的景観を活用する研究が盛んになっている。

香川県における現地に臨んで水利や地名、そして地形条件などを活用した先駆的研究として、善通寺領・曼荼羅寺領の研究が挙げられる。善通寺に伝来する比較的豊富な古文書と広範囲に分布する条理地割、そして徳治二（一三〇七）年に描かれた荘園絵図「善通寺伽藍并寺領絵図」を用いて、土地利用や周辺地域の変遷が明らかにされている。

そして荘園研究に新たな知見をもたらしているのが、近年の四国横断自動車道建設や空港跡地整備事業、そしてサンポート高松総合整備事業に伴う大規模な発掘調査による考古学の成果である。これにより建物の遺構、各種の土器、陶磁器や生活用品、そして石造物を通じて当時の人々の暮らしを具体的にイメージすることが可能となりつつある。

もう一つ重要な史料として挙げたいのが大般若経である。大般若経は荘園や村落の安寧を祈願するための経典として、荘園や村の枠を大きく越えた僧侶の活動により、荘園の鎮守などに備えられ広く流布した。古文書が残されていない場合でも、奥書に荘園名や寺社名、人名などが多く登場することがあり、荘園の状況を知る重要な史料となっている。讃岐国の僧侶によって書かれた経典として、徳島県の観善寺大般若経（寒川郡鴨部下荘）・三所神社大般若経（三野郡熊岡荘）、愛媛県の龍岡寺大般若経（阿野郡羽床郷）、新潟県の大和田薬師堂大般若経（那珂郡小松荘・財田荘）、京都市の北野社一切経（大内郡与田郷・三木郡牟礼荘）などが挙げられる。

本章では讃岐国を東讃・中讃・西讃に分け、地域別にそれぞれの荘園の特質に迫り、考古学の成果もふまえてそこに生活した人々の暮らしを描き出したい。

（萩野憲司）

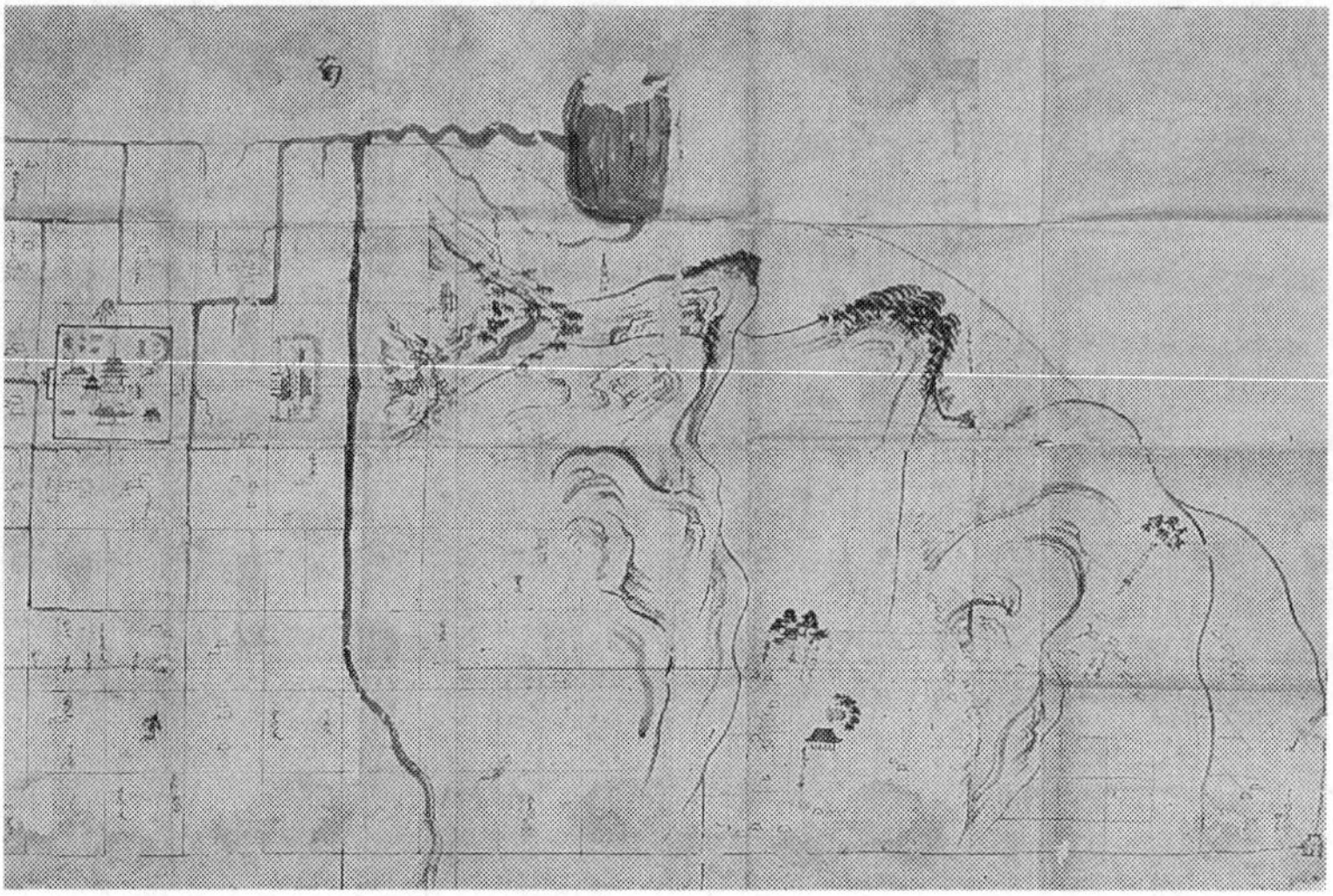

鎌倉時代末期の善通寺及びその近郊の景観をよく表した絵図部分
（善通寺蔵・香川県歴史博物館写真提供）

(1)　百姓らの烈参

善通寺文書中に一幅の絵図がある。専門の図師の手によるものと見られている。同時期の善通寺住侶等訴状案に「一巻　当寺製作絵図」という記載があるので寺専属の絵師がいたのかも知れない。徳治二（一三〇七）年に作成されたもので、寺伝によれば明治四十（一九〇七）年、京都山科の随心院から持ち帰ったという。現在国指定の重要文化財に指定されており、「善通寺伽藍并寺領絵図」と称している。絵図の裏書に「善通寺□□絵図　徳治二年丁未十一月日　当寺百姓等烈参の時これを進《まい》らす　一円保差図」とある。□□は虫喰いのため不明であるが、当寺（随心院）の百姓等が大勢で請願に来た時にこの絵図を提出したというのである。「一円保差図」は後筆で後世に名付けられた本絵図の名称である。随心院の末寺たる善通寺の百姓等は、一体何を要求しに上洛していったのであろうか。

本絵図は、いくつかの視角によって構成された部分図の集合体としてとらえられる。縦二枚横六枚で計一二枚の楮紙を貼り継いだ縦八〇センチ×横一六〇センチの大画面は、まず左右に二分される。左側は、方格の地割りを表現している。右側は、善通寺の西に連なる五岳山、つまり香色山、筆の山、我拝師山、中山、火上山であるが、その内香色山を除く四岳をパノラマ調に風景描写している。これらの山々は、おそらく甲山の山頂ないし中腹から展望して描かれたものと思われる。とくに筆の山の中腹に続く我拝師山の稜線は、現地からの眺望と全く一致する。そして、何よりも我拝師山の山陰にあるはずの施坂寺行道所（現禅定院、空海の修行場として有名な捨身ヶ嶽）が描かれていない。実際上、甲山から遠望しても禅定院は見えないのである。空海の重要な遺蹟であるが、見えないものは描かれなかったと考えられよう。

さらに絵図は、善通寺の伽藍を主として北方から、誕生院とその背後の八幡山（現在は参詣用の駐車場に削平された）及び香色山を東からの視線で描いている。最後に有岡池とそれに発する水路（弘田川）とを濃く太く上塗りして表現していることが目立っている。

本絵図の製作意図は、まず第一に善通寺寺領の全体像を表現したものと思われる。そして、第二に二カ所の湧水（現在の壱岐出水と柿俣出水）をふくめた溉漑用水の状況である。第三は、有岡池からの用水の状況である。そして、この第三の部分が最も主張したかったものと見える。

有岡池の上塗り部分から流出する用水（余水吐）とは別に同池の北方から発する用水が描かれている。一見余水吐のようであるがここから発する用水は現況からも過去にも存在しない。これは、上塗りして表現された部分に有岡池の前身の元池があることを示しているのではないか。

したがって、従来の溉漑用水の不足を補う目的で元池を拡張することが請願の本旨ではなかったろうかと思われる。

（唐木裕志）

(2) 東讃の荘園

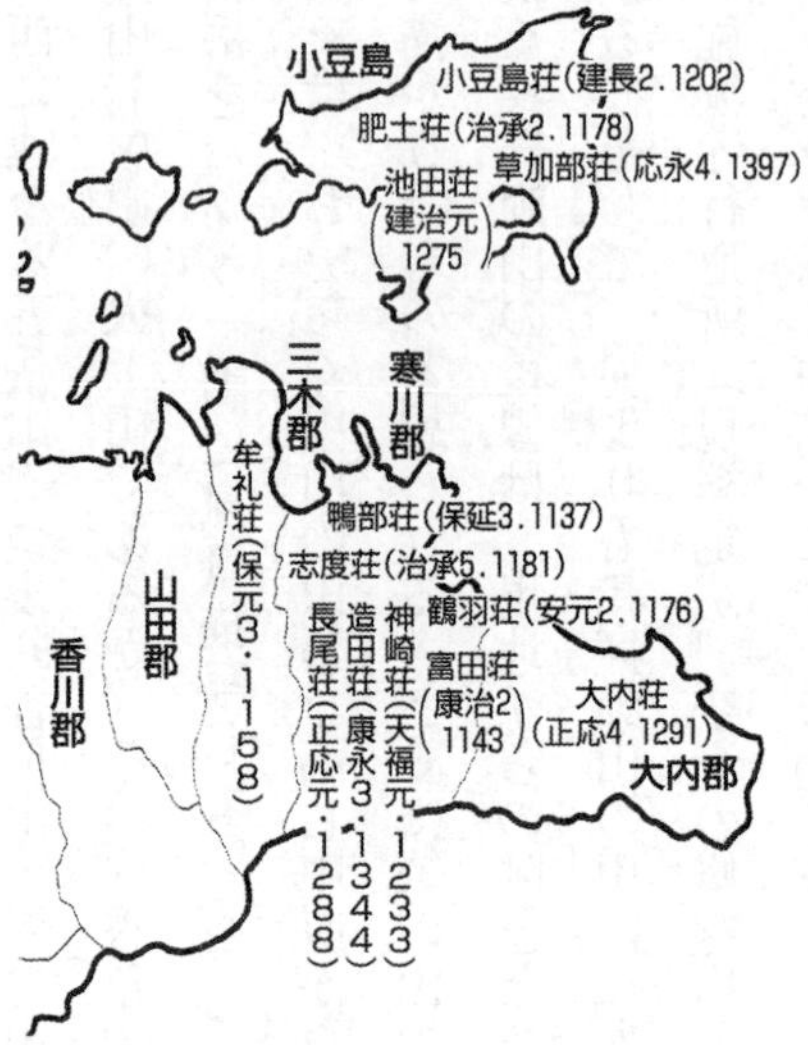

(　) 内は成立または、初見年

東讃地方の荘園分布図

大内郡に一の荘園、寒川郡に六の荘園、三木郡には一の荘園と一の保があった。なかでも寒川郡の各荘園は、比較的史料に恵まれておりその情況を知ることができる。

大内郡　大内郡は大内荘の一ヵ所のみ荘園として成立していた。この初見は正応四（一二九一）年の亀山上皇書状案においてであり（安楽寿院古文書）、浄金剛院領、つまり皇室領となっていた。この大内荘は、大内郡の郡域がそのまま荘園となった、いわゆる郡荘であった。

寒川郡　平安時代末期までに、安楽寿院領富田荘・興祥院領長尾荘・蓮華心院領鶴羽荘・最勝光院領志度荘などの皇室領荘園と石清水八幡宮領鴨部荘が成立した。鎌倉時代には興福寺領神崎荘、南北朝時代初期に法華堂領造田荘が成立を見る。

富田荘は康治二（一一四三）年に鳥羽上皇の御願寺である安楽寿院領として天皇家が本家職を伝領した（安楽寿院古文書）。

長尾荘は正応元年の関東御教書に二位家法華堂領と見えるのが初見である（醍醐寺文書）。法華堂は鎌倉将軍家の菩提寺・鎌倉勝長寿院に立てられた堂であり、この長尾荘はいわば鎌倉幕府の直轄領であった。その後、隨心院門跡、三宝院門跡が伝領することとなるが、観応三（一三五二）年以降、領家である三宝院門跡と長尾荘の沙汰人・百姓や地頭の寒川氏との間で年貢や公事を請け負う代官請を巡ってたびたび争論が起こっている。

志度荘は最勝光院領である。最勝光院は承安三（一一七三）年に高倉院と建春門院平滋子により建立された寺院である。その後、鎌倉時代末期、正中二（一三二五）年に最勝光院の執務職が東寺に寄進され、志度荘は東寺領となった。建永元（一二〇六）年の慈円起請文によると（『門葉記』所収文書）、この頃の年貢は能米三〇石、塩一〇石、炭五〇籠であった。

三木郡　牟礼荘は、保元三（一一五八）年の官宣旨により石清水八幡宮領となっている。応永十九（一四一二）年の北野社一切経には、牟礼荘八幡宮の住僧宥全がその書写に参加している。また前神寺（愛媛県西条市）へ移されたと伝える六萬寺の鐘銘には、永享十三（一四四一）年に牟礼荘六萬寺の住僧清尊が改鋳したことが記されている。

原保は承安五（一一七五）年に那珂郡金倉保とともに東大寺領となっている（東大寺文書）。

荘園は少ないが、高岡郷・氷上郷・田中郷・井戸郷が公領として多くあらわれる。

備前国児島郡　小豆島は備前国児島郡に所属する一郷であった。平安時代に八条院領小豆島荘、石清水八幡宮領肥土荘、鎌倉時代に池田荘、豊島には近衛家領家浦荘が確認される。また直島も家浦荘と同様に近衛家領であった。現在坂出市となるが、櫃石島は児島郡の熊野山領児林荘に含まれていた（『師守記』所収文書）。

（萩野憲司）

山田郡林荘の遺称地（空港跡地遺跡）のジオラマ
（香川県埋蔵文化財センター製作）

(3) 中讃の荘園

山田郡・香東郡・香西郡・阿野郡・鵜足郡の高松市から坂出市付近に該当する地域にあった荘園を紹介する。なお、『和名類聚抄』では、香川郡は平安時代後期に香東条（香川郡東条）と香西条（同郡西条）とに二分され、それらは南北朝時代から戦国時代まで香東郡と香西郡と呼ばれていた。

山田郡　鎌倉時代半ばに妙法院門跡領林荘と高野山領坂下荘が成立した。

林荘は、寛元三（一二四五）年に香東郡野原荘とともに比叡山の三門跡のひとつである妙法院領となった。この遺称地は旧高松空港が含まれ、発掘調査により中世の集落跡が発見されている。

坂下荘は宝治元（一二四七）年に高野山領となっている。寛元年間（一二四三〜一二四七）のこの荘の地頭は、鎌倉幕府評定衆の太田（三善）康連であった。

香東郡　皇室領野原荘と鷹司家領井原荘があった。

野原荘は、平安時代の貴族・藤原宗忠の日記『中右記』に永久二（一一一四）年に「野原御庄園」と見えるのを初見とする。当時は白河院領であった。その後皇后宮職御領として皇室領に属していた。そして寛元三年に山田郡林荘とともに妙法院門跡を本家としている。なお、この野原には湊が存在し、そこから近隣の山田郡方本で生産された塩を運送した（『兵庫北関入船納帳』）。

冠纓神社所蔵の天文二十（一五五一）年の冠尾八幡宮奉加帳断簡には「讃岐国東方井原庄冠尾八幡宮」と見え、同社が井原荘の鎮守的存在であったと考えられる。

香西郡　平安時代には石清水八幡宮の平賀荘、鎌倉時代に九条家領の坂田領と笠居御厨が成立する。また、讃岐国の特産物である円座を朝廷に納めるため国司により、便補された円座保がある。

平賀荘は笠居郷内にあり、治安三（一〇二三）年ごろ林津・楢崎荘とともに石清水八幡宮領であったのを初見とする（石清水八幡宮文書）。これは讃岐国でも最も早い荘園成立であった。笠居郷は伊勢神宮の御厨であったことから、平賀荘は石清水八幡宮に魚介類を納める所領であったと考えられる。

坂田荘は現在の高松市西春日町付近にあった。建長二（一二五〇）年に讃岐国内の新御領（九条道家の代に獲得された家領）の一つとして、道家の三男・前摂政一条実経へ本家職が譲与されている（九条家文書）。ほかの新御領に属する荘園に寒川郡神崎荘（さぬき市）と三野郡本山荘（豊中町）がある。

阿野郡　平安時代の終りに石清水八幡宮領新宮、鎌倉時代に崇徳院御影堂領北山本新荘（山本荘）、白峯寺領松山荘、賀茂社領鴨・氏部両荘、南北朝時代に一条家領山田荘が成立した。また、保として須恵器生産のため公領に属した陶保がある。

鵜足郡　平安時代に摂関家領塩飽・栗隅両荘、鎌倉時代に興福寺領二村荘、春日社領河津荘、仁和寺領法勲寺荘があらわれる。また、土器や皮籠を納めるため便補された土器保・皮古保がある。

（萩野憲司）

(4) 西讃の荘園

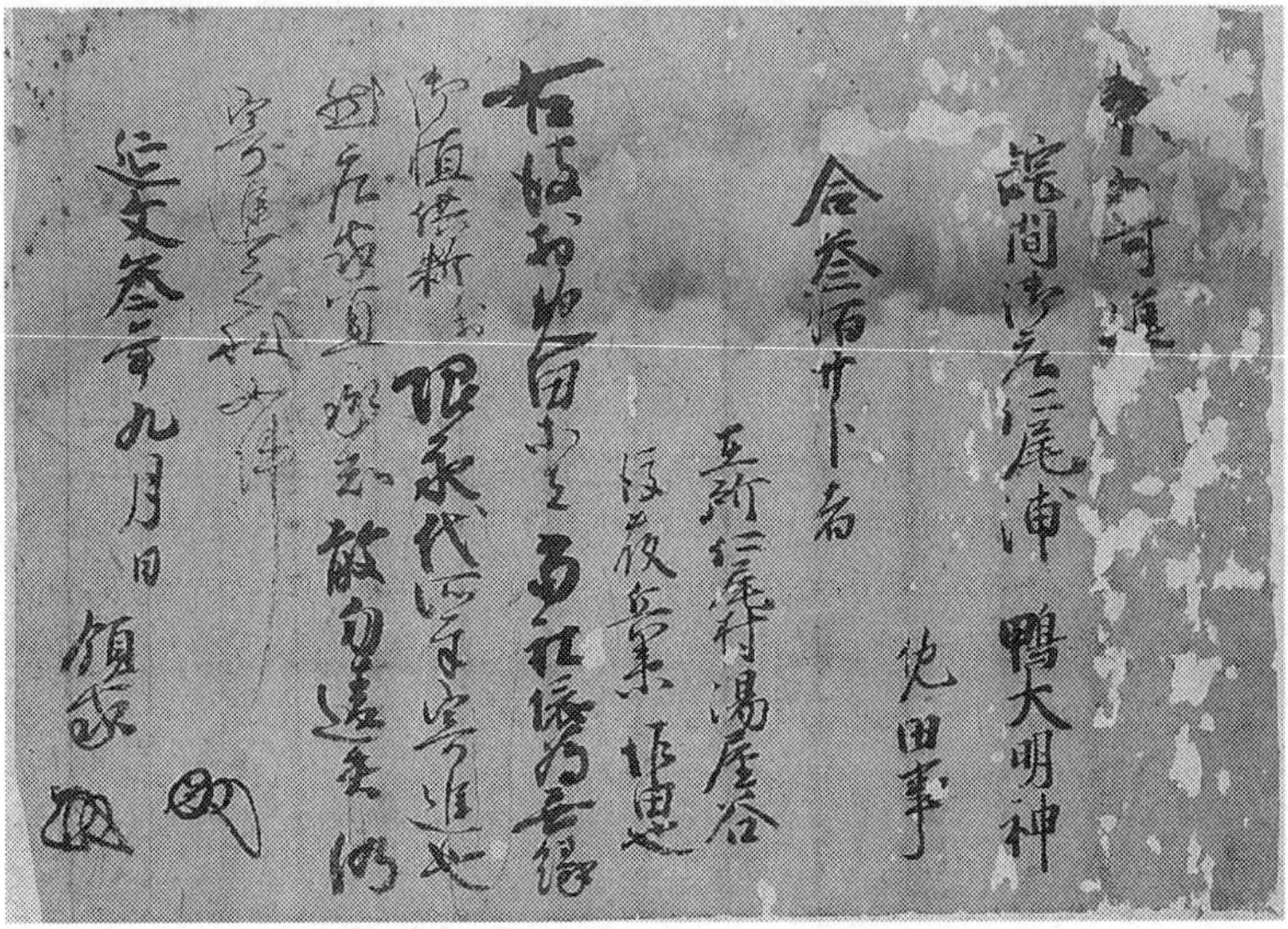

詫間御庄仁尾浦と見える免田寄進状
（賀茂神社文書・香川県歴史博物館写真提供）

西讃には多くの荘園が確認され、また史料も比較的豊富にあるため、その成立や経緯を知ることができる荘園が多い。

那珂郡　平安時代に九条家領小松荘、太政官便補地柞原荘、鎌倉時代に園城寺領真野荘、同金倉上下両荘・木徳荘、南北朝時代に園城寺領買田荘、興福寺領柞原野荘が現れる。

小松荘は承元元（一二〇七）年に配流された法然が、領主である九条兼実の計らいによりここに落ち着き、念仏を広めたという（『法然上人絵伝』）。また、同荘の榎井大明神宮（現春日神社）と石井八幡宮（現石井神社）にあった大般若経が、佐渡国の大和田薬師堂（新潟県佐渡市千種）に伝来している。

また、この郡では園城寺領が多くみられる。園城寺とは智証大師円珍を開祖と仰ぐ天台宗寺門派の本寺である。金倉は円珍誕生の地であるため、その由緒により園城寺領となったものである。

多度郡　平安時代に安楽寿院領多度荘、賀茂神社領葛原荘、興福寺領藤原荘、鎌倉時代に善通寺領一円保、高野山領仲村荘、善通寺領良田荘、鎌倉将軍家祈祷料所吉原荘と堀江荘が成立する。

良田荘は、多度郡良田郷の西半部が弘安四（一二八一）年の官宣旨により善通寺領に立荘された（善通寺文書）。しかし度々良田郷の地頭の良田荘への濫妨が絶えず、善通寺への年貢が滞ることがあった。永仁五、六（一二九七～一二九八）年ごろ善通寺と地頭との間で田地を分割し、下地中分が行われた。

多度郡は弘法大師空海の誕生地であり、その建立といわれる善通寺がある。それにより善通寺領がひろがるが、荘園の本家は善通寺の本寺である随心院であった。それらの荘園は国衙や地頭、守護代の侵略を受けながらも、応仁・文明の乱まで随心院に伝領された（善通寺文書・随心院文書）。

三野郡　平安時代に石清水八幡宮領草木荘、賀茂社領内海御厨、鎌倉時代に入って法金剛院領二宮荘、蓮華王院領豊福荘、摂関家領三崎荘、石清水八幡宮領本山荘・同新荘、九条家領詫間荘、高野山領財田荘、室町時代には法金剛院領勝間荘が成立、または初見する。

財田荘については不明な点が多いが、那珂郡小松荘でみた大和田薬師協会所蔵の大般若経に「讃州財田荘八幡宮流通物也」とあり、財田荘八幡宮にあった大般若経が佐渡国に渡ったことが知られる。

豊田郡　平安時代において、八条院庁分姫江本荘、蓮華心院領姫江新荘、石清水八幡宮領山本荘、鎌倉時代に日吉社領柞田荘が立荘された。

柞田荘は建長二（一二五〇）年を初見とする（九条家文書）。立荘にあたり四至が限られ、他領との境界が明示されている。この範囲は古代の柞田郷と同域であり、この荘は郷をまるごと荘園化し成立した。ここには住居など五〇宇、田畠あわせて一六五町余、魚場、荒野一〇〇町余があった（『続左丞抄』所収文書）。

（萩野憲司）

(5) 地下請と地頭請

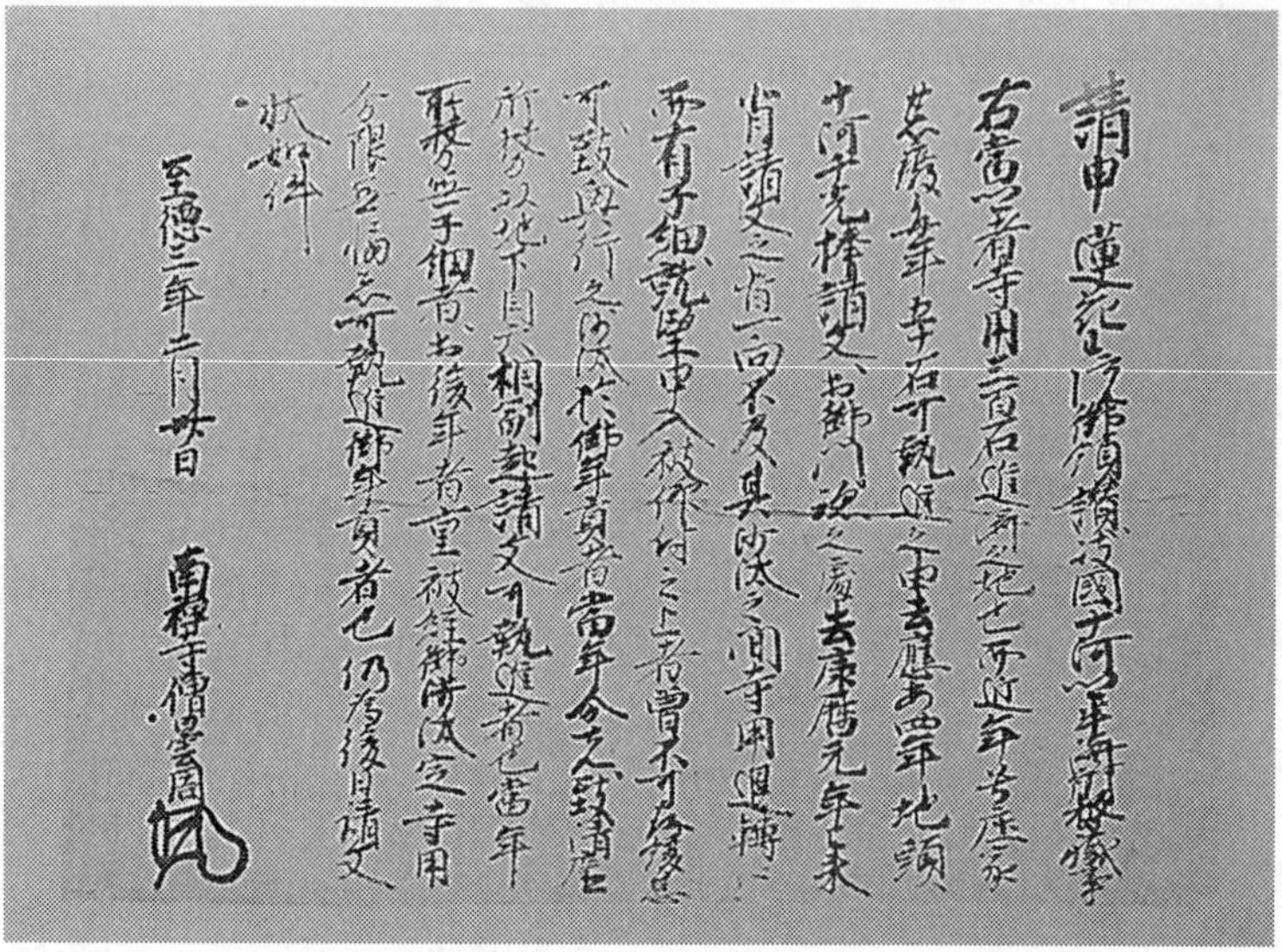
十河氏が十川郷の地頭として年貢を請け負った際の請文
（南禅寺文書・鎌田共済会郷土博物館写真提供）

荘園の地頭や荘官など在地領主は、中央の荘園領主から荘園支配を代行しているに過ぎなかった。しかし次第に在地領主は名主や百姓を支配に取り込んでいき、荘園を押領することも多くなり、多くの荘園は解体に向かった。そこで荘園領主は、幕府にその非法を訴え紛争解決を求めた。和解手段として、地頭が一定額の年貢や公事の納入を請け負い、荘園領主に納める地頭請（在地が直接請け負う場合は地下請）、下地を荘園領主と地頭が分けて、互いに干渉しないという下地中分などが採られた。その手段行使の痕跡は讃岐国の荘園でも多く見られる。

大内郡　大内荘は郡域がそのまま皇室領（浄金剛院領）となった荘園である。建武四（一三三七）年に荘内の与田郷下村の領家職が濫妨されていることを浄金剛院が幕府に訴えている。その後、応安二（一三六九）年に管領細川頼之と浄金剛院との契約により、守護代の安富氏一族とみられる沙弥宝教が与田郷下村半分を請け負っている（『讃岐志』所収文書）。

寒川郡　長尾荘では地下請や代官請が繰り返し行われている（三宝院文書）。観応三（一三五二）年に長尾右衛門尉保守が領家である三宝院門跡に対して、領家職を三〇〇貫文で請け負っている。応永三（一三九六）年、長尾荘の沙汰人・百姓らが、三宝院門跡へ米五〇〇石・夏麦六二石・代替銭二五貫文で年貢を請け負うことを願い出て地下請が成立している。

山田郡　十川郷の本家は三十三間堂で知られる蓮華王院であった。至徳三（一三八六）年には南禅寺僧曇周が半済所務職を請け負っていた。もともと年貢三〇〇石であったが、半済が行われ、さらに荘家が荒廃したため年貢五〇石で、応安四（一三七一）年に十河氏が山田郡十川郷の地頭として年貢を請け負っている（南禅寺文書）。

香東郡　井原荘の本家は五摂家の一つ、鷹司家領であったが、貞治五（一三六六）年にこの荘を領した国人由佐氏より半済が行われた（由佐家文書）。

阿野郡　氏部荘で文明九、十（一四七七〜一四七八）年に守護細川氏の内衆寺町氏による代官請負が確認される（賀茂別雷神社文書）。

鵜足郡　二村荘は鎌倉時代初めに、耕地が国衙領のまま泉涌寺領、荒野が興福寺領として立荘された。その後、文明二（一四七〇）年に鞍馬寺へ寄進された。ほどなく同四年に那珂郡垂水郷の武士垂水氏が領家代官職を年貢一七貫文で請け負っている（鞍馬寺文書）。

那珂郡　柞原野荘では永和四（一三七八）年ごろ、塩田入道を預所とする代官職の請負が行われていた。しかし未進など不法行為があったため、改易され楢津入道に宛行われている（『東金堂細々要記』）。

三野郡　西大野郷では文和四（一三五五）年に領家の祇園社執行顕詮と国人近藤国頼との間で、年貢・公事を折半する契約が行われた（八坂神社文書）。しかし、その後も国頼による押領が続き、国頼に所務職が宛行われた。

（萩野憲司）

(6) 中世村落の景観と暮らし

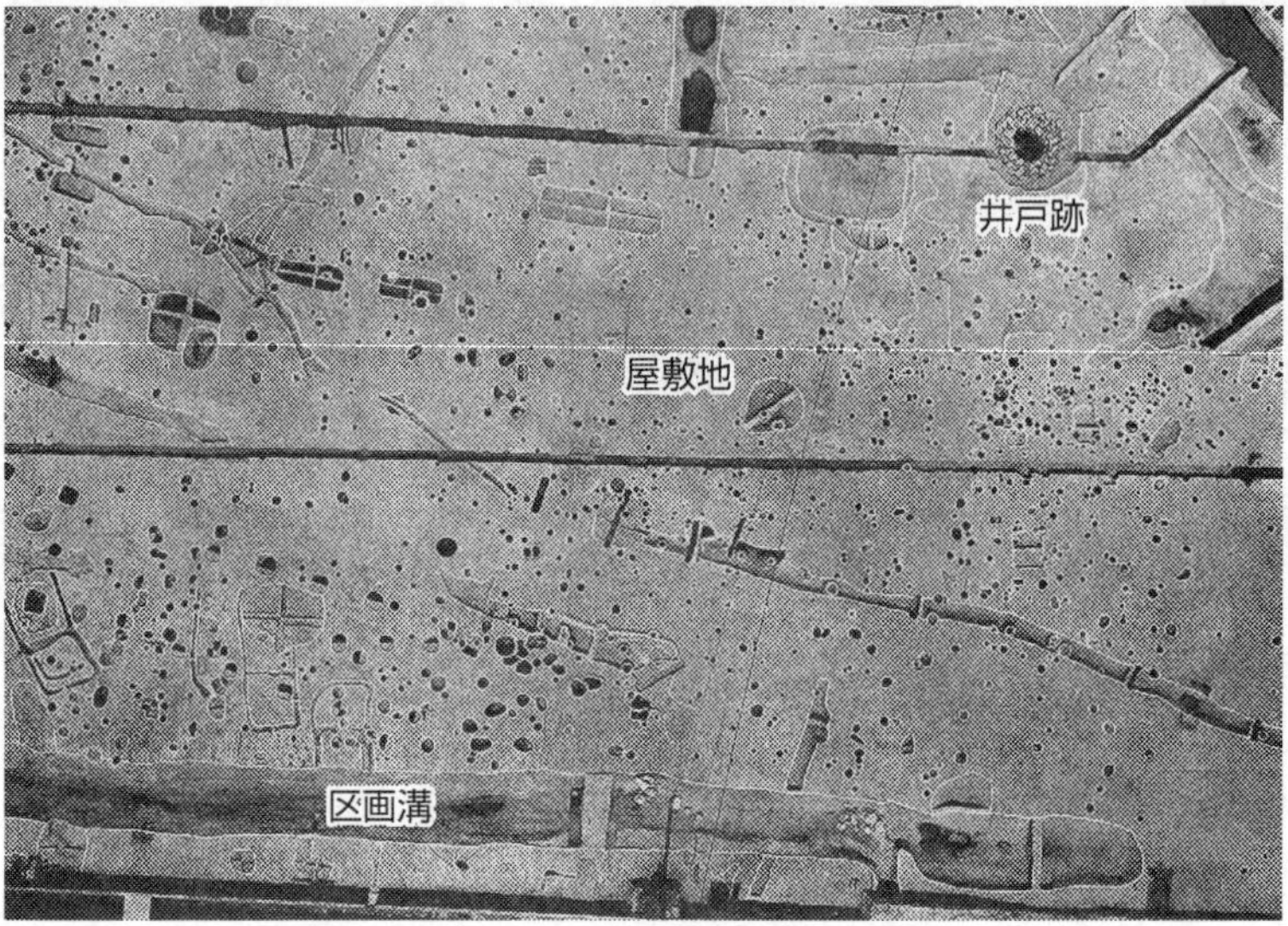

坂出市下川津遺跡の屋敷地と区画溝
(香川県埋蔵文化財センター写真提供)

中世において村落住人の大多数を占める農民たちは、有力農民を中心にそれまで荒地などの土地条件の悪い場所にも積極的に開発を行うようになった。このような開発の推進と共に耕作地は拡大し、農耕に携わる人々の居住する場所も拡大した。中世村落の出現である。

村落を構成するものの中心は田畑と、農民たちの屋敷である。田畑と屋敷地及び屋敷地に建てられた建物は、基本的に古代以来の土地区画制度である条里制地割に規制されていた。このほかにまだ開発されていない荒地、山林、川・池などが含まれており、村落の領域は耕作地に不可欠な水利の及ぶ範囲と考えられる。これ以外に人々の精神的な拠り所や祭り、寄合の場でもあった寺社や墓地、そして屋敷地と田畑、寺社などを結ぶ道路がある。なかには他の村落と結ばれる幹線道路もある。このような要素の集合体が村落である。

村落の中には、水利を掌握し開発や田畑の経営の中心となった領主層などや有力農民、一般的な農民、さらには従属的な下層農民などが含まれる。これらは屋敷地や建物の規模、出土品などに反映され、発掘調査でもその内容が復元できることがある。

中世を通して長期的に集落が営まれた坂出市下川津遺跡では、古代末の十世紀では主屋・副屋と考えられる大小の二棟でセットとなっていた屋敷地が、十一世紀になると主屋・副屋・納屋あるいは倉庫と考えられる三棟前後で屋敷地を構成するようになり、この屋敷地が二〜三のグループになって分散していた。

ところが十三世紀後半になると周囲を溝によって区画された部分に屋敷地が集まるようになり、十六世紀には集落の中心は遺跡の北側に移動し、大規模な溝によって区画された広大な屋敷地に建物が集まっている。

下川津遺跡で見られたように、讃岐の中世集落の多くは、十三世紀前半頃までは条里制地割に基づく土地区画の中に屋敷地が散在していたが、十三世紀後半以降には溝で区画された部分に徐々に屋敷地が集まるようになり、時代が下ると共にこの傾向は強くなる。この溝あるいは柵で区画された屋敷地は十一世紀ごろに出現する。やがて特定の屋敷地のみを溝で区画したり、区画された屋敷地にも大小のものが現れる。この区画溝もまた条里制地割に規制されており、内部の建物も区画溝に平行ないし直交して建てられるため、条里制地割の方向に一致することになる。

最初は小規模であった区画溝も十三世紀後半頃を境にして規模が大きくなって行く。そして十五世紀ごろには溝で区画された屋敷地が連結したり近接するようになり、屋敷地全体に区画溝が巡るようになる。

以上のように展開した中世集落は中世末期に再編成され、近世以降その多くは現代の集落に重なっている。

（森　格也）

(7) 寺院跡と墳墓

土に埋もれた宝塔（右下）が当時の面影を伝える興隆寺跡
中央の宝篋印塔は江戸時代のもの（豊中町）

中世にどのくらいの数の寺院があったかは分かっていない。しかし現存する建造物や伝来されてきた絵画・彫刻などから推定すると、東かがわ市の与田寺、さぬき市の志度寺・長尾寺・西教寺、小豆島町の明王寺、高松市の屋島寺、国分寺町の国分寺、坂出市の白峯寺、高瀬町の勝造寺、豊中町の本山寺、仁尾町の常徳寺、観音寺市の観音寺などは、中世にも堂宇を構えそれぞれの地域で地歩を築いていたものと思われる。

現代まで存続するこれらの寺院とは別に、衰微したまま復興されることもなく廃寺と化し、その跡だけが残されてきたものもある。その一例として豊中町の興隆寺跡を見てみよう。寺跡は下高野大谷にあり、七宝山東麓の丘陵上とその南斜面（興隆寺谷の北側斜面）が寺地となっている。

谷川沿いの道を登っていくと右手に、鎌倉時代後期から室町時代にかけての約百基の五輪塔・宝篋印塔などの石塔群がある。これらは県史跡に指定されている有名なものである。道を奥にさらに進み石垣の崩れた箇所を越えると平場に至る。谷側にも高く石垣を築いて造られたこの平地が寺の最下段であり、杉林の中に江戸時代の宝篋印塔や中世の凝灰岩製の宝塔がある。ここにはかつて五重塔が聳え、背後のおかんど山頂部には本堂などの建物が築かれていたと伝えられている。

この寺については、『七宝山本山寺縁起』に記録がある。本山寺はここから約三キロ南東に位置し本堂が国宝に指定されている著名な古刹であるが、興隆寺はこの本山寺の奥院であり、門や殿堂は廃絶し本堂と草庵だけが残り寂寥としていると江戸時代の縁起は記している。

このように、言い伝えはあるが遺跡は未発掘の状態で残されている寺跡がある一方、がんど遺跡（坂出市）、尾の背寺跡（まんのう町）、中寺廃寺跡（まんのう町）などは伝承はほとんどないが、発掘調査によって、その内容が明らかになった寺跡である。

このうち中寺廃寺跡は、讃岐山脈の第二の高峰である大山山の北西約三キロの位置（標高約七三〇メートル）にある山岳寺院跡である。延長約一キロの間に尾根筋からやや下った所に四地区で二一ヵ所の平坦地が見つかっている。このうち最も北の地区は昭和五十九年に一部が発掘され、十世紀の塔跡が見つかり、近くには金堂、講堂などもあるものと推定されている。他の地区では墓跡と見られる集石があり、また古代から近世までの遺物も採集されていることから、この幽峻な深山において長期間にわたり行者が修行に励むために山寺が営まれ続けてきたものと推定されている。平成十六年度からは第二次の発掘調査が開始されており、全容の解明が期待されるところである。

次に中世の墳墓に移ろう。県内では現在までに約三〇ヵ所から一二〇基近くの墓が発掘調査されている。分布は県下全域に及んでおり時代や地域的な偏りは特に見られない。

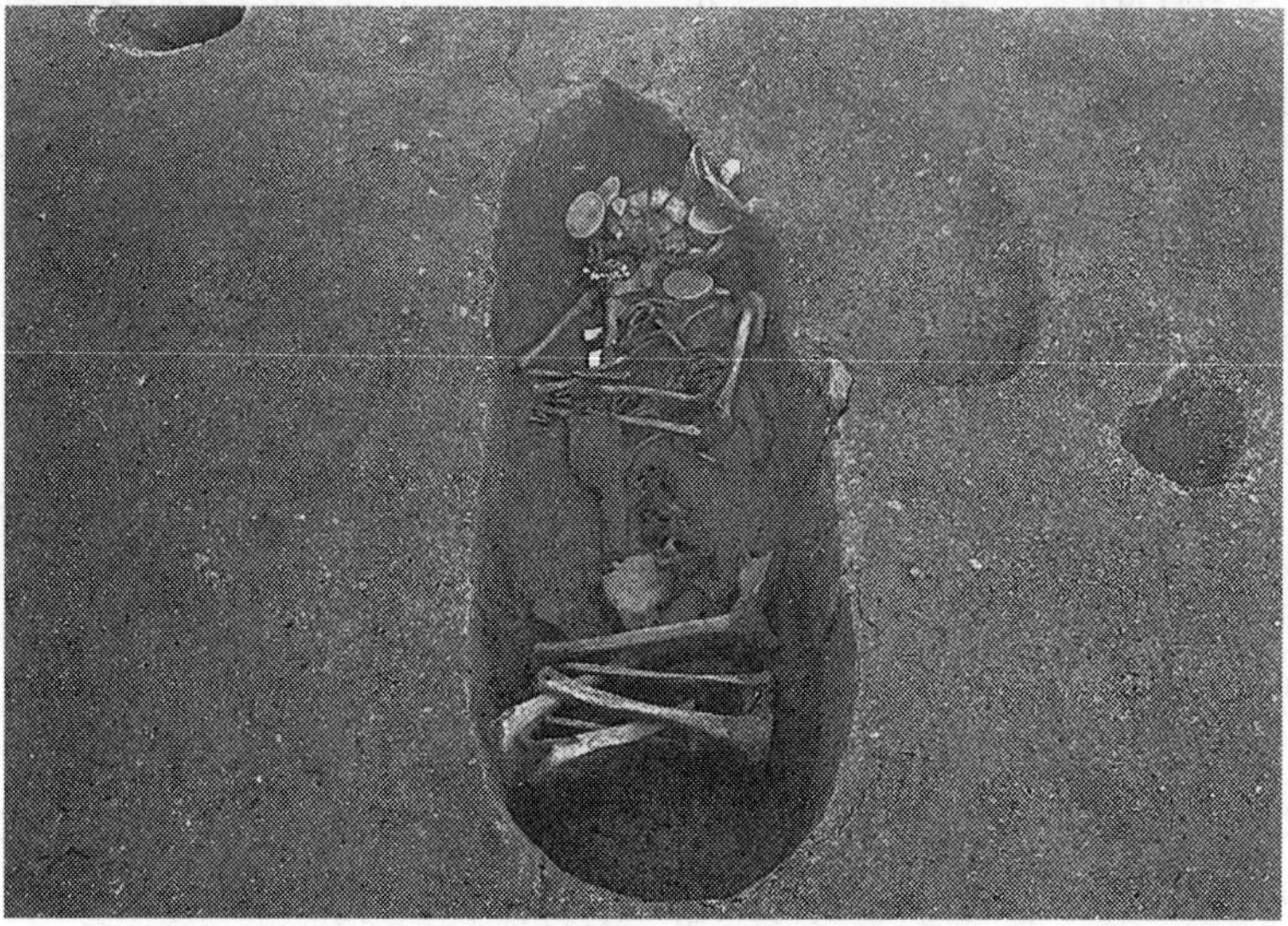

池下遺跡（綾歌町）の墓穴と人骨
（香川県埋蔵文化財センター写真提供）

墳墓が営まれた場所を当時の集落や屋敷との関係で見てみると、集落から離れた丘陵、集落の外れ、寺院敷地内、屋敷内、屋敷の近接地などがあり、時代変遷や階層差など今後の研究がまたれている。

葬法や墓の構造を具体的に見ていくと、まず葬法については火葬と土葬に大別される。遺体を焼く施設は善通寺市龍川四条遺跡で、平安時代後半から鎌倉時代と推定される浅い素掘りの土坑が見つかっている。幅は〇・九メートル、長さは一メートル以上で、内部には多量の焼け土と炭化物が堆積し、骨片が出土している。土坑の底は赤く焼けており、何回もの焼成が行われたことを物語っている。火葬骨は集骨され壺に納められ埋葬されたのであろう。火葬施設はこの一例だけであるが、埋葬施設で火葬が行われた例もある。

高松市の空港跡地遺跡で見つかった土坑は、長さ一・二メートル、幅〇・九メートル、深さ〇・二メートルの規模で底に円礫が敷き並べられ、壁面にも円礫がおかれていた。骨片などは検出されていないが礫敷きの上面には炭や灰が薄く堆積していたことからここで火葬に付されたと推定されているのである。この他火葬の例としては高松城東の丸跡（県民ホール敷地）で石を敷いたり、組んだりした室町時代の火葬墓が一三基発掘されている。

ところで先の空港跡地遺跡の墓に類似した構造の墓は綾歌町の池下遺跡でも見つかっている。規模はほぼ同じであるが、四隅や中央部から一六本の鉄釘が出土し、頭蓋骨や歯がわずかに残っていたことから、こちらは木棺に納められ土葬されたことが分かる。

ところで、いままで説明した墓は、規模が小さいため子ども用ではないか思ってしまうが、この時代は膝を折り曲げた屈葬もあったことが、池下遺跡のもう一つの墓から明らかになっている。墓は長さ一・二メートル、幅〇・五メートル、深さ〇・三メートル規模の素掘りの穴に木棺を納め、十七歳ぐらいの男子が顔を西に向け膝を折り曲げた状態で埋葬され、小皿五枚、椀一点、銅銭一枚が副葬されていた。

土葬は今まで発掘された中世墓の八割以上を占めており、発掘時点では墓穴の上に土盛りなどがないものがほとんどであるので、元来地表の標識などはなかったのであろうか。

豊中町延命遺跡の森五号塚は、南北二・八メートル、東西二・六メートルの範囲で一・四メートルの高さに一〇～三〇センチの大きさの川原石が積まれており、この集石の下から空港跡地遺跡や池下遺跡で検出されたのと同様の埋葬施設が見つかっている。高瀬町の須ノ又遺跡では墓穴の周りに径約一・五メートルの円形の列石が見つかっており、これらの例からすると墓穴を設け埋葬しているものは、地表に少なくとも土盛などがあり、築造後現代までの間に削平されて消失してしまったと考えたほうがよいのである。

中世においては右のような埋葬は丁寧な部類に属し、山野や河原に遺棄されたままだったことも多かったようである。

（大山真充）

(8) 海の荘園

海に浮ぶように広がる津多島供祭所（仁尾町蔦島）

海に面した讃岐では、陸地だけでなく、島嶼部や海岸沿いの地域にもいくつかの荘園が立荘されていった。そのような中に、海の荘園ともいうべき御厨《みくりや》がある。御厨とは古代・中世の神領で、神に供御物として魚介類を貢進するために設置された。その地に住む人々は、供御物を献納する職務を持つ神人《じにん》として組織され、神社に対する奉仕集団として存在した。

寛治四（一〇九〇）年七月、白河院は夢想により京都賀茂神社に対し、瀬戸内海沿岸九ヵ所の御厨を寄進した。そこには「讃岐国内海」が存在した（『百錬抄』賀茂社古代庄園御厨）。讃岐国内海が具体的にどこをさすかは明らかでないが、観応元（一三五〇）年の細川顕氏禁制に「鴨御祖社領讃岐国内海津多島供祭所」と見る（常徳寺文書）。このことから内海御厨は現在の仁尾町蔦島付近にあったことがわかる。仁尾町に鎮座する賀茂神社は御厨の設置とかかわるものである。当初蔦島が供祭所に設置されるに伴い、対岸の仁尾浦を含む地域へ京都賀茂神社の支配が及んできた。そこで賀茂神社の分霊の勧請が行われたのであろう。そして仁尾浦の住民たちは、賀茂神社の祭礼を執り行う神人として存在したのである。

仁尾浦は周囲を山に囲まれ、耕地が狭小で畑地が多く、決して豊かな生活ができなかったため、住民たちの活動の場は面前の海へと向かうのである。賀茂神社御厨住人は、供祭人として「櫓棹の通い路・浜」を供祭所とする特権を得たと主張し、盛んに交易活動に従事する。仁尾浦の神人たちは海上交易活動に励むのである。

荘園に住む人々の生活の実態は、それを示す史料が少ないため意外にわからないことが多い。とくに讃岐の荘園ではほとんど明らかにできない。だが、ここに全国的にも珍しい史料が残っている（仁尾賀茂神社文書）。これは鎌倉時代末の人身売買にかかるものだが、当時の悲惨な農民の生活の様子をうかがい知ることができる。

元徳二（一三三〇）年三月、仁尾浦に隣接する草木荘に住む夫婦が、八歳になる童を五〇〇文で詫間荘の有力者に売り渡した。鎌倉末から南北朝ころの人の売買はおおよそ二貫文で行われていた。それを五〇〇文という安価で売買したのは、どのような生活であったか想像できよう。「子どもを売るのは子どもも自分たちもそれによって飢餓をたすからんがため」と記された内容は、生活が苦しい中でも生き延びるためには、人としてあるまじき行為をしながらも生きていかねばならない状況を訴えているかのように思える。

ここに記したことが全てに当てはまるとはいえないが、貧困な村が海へ生活の糧を求めていくことにより、経済的にも大きく発展を遂げるのである。それは海の荘園の宿命で、海へ進出しなければ生活できなかった人々の当然の手段でもあったろう。

（橋詰　茂）

(9)　町場の形成と為替

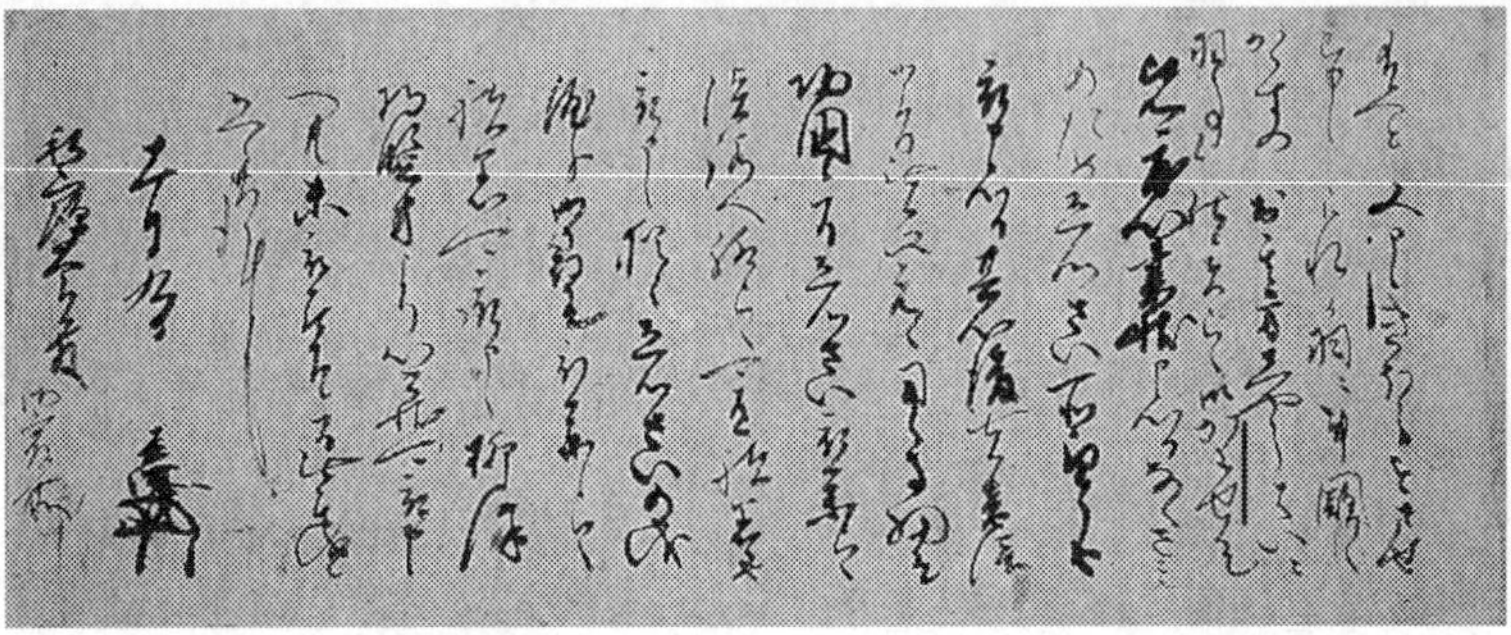
右下４行目の傍線部に「かわせ」（為替）の字が見える
（秋山家文書・高瀬町教育委員会写真提供）

中世では、流通経済が定着し始めるが、貨幣の通用や商品の移動によって湊町（津）や市場町、門前町など都市（町場）も形成される。市場の発生は、すでに奈良時代から見られるが鎌倉時代になって定期市から常設市に発展し、讃岐でも各所に市が立ちはじめる。

史料的に見出されるのは、室町時代からである。享徳元（一四五二）年、観音寺湊の上市・下市から琴弾八幡宮に舞車を奉納している（観音寺所蔵文書）。この両市に加えて今市の三町が同湊の中心街であった。ここから少し北に行くと、永禄元（一五五八）年讃岐西方守護代香川之景の麴商売安堵状で知られる室本がある。現在に至るまで室本麴の名は廃れずに伝統的生産が受け継がれている。

同じく湊町であり志度寺の門前町であった志度では、馬市が盛んであった。文明五（一四七三）年、細川勝元の死後讃岐守護家である京兆家の政元を補佐する典厩家政国は志度寺院内での伯楽（馬）市を禁止している（志度寺文書）。これは、馬市全体を禁止したのではなく境内での取引を禁じたものである。寺内で押買いや賭博などのトラブルが頻発したからと思われる。

その外の門前市を紹介すると、石清尾八幡神社の右馬頭（春）市、滝宮天満宮の市、坂出旧天皇社の天皇市、善通寺の市、本門寺の大坊市、本山寺市などがあった。

これらの市の発展とともに、特産品などの商品経済の広がりは、現物・現金決済に加えて為替の使用を促していった。秋山家文書に中世讃岐でも為替を使った商売が行われていたことが知られる。十六世紀初頭の細川氏奉行人春綱書状には、弓矢の羽根（この場合は戦闘用ではなく観賞用）が欠乏しているので調達して欲しい旨の依頼のことが述べられている。また、その商売をするものについては、為替にて決済をすることも添えられている。当時の西讃地域では、観賞用の鷲鷹類の羽根を生産又は、取引する商人が存在したことを表している。

さらに、秋山家文書からは当時の特産品や贈答品の品々が明らかになる。食料品類では、アミ（エビの塩辛）・川鴈（カモ）・鰆・いりこ（干し海鼠）・塩などがあった。調度道具類では、畳表・墨・五明（扇子）・扇などである。また、武具では、羽根・矢の祢（鏃）・絃（弓弦）・弓などが記されている。これらは、もちろん庶民レベルで流通していたものではなく上級武家層間に限定されたものも多かったと思われる。

これらの品々は、墨のように京都在住の武家方から贈られたものや扇や扇子など、かならずしも讃岐産でないものもあるが、食料品関係のものは瀬戸内海産と見て間違いない。アミや干し海鼠、そして江戸時代に幕府献上品として有名な螺の干物などは讃岐特産品であった。また、塩の生産も古代以降連綿として盛んであったようである。

（唐木裕志）

中村城跡の堀跡と土塁（善通寺市）

⑽　武士の居館

中世において主権を握った武士は在地の領主として、それぞれの地域を治めていた。居館はその地域の交通の要所など中心的な場所にあるとともに、軍事的な拠点としての役割も担っていた。このような武士が日常生活を送っていた居館は近年の発掘調査により、その内容が判明しつつある。

一般的に武士の居館はその平面形は方形で、周囲には溝または塀を巡らせている。軍事的な役割ももっている居館は、溝を巡らせることにより外部から入り難くするとともに、溝の内側に土塁を築いたり柵を巡らせて防御を固めている。溝は鎌倉時代までは幅が三メートル未満のものが多いが、室町時代以降には幅が四メートルを超えるものも出現し、堀と呼ぶべきものもある。戦乱が多くなるにつれて、居館もその防御を強くする様子が窺える。

このように溝で囲まれた居館の内部には、さらに塀や溝で囲まれた数棟の建物がある。最も大きい主屋を中心に、その周りに数棟の倉庫・馬屋、領主に仕える武士の控え所などの副屋、庭・広場がある。その様子は『一遍上人絵伝』や『法然上人絵伝』などの絵巻物からも窺い知れる。

高松市林町の空港跡地遺跡で発掘調査により検出された十三世紀ころの居館は、幅三メートル前後、最深〇・九五メートルの溝が屋敷地の周囲を巡り、その規模は東西一二五メートル、南北一〇八メートルに及ぶ。そしてこの溝の北・東・南の三辺は条里制地割の坪界線に一致している。溝で区画された内部の中央部分はさらに大小の溝で区画され、その中に二面に庇《ひさし》をもった主屋を中心に三～四棟ほどの建物がある。この主屋は同時期の県内で検出された掘立柱建物跡としては最大規模のもので、付随する建物には厩《うまや》と考えられる細長い建物もある。この居館は十三世紀末に廃絶され、隣接した場所に新たな居館が築かれ十六世紀中ごろまで継続されてゆく。

新たに築かれた居館は周囲を三重の溝で囲まれている。溝は幅三～四メートル弱であるが、中央の溝は最大幅で九メートルにも及ぶ部分がある。全体が検出されてはいないが、最も内側の溝で測ると東西四六メートル、南北四〇メートルの居館が復元できる。居館の内部は後世の撹乱により検出されなかった。

しかし外部と区画する溝は三重になりその規模も前段階より大きくなり、まさに堀と言える。また中央の溝が途切れた居館への入口部分は故意に喰い違いに屈曲させて内部に入り難くしているなど、より防御を強めている。そしてこの居館を中心に、隣接して小規模な区画と建物が取り巻いている。

発掘調査に拠らないでも現状で当時の堀跡や土塁が残っていて確認できることがある。高松市鬼無町にある香西氏の居館である佐料城跡では現在でも水を湛えた堀跡が部分的に残る。そのほかまんのう町大堀館跡、豊中町友信土居館跡などで堀跡が確認でき、また善通寺市中村城跡では堀跡と土塁が残っている。

（森　格也）

⑾　中世の港湾施設

中世の野原湊の復元図
（香川県埋蔵文化財センター写真提供）

中世の港湾施設を考える上で欠くことのできない史料に、『兵庫北関入船納帳』がある。文安二（一四四五）年正月から翌年正月の間の兵庫北関（現在の神戸港の前身）の通関記録である。そこには、通関船の船籍地、積載品目、数量等が記載され、当時の港の配置や物流の一側面を捉えることができる。船籍地は瀬戸内海両岸や島嶼部に点在し、讃岐では一七ヵ所を数える。

そこに記載された船籍地の一つに野原がある。高松市街地とその周辺部に野原郷が所在することから、野原湊は郷内の海浜部付近に比定されている。その比定地に位置する高松城跡（西の丸町地区）Ⅱ・Ⅲの発掘調査で港湾施設が確認され、野原湊の実態が明らかになりつつある。

その特徴は、①汀線付近の斜面地に拳大の板状石材を敷設した施設を認める（礫敷き）。②汀線は内湾気味に湾入した自然地形である。③礫敷きが途切れた水際に杭と横木を組み合わせたスロープ状の施設を認める（船着場）。④礫敷きからは土器・陶磁器が出土し、畿内産の土器が多量に出土する（和泉型瓦器椀、現在の大阪府南部で製作された土器で、器表面は炭素を吸着させたため、黒色を呈する）。出土遺物の年代観は十二世紀～十三世紀前葉を示す。⑤木製碇が出土する。

特徴①の礫敷きは砂地における安定した足場の確保を意図しており、福岡県博多遺跡群や青森県十三《とさ》湊《みなと》遺跡でも確認できる。積荷の積み下ろしに適した施設の整備だと評価できる。特徴③の船着場は小形の船蔵的な施設であり、遠浅の海浜部に呼応した構造となる。沖合いに停泊させた大型船から小型船に積荷を移し、荷揚げした状況が復元できる。特徴④の和泉型瓦器椀の多量出土は示唆的である。その出土量は、土器・陶磁器の四割以上を占め、当地域の中世集落では考えられない高い数値を示す。よって、和泉型瓦器椀は野原湊に積み荷として運ばれたものと理解できる。⑤の木製碇は基部から二股に分かれ、「レ」形の側面形状を呈する。その規模から小型船の碇と考えられる。

一方、『兵庫北関入船納帳』には記載されない港も発掘調査例から確認できる。遺跡は直島本土の積浦に所在する（積浦遺跡）。弓なりに内湾する汀線付近に立地し、高松城跡（西の丸町地区）Ⅱ・Ⅲと同様の礫敷きを認める。さらに、その上位には大振りの石材を積み上げた護岸的な石積みを認める。所属時期は礫敷きが十一世紀後半～十三世紀、石積みが十四～十六世紀中葉に位置付けられる。

こうした調査例から、中世前半期の港湾施設は自然の海浜を利用し、汀線に板状石材を敷き詰めた簡易な構造であったことが窺える。中世後半期には、やや大振りの石材を垂直に積み上げた護岸施設が登場するが、湾内の水深は浅く、大型船の着岸は困難であった。それを可能とする港湾施設の整備は、大規模な土木工事を施した近世後半期の多度津湛甫等の出現を待たなければならない。

（松本和彦）

⑿　中世の道

丸亀市飯野町	道東・磯ノ道	東かがわ市引田	大道
中野町	大道	東山	横道
山北町	道上・道下	西山	道下
田村町	道東・道西	落合	道下
新田町	道上	西村	道上
善通寺市善通寺町	道上・道下	さぬき市志度	峰道・御所小路
上吉田町	道上・道下	鴨部	中通
下吉田町	道西	大川町富田	大道
中村町	道下	大山町田面	近道
観音寺市池之尻町	道下	前山	道免
植田町	大道	奥山	大道
三野町大見	大道・道免	高松市前田東町	道南
高瀬町上勝間	大道	亀田町	横道
豊中町笠田笹岡	大道・道上	亀水町	大道裾
比地大	小路	円座町	道下
山本町大野	道上・道下	国分寺町国分	大道
大野原町萩原	大道・道上	綾南町陶	道南
仁尾町仁尾	大道	綾上町羽床上	道西
豊浜町和田浜	大道筋	飯山町東坂元	峯道

香川県下の「道」地名

讃岐の中世には、どのような道があったのであろうか。そこでしばらく、伝承や文献・絵図などのなかから遠い過去に造作され、あるいは、失われてしまった古道の残照を捜してみることにしたい。まず、国土地理院から発行されている香川県の地形図を読んでみよう。ざっと見ただけであるが、それでも、大道・道上・道下など「道」の字の付く地名を相当に拾うことができる（表参照）。そうした土地の近傍には、間違いなく、古道が通じていた。しかも、かつては、街道として主要な幹線道路であった場合が多い。そして、これらの地名は、ほとんどが、江戸時代以前に名付けられたものとみてよい。

これらの古道沿線には、石仏・灯籠そして道標などの石造物が濃密に分布している。このことが、逆に、歴史の道を策定し、古道であることを決定づける要素となるわけである。

他方、古文書や古記録に表された道に係る記載も、重要な手がかりとなる。こうした文献と現地での調査結果とが符合して、はじめて、古道であると認めることができる。ところが、古道でも中世以前のものは、文献も少なく石造物の存在も希薄になるために、それだと確定することに、一層、困難を伴う。

「よこ道する」ということがある。これは、正しい道からはずれることをいうが、本来、横道は「横に走る道」（『日葡辞書』）の意味であり、タテに対するヨコの道つまり平坦な道のことを指す。それでは、たて道があるのかといえば、そうはいわずに、タツミチと称して立道と綴る。

立道は、明応九（一五〇〇）年の利貞名等田畠塩浜等日記（赤松家文書）に次のような用例がある。「……ほりこし（堀越）へ行候はま（浜）から上へのたつ道をま尾まて境也」とあり、すなわち、平坦な所から上に立ち上がる道を示している。

中世讃岐の基本的な陸上交通体系は、このような横道と立道とによって、具体的には、横道の大道である中世の南海道（古代の南海道とは必ずしも一致しない）と立道である曼陀越・相栗越などの峠道によって構成されていた。

そして、名辞からいえば、中世讃岐には以下のようなさまざまな道も存在した。大道と同義である大路や単に道（「さかいのみち」など）と呼ばれる広い道があり、これらは、いわゆる街（海）道の類になるが、中世讃岐では、「カイドウ」の呼称は一般的ではないようである。このほかには、少路・畷道・路・通や開道・作道といった比較的細いか広くても地域性の高いものや私的な開発道路などがあった。

中世の小豆島は、ただ、嶋（シマ）と呼ばれることがあった（『兵庫北関入舩納帳』）。この嶋にも大小の道が整備されていた。嶋内では、現在の土庄町肥土山などの内陸水田地帯と小豆島町一帯の海岸部に広がる塩浜が早くから開けるとともに道の発達がみられるようである。そして、内陸部と海岸部を結ぶ交易路として池田と中山越えで肥土山とを往来するルートが頻繁になったのも市場経済の進展する鎌

番号	年　代	呼　称	比　定　地
1	1143（康治２）年	大　路	寒川町石田東・大川町富田西
2	1249（宝治３）年	南大門作道	善通寺市善通寺町
3	〃（〃）年	五嶽山南麓大道	〃
4	13C半ばころ	南大門作道通	〃
5	1256（建長８）年	畷（ナワテ）	観音寺出作町
6	〃（〃）年	路・堺路	〃・木之郷町
7	1261（文応２）年	立　道	志度町志度
8	1279（弘安２）年	大　道	仁尾町仁尾
9	1307（徳治２）年	さかいのみち	善通寺市善通寺町
10	1331（元徳３）年	いよたいたう	三野町大見・高瀬町上高瀬
11	1347（貞和３）年	伊豫大道	〃　〃
12	1353（文和２）年	いよたいたう	〃　〃
13	1354（文和３）年	〃	〃　〃
14	1368（貞治７）年	路	仁尾町仁尾
15	1385（至徳２）年	大　道	大野原町萩原
16	1406（応永13）年	大　道	仁尾町仁尾
17	1440（永亨12）年	八郎衛門開道	〃
18	〃（〃）年	大　道	〃
19	1482（文明14）年	西小路	〃
20	1497（明応６）年	道	三野町大見・高瀬町上高瀬
21	1500（明応９）年	尾ノ道	内海町古江・堀越
22	〃（〃）年	立　道	〃　〃
23	〃（〃）年	道	〃　〃
24	〃（〃）年	よこ道	〃　〃
25	〃（〃）年	道	〃　〃
26	〃（〃）年	大　道	〃　〃
27	〃（〃）年	とうり	〃　〃
28	〃（〃）年	東ノ道	〃　〃
29	1506（永正３）年	道	三野町大見・高瀬町上高瀬

香川県下に遺る「中世の道」呼称

倉時代からであろうか。

さて、道にはこの外に自然の道というべきか、干潟や磯づたいの道、川筋やけもの道なども多く存在した。それらの道は、泡沫のように消長を繰り返し、現在に至っている。とくに讃岐は、その国柄によってか、しばしば、海浜の道が歴史の舞台に登場する。

例えば、南北朝合体の直前、彼の将軍足利義満が宮島参詣の帰途、強風のため多々（度）津に上陸し、やむなく歩いたという堀江から中津付近に打ち続く遠浅の海の道があった（『鹿苑院殿厳島詣記』）。また、戦国時代の終末期、毛利の小早川軍に援護された香川民部が、「潮を計って遠干潟の坂出の浜、魚御堂より八町沖の方を一文字に渡し、西庄へ押着け」（『玉藻集』）たこともできた州賀の道もあった。

平安時代の末期ころから主要な街道である大道は、南海道以外にもいくつか現れてくる。（以下の番号は表番号を示す）8、16、18に見る仁尾の大道や15の萩原の大道である。これらは、立道の類であって、海岸と阿讃の峠方面を結ぶ路線である。1の大路は、京都のそれに擬して充てたものであろう。これら大道に準じて5の畷がある。縄手とも綴るが、たんなる畦や畦道のことではなく、条里プランに基づく歴とした道であった。

6、14の路は、幅員の比較的広い道を指したものであろうか。これに対して19の小路は、あきらかに、道幅のせまい通路をいう。なお、障子、少路などと当て字してショウジと読ますのは、荘司を起源とする場合が多い。

20、29の道は、どうも伊予大道を指しているようであり、一方では、28のように東ノ道という用例がある。道の呼称は、中世においても大小の道一般を総称して使われていたようである。

2、4の作道と17の開道は、私的な開発道路である。施主は、それぞれ、善通寺と八郎衛門であった。善通寺は当該地の領主であり、八郎衛門はその辺りの有力な名主と考える。語感からは、開道の方が新たに山林か湖沼を切り開いて工作したように聞こえる。立道、よこ道は、すでに、書きとどめたので、ここでは触れない。21の尾ノ道は、文字どおり山裾の道である。あるいは、山の尾根、つまり、稜線の道をいうのかもしれない。

27のとう（ほ）りは、近世であれば、街路を想起するが、ここでは、往来という意味であろうか。

ところで道は、本来、無主の土地である。つまり、公道であった。ところが、県下でも公道であったはずなのが、私有地になっている場合がある。これは、作田荘（観音寺市）の例でいえば、代替地に振り替って移動することもあったようである。つまり中世のバイパスの成立であった。

中世の南海道は、やがて近世の大道に引き継がれていく。名称は、讃岐国往環と呼ばれた。近代でよく「オッカン」といって広い幹線道の呼称として使われていた。

（唐木裕志）

第六章　元寇揺籃

元寇は、国家としての日本を震撼させる国外からの武力的脅威であり侵略であった。こうした外来からの重圧は、有史以来二度目のことであった。最初は、六六三年の白村江の海戦に敗れ、唐・新羅の連合軍の軍事的圧迫にさらされ古代山城を築いた時である。そして、今回は直接的な侵略による戦争と被害を経験し、例えば「鉄炮」という科学的兵器（火薬を詰めたもの）の洗礼も受け大打撃を被った。その侵攻軍の主力は、元軍ではなく、元に率いられた高麗の人々と船団であった。

元寇、つまり蒙古襲来は、文永十一（一二七四）年と弘安四（一二八一）年の二度にわたり、三度目は未遂に終わったという。この時期、全国の社寺は外敵調伏の祈祷により仏神事の興隆をみる。讃岐国内でも善通寺を始め有力な社寺で盛んに祈祷が行われたことが知られる。しかし、元寇は、たんなる外寇による戦争ではなく、その後の政治から経済・文化に至るまであらゆる分野にさまざまの影響を与えた。

屋島寺本堂　（重要文化財　鎌倉時代）

さて、鎌倉時代も後半期になると産業や商業も発達し日本各地の生産物や特産物が、京都だけではなく鎌倉など地方の都市にも運ばれるようになった。商取引の決済も為替が使用されるようにもなった。また、三代将軍実朝の渡宋を目論んだ大船建造に見られるように海船も大型化し、日本海と同様に太平洋側でも海上交通が可能になったようである。そして、日本列島を取り巻く海流をうまく利用して国内ばかりか海外にまで人や物を運ぶことがより盛んになった。外国との貿易で窓口になった北九州の博多が有名であるが、陸奥の十三湊の例のように、宋や高麗など大陸との貿易は日本海沿岸の各地で行われていたようである。十三湊では、輸入品を積んだ船は対馬海流に乗って運ばれ、反対に、そこから輸出品を積んだ船はリマン海流に乗って博多や高麗、あるいは宋に行くことができた。十三湊からはそれを裏付けるように宋や高麗の青磁や白磁などが出土している。日本からは昆布や鮭などの海産物と木材、硫黄などが運ばれたとされている。

元寇の影響はさまざまの方面で露呈するが、東国武士の西遷もその一つであった。秋山氏や近藤氏などが挙げられる。しかし、鎌倉時代に名を連ねた東国出身の地頭らは、元寇以降は右の両氏以外は史料上から見えなくなってしまう。本領や他の主要な領地から孤立した領地への地頭職代官支配が行き詰まって地元出身の武士に取って代わられていったのであろう。秋山氏や近藤氏は、讃岐こそが実質的な本領として土着していったということである。

また、元寇は文化面でも仏神事の興行を盛んにし祈祷祈願の流行を招いた。そうしたなかで新仏教各派の進出が見られるとともに旧仏教の復興をもたらしていく。東大寺や西大寺など南都北嶺の寺社は、盛んに国家鎮護の法会を開催した。西大寺は、仏教そのものの真髄の復興を目指して諸国の国分寺を傘下に収め末寺化を図った。讃岐国分寺も西大寺の末寺化によって立て直しが行われたのである。高野山上での相克（金剛峰寺と大伝法院の争論）は、高野山自体の荒廃を招いたが、かえって空海の再来と称された宥範《ゆうはん》のような逸材を諸国へ、また陸奥までも行脚させる契機になったといえる。

（唐木裕志）

(1) 元寇と讃岐武士

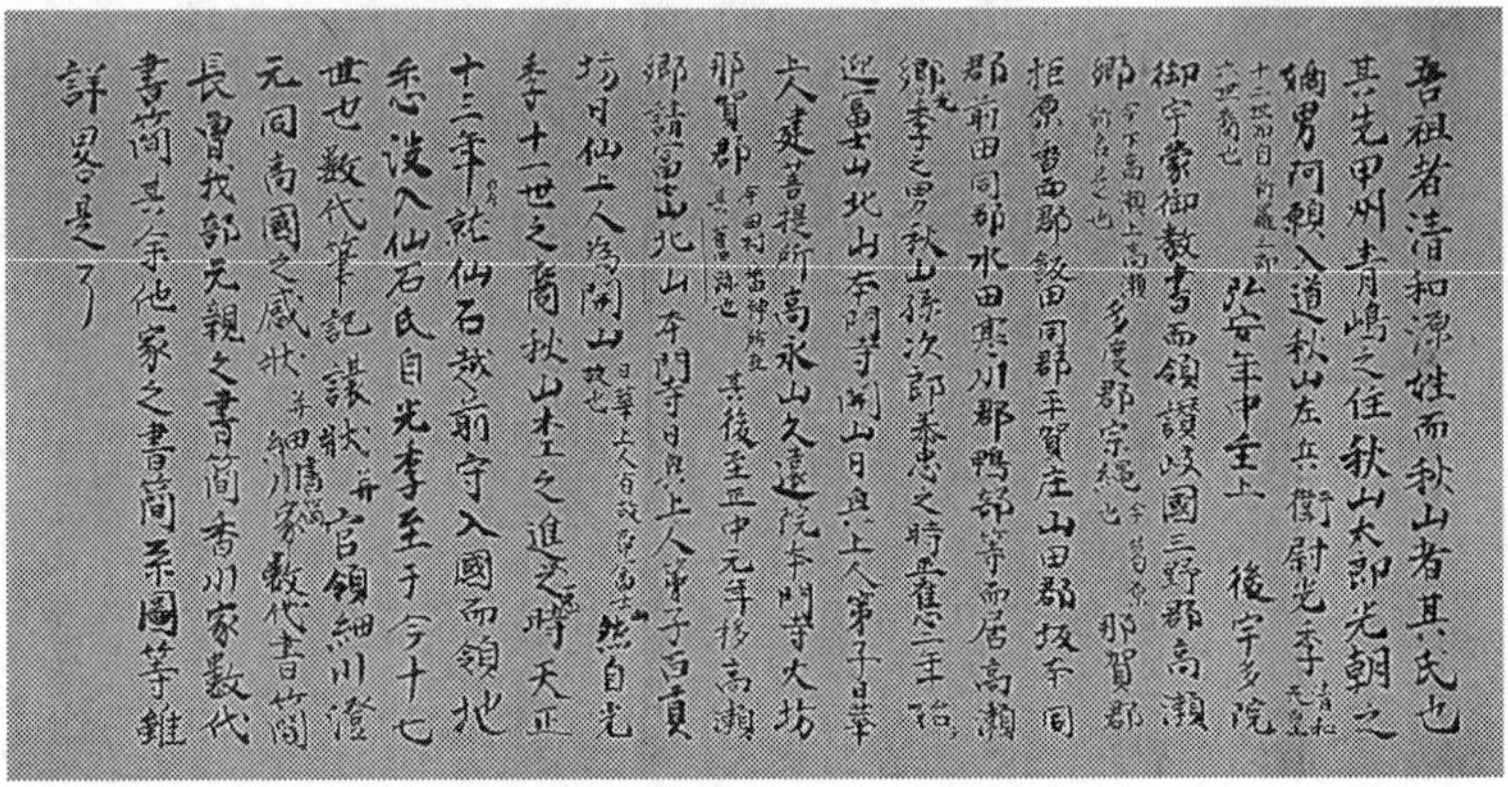

秋山氏の移住を記した由緒書
（秋山家文書・高瀬町教育委員会写真提供）

元寇は、たんに二度の直接的な来寇に終始するものではなく、これらの合戦を契機としてさまざまの国内諸事情における矛盾が露呈し、やがて鎌倉幕府の滅亡へと結びつくことになる。

文永五（一二六八）年、讃岐御家人らは幕府から御教書をもって讃岐守護北条有時を通じ蒙古人来襲に備える旨の命令を受けた。御家人に止まらず非御家人であるその外の地頭層にも伝えられたものと思われる。当時の御家人は、摂津・河内国などでは一国三、四〇人程度と計算されているが、讃岐国内でも同じ状況であろう。羽床氏はじめ新居・福家・大野・香西の（讃岐）藤原氏や綾氏、三野氏、大麻氏など讃岐生え抜きの御家人の外は、ほとんど東国出身であった。

文永八年以降、幕府は西国に所領を有する御家人に対して西国への下向を命じ始める。直接四国への下向命令は見当たらないが、讃岐への西遷も蓋然性が高い。その例証が、甲斐国に本領を持つ秋山氏である（詳細は次々項を参照のこと）。

建治元（一二七五）年、幕府は意外にも反撃を試みる。文永の役の二年後のことである。九州諸国及び安芸国の御家人に「異国征伐」を命じ、そのために兵船の梶取・水手を九州から動員し、不足の場合は山陰・山陽・南海道の諸国からも補充させた（東寺百合文書）。文献上は不明であるが、北条一門の守護の下で、塩飽や香西氏などの讃岐の水軍も徴発された可能性が高い。さらに、翌建治二年には、異敵上陸の可能性のある長門国警固に山陽・南海道諸国の守護らに対して動員がかけられている。この時も讃岐の御家人以下の武士らに命令が届いたものと思われる。しかし、西国全般に実際上は、あまり履行された形跡がないようである。

さて、実は文永八年の幕府の指令には、異敵防御に続いて悪党鎮圧の言葉があった。「領内の悪党」を鎮めよとは一体どのような意味なのであろうか。異敵に備えて恐々としている時である。悪党は、山賊・海賊・夜盗・強盗などを指している。この時代の悪党は、かならずしも非御家人らの反幕府側の武士らだけではなく、あろうことか悪党を鎮圧する役の地頭らが荷担している場合も多かった。

正和三（一三一四）年、収納使綾氏女と孫三郎入道は、御家人の威を募って善通寺領内の三反の田地を押作し得分物を抑留したとして本所随心院から幕府に訴えられ、六波羅に召喚されている（善通寺文書）。御家人の立場でありながら悪党同然の行為がなされていた。

また、正和年中（一三一二〜一三一七）、讃岐国の悪党井上五郎左衛門は、伊予の武士らと語らい数百の軍勢を率いて伊予国弓削島荘に乱入し悪行狼藉を働いたという（東寺百合文書）。井上が御家人かどうか不明だが海のネットワークを使って悪党・海賊が跳梁した時代でもあった。やがて、これらの矛盾が沸騰し倒幕の時を迎えるのである。

（唐木裕志）

(2) 異敵降伏祈祷

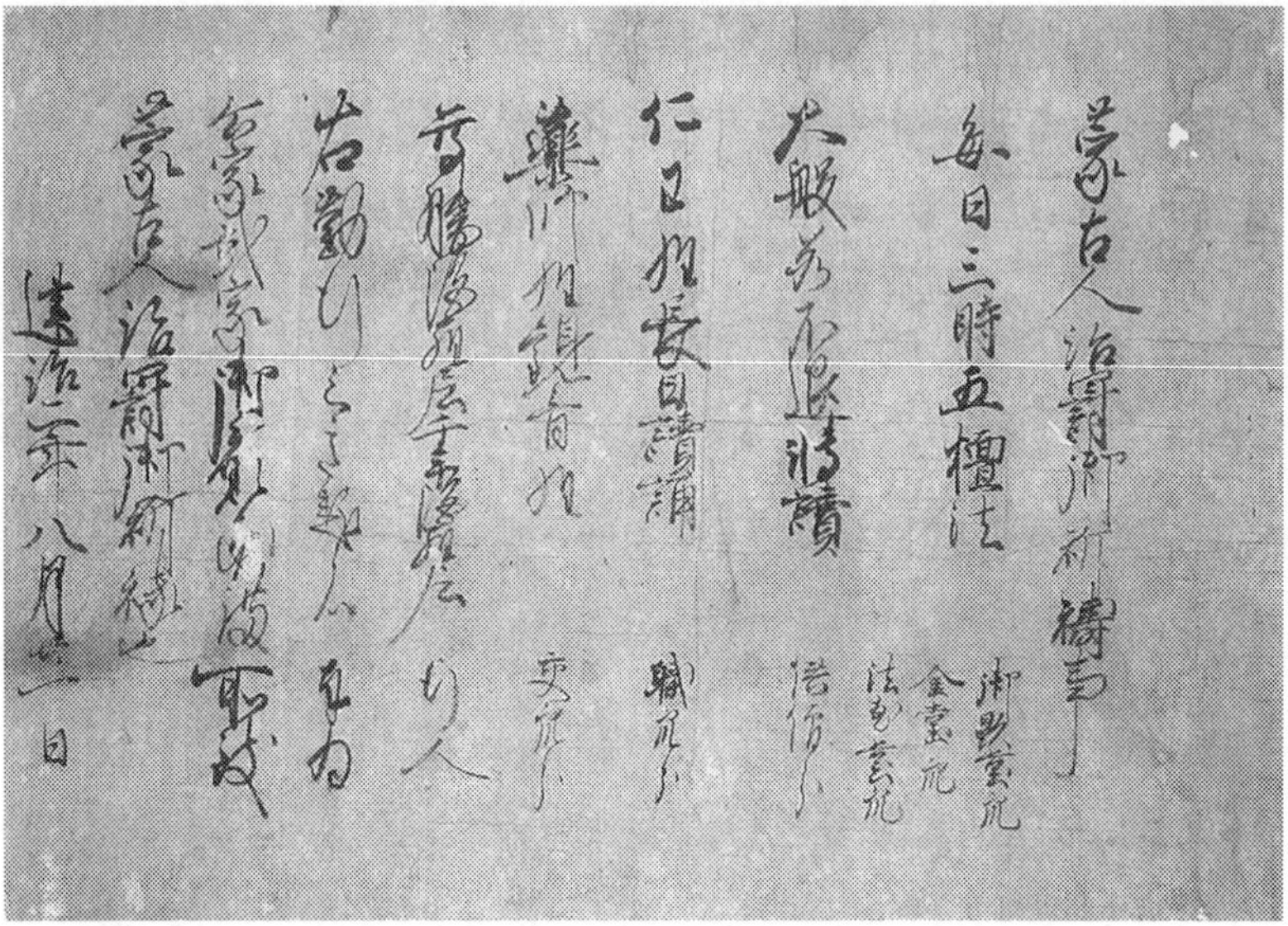

元寇前後、善通寺をはじめ諸国の寺社は盛んに異敵降伏の祈祷を行った
（善通寺文書・香川県立文書館写真提供）

鎌倉時代末期の元寇は、島国日本にさまざまの方面に影響と変革を与えた。文永五（一二六八）年、蒙古皇帝フビライ（忽必烈）の国書が大宰府に届いた。使者は、高麗人の潘阜であった。これに対して、外交の権限者である朝廷は、使者に返書を与えず伊勢神宮に国家安寧の神事を行うよう勅使を派遣するとともに諸社寺には異敵降伏の祈祷を行うことを命じた。

讃岐でも、観音寺では「鎌倉執権より祈祷の事申し参る」（『弘化録』）とて八日間の祈祷を行ったと記す。蒙古改め元と高麗の大軍は、文永十一年十月、壱岐・対馬を掠め北九州の海岸に迫った。未知の火薬兵器「てつはう（鉄炮）」などに苦戦したが、折りしもの暴風雨に助けられ一難をさける事ができた。

戦後も朝廷・幕府は、諸社寺に対して異敵降伏の祈祷を盛んに行う事を命じた。文永の役の二年後、善通寺では毎日三時（朝・昼・晩）に御影堂・金堂・法華堂の各僧衆が護摩供を修法し、供僧分として大般若経の転読、職衆分として仁王経の長日読誦、交衆分では薬師経・観音経の読誦、行人による尊勝陀羅尼・千手陀羅尼両経の読誦などの蒙古治罰祈祷の勤行をしている。

観音寺や善通寺に限らず讃岐国内の全ての社寺に於いて祈祷が行われたであろうし、外寇に対する国内の不安を除くためにも仏神事興行が盛んになっていったのである。

公武以下、当時の人々は軍備の増強よりも祈祷祈願の効果を信じていたようにも思われる。京都の正伝寺に住した禅僧東巌慧安は、元から四度目の使者が来た時（文永八年）も、石清水八幡宮に「敵国降伏」の祈願文を捧げて祈った。その祈願文の余白に書かれた歌には、「すえのよの　末の末までわが国は　よろづのくにに　すぐれたる国」とある。国粋主義的な歌として有名であるが、これを代表するように当時の「降伏」祈願とは、神仏の不可思議な力によって蒙古（元）などの敵国を調伏させることを意味している。したがって、文永・弘安の二度もの元寇を暴風雨で退治できたことは、幸運でもなく、偶然でもなかったのである。そして、元軍を壊滅させた暴風雨は、日本に味方する神風であったと理解されるようになっていくのである。

そして、当時の言葉で表現すれば「ムクリケイコ（蒙古警固）」のために多くの荘園年貢が、強制的に振り当てられた。この時の警固の意味も軍備を蓄えるためではなく、「降伏」をさせる神仏の物理的な力を祈願するための費用であったのである。讃岐志度庄の本所であった後白河天皇建立の最勝光院では、肥前国の松浦庄の年貢米五〇石の代銭三〇貫文が文永の役（一二七四）の四年前から元寇対策のため「無所済」つまり税収が滞っている（東寺百合文書）。文永・弘安の役を契機に、それ以降も全国特に西国の荘園では、年貢等が割かれて武士らの横領にさらされ、崩壊の拍車がかかった。

（唐木裕志）

(3) 秋山氏来讃と皆法華

当時は伊予大道まで延びていたと思われる本門寺の広々とした参道

鎌倉時代後期、甲斐国住人であった御家人が一族を引き連れて讃岐へ移住してきた。二度に亘る元寇の恐怖と混乱の中、西国に所領のある東国の御家人らは外寇に備えるために西遷した。幕府の政策であった。

そうして、弘安年中（一二七八〜一二八八）讃岐にやって来たのが秋山氏である。当主の名は、光季（阿願）と称した。その時孫の泰忠も伴っていたという。清和源氏の末裔であり、甲斐源氏の傍流である。武田氏や小笠原氏、南部氏などと同族である。現在南アルプス市（旧甲西町）に秋山という所があり、ここが苗字の地である。

讃岐秋山氏の祖となったのは、系図等によれば泰忠である。光季は、老境を讃岐から離れ甲斐へ帰ったものと思われる。現存する秋山家文書には、ほとんど光季から泰忠への相続のことが記されている。唯一、元徳三（一三三一）年源誓という人物から泰忠に「讃岐国高瀬郷伊予大道より下半分」を譲られている。この土地は、秋山氏の所領の内の中心部分である。このことから源誓は泰忠の親父である可能性が高い。おそらく源誓は祖父である光季より早世したのではなかろうか。あるいは、源誓は法華信者ではなかったため譲り外しがなされたのかも知れない。

泰忠の書き遺した一一通の置文・譲状にはすべて阿願すなわち光季からの譲りであるとしている。改めて祖父光季から泰忠へ譲り直しが行われた。後に、自らも孫である孫四郎に「阿願の古例」に任せて惣領職を譲っていることからも理解できる。阿願の時代以降、秋山氏は塩浜経営にも力を注ぎ、ここからの収入も相当見込まれたようであり、これも泰忠に譲られている。

ところで、泰忠は熱烈な法華信者であった。祖父阿願が建立したと思われる柞原法華堂(丸亀市田村町)に続いて建武二(一三三五)年、本門寺を創建する。日蓮高弟の日興の弟子日仙を開祖として招いた。

開宗当初の法華宗で四条門流祖日像の京都に布教を始める永仁元（一二九三）年より先んじて日蓮の教義が讃岐に伝教されていたことは、日本史上でも重要な出来事である。

秋山氏の氏寺となった本門寺は、文安三（一四四六）年までには末寺六ヵ寺を抱え、さらに天正年中（一五七三〜一五九二）には末寺・別家を併せて一五ヵ寺を擁する大寺に発展していた。そして、旧高瀬郷内では現在も日蓮宗の宗旨比率が九〇パーセントを超える地区が多く見られ、中世において住民の全てが法華信者からなる「皆法華」の宗教圏が成立していた。これは、中世種子島の例に続き日本史上で二例目の事実である。

下って戦国期の秋山氏は、当主である源太郎が守護細川氏と親交を結んで一族の再結集を図る。さらに、戦国大名を目指す香川氏や長宗我部氏の下で乱世を戦い抜くが、一族の分裂や敗戦によって衰退していく。

(唐木裕志)

(4) 法然上人の讃岐配流

法然が足繁く布教に通う途中休憩したという腰掛石が残る
(まんのう町宮田)

建永二(一二〇七)年、弟子達の不行状という理由で法然房源空(以下、法然という)は、土佐国へ配流の身となった。当時九条家が土佐の知行国主になっていたが、法然の数少ない有力外護者のなかでも絶大なパトロンでもあった。

京都黒谷別所にいた叡空の下で浄土教を修学した法然は、阿弥陀仏本願の真意を会得し、安元元(一一七五)年ころには浄土宗を開立していたという。あらゆる行法・修業を否定し「南無阿弥陀仏と申せば、疑いなく往生するぞ」と宣揚し念仏を勧めた。

土佐に向かった法然は、淀川を下り、摂津国経ヶ島(兵庫)から瀬戸内海を進んで播磨国高砂、室津などを経由して塩飽島(本島)に到着した。本島の地頭である高階入道西忍の館に迎えられた(『法然上人絵伝』)。西忍は、法然に帰依して島内に専称寺・来迎寺を建立したという。まもなく、法然一行は土佐へ下向するために四国へ向かう。

四国の上陸地には諸説があって、主なのが宇多津と丸亀塩屋である。両所に法然の櫂掘井戸と伝える遺跡がある。そこから、まだ土佐国へは行かずに那珂郡小松荘へ向かった。土佐の史料では、全く法然来訪の痕跡がないことは明白になっている。法然の赦免は、同年中に発せられたため讃岐在国はわずか一〇ヵ月であった。実際上は、土佐配流の途次に所々寄り道する内に許されて帰還できることになったとするのが正鵠かもしれない。

短期間の讃岐在国ではあったが、伝承も含め数多くの遺跡が遺っている。仏生山法然寺（高松市）は、小松荘の法然寓居であった生福寺（まんのう町）を復元したという。同じまんのう町内には真福寺、清福寺もあって生福寺と併せて法然所縁の三福寺というそうである。さらに、真福寺を移転した西念寺にはその裏山に法然の遺廟と石塔があることから新黒谷と呼ばれていた（『讃岐国名勝図会』）。

また、法然が専修念仏を広めるために通ったという場所に法然堂（まんのう町）があったり、その往復の路次に休息したという腰掛石（まんのう町）というのもある。琴平町には、法然の大師号に因んだ円光林があり、善通寺境内には逆修塔が建てられている。これらの遺跡は、法然が讃岐を去ってから創作された伝承地であるが、彼の高徳を偲んでのことである。

さらに、讃岐の諸方に伝わる雨乞い踊りや念仏踊りについて、法然の振り付けであるという由来が多い。しかし、これは、むしろ踊り念仏の一遍の所作によるものと考えた方が素直ではあるまいか。いずれにしても、法然の讃岐滞留は短期間であったものの多大の文化的宗教的影響を残して去ったといえよう。

承元元（一二〇七）年の暮れ、法然は赦免の宣旨を受けて小松荘を出発するが、描かれた風景には田舎風の藁葺きの民家を旅立つのどかで穏やかな彼の姿があった（前掲絵伝）。

（唐木裕志）

(5) 道範と『南海流浪記』

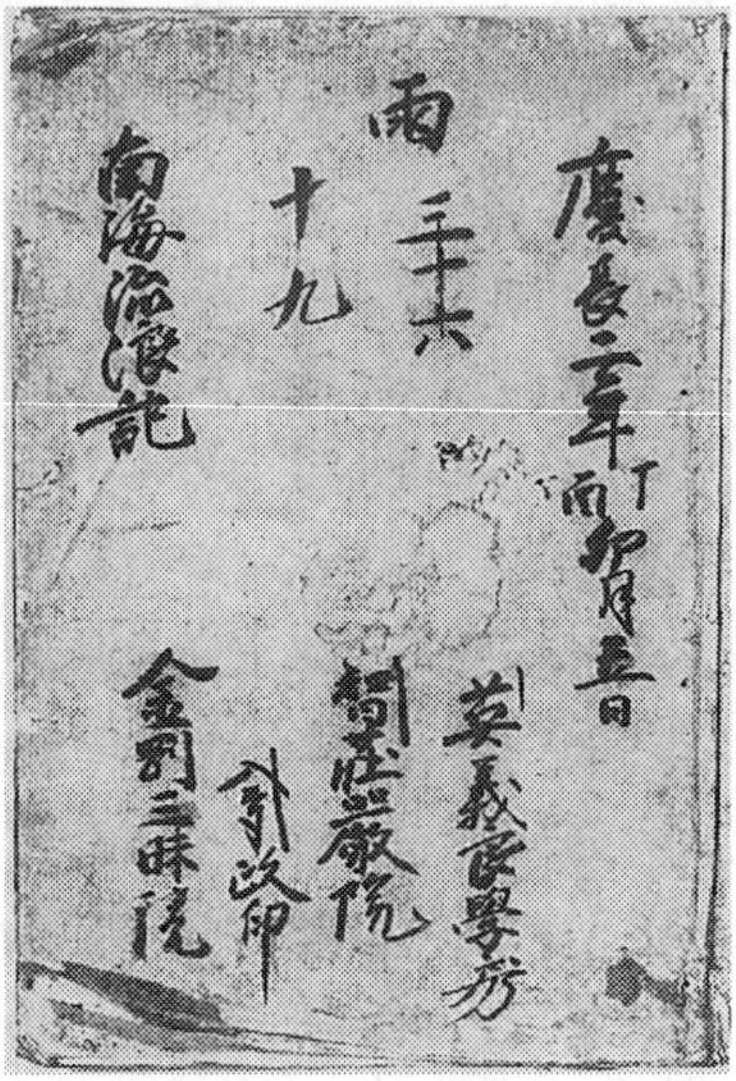

道範の讃岐配流の全容が知られる
（金剛三昧院蔵・高野山大学図書館写真提供）

仁治三（一二四二）年、高野山一山の責任を負って本覚房道範が讃岐に配流となった。高野山衆徒が根来衆の拠点である大伝法院を焼打ちしたことの後始末であった。中世の真言宗が古義（高野山）と新義（根来寺）に分裂する契機となった事件であった。

道範は、和泉国松尾の生まれで高野山正智院に入院し、文暦元（一二三四）年同院主となり、嘉禎三（一二三七）年には金剛峰寺執行を兼帯するほどの逸材であった。京都から淀川を下り、淡路島から阿波を経て讃岐に入った（『南海流浪記』）。法然とは異なって陸路を多く辿ったようである。

仁治四年二月十二日、讃岐国府に到着した。京を出て一三日の旅程である。国衙に伺候後宇多津の守護所へ向かった。守護代である長雄（尾）二郎左衛門の下へ至って、宇多津の御家人橘藤左衛門尉に預けられることが決まった。この御家人は、橘と藤と両姓を名乗っており素性がよく分からない。

そして、宇多津の高台に位置する仏堂に起居することになったようである。守護所から在家五、六丁ばかりの場所とは、同町大門に守護所があるとすれば、現在の本妙寺から宇夫階神社の近辺になろうか。「引上」った所というから何れにしろ青ノ山麓に位置したと思われる。

少々方向感覚がずれているが、東に角（津の）山か聖通寺山の弧峰を望み、西には遠く塩飽諸島が見渡せたという。同年三月に善通寺を参詣して弘法大師報恩の法華講に参列し、童舞を鑑賞して投宿した。九月には善通寺の住僧らの熱心な運動によって、宇多津から善通寺の大師誕生所傍らの庵室に移住することになった。

この庵室では、真言密教の教学書を執筆するなど学問三昧のようであった。その時に著した書物に『行法肝葉鈔』三巻がある。その下巻の奥書には次のように記されている。「宝治二（一二四八）年二月二十一日於善通寺大師御誕生所之草庵抄記之。是依弥谷ノ上人之勧進。以諸口決之意ヲ楚忽ニ注之。是書籍不随身之間不能委細者也。若及後哲ノ披覧可再治之。是偏為蒙順生引摂拭満七十老眼自右筆而已　阿闍梨道範記之。」ここで注目すべきは、道範が弥谷の上人の勧進によって同書を筆録したということである。弥谷の上人とは、すなわち弥谷寺の高徳の僧だということであろう。弥谷に寺と呼べる組織が成立していたと思われ、相当の宗教施設があったと見るべきである。このように近隣近在の寺社や高徳らとの交流が盛んにもたれたものであろう。

この年は、伊予国へ開眼供養に出かけたり、尾瀬寺や大麻山の称名院（寺）や滝寺を参詣したり多忙な日々を過ごしている。翌建長元（一二四九）年五月、誕生所に一堂を建立し誕生院と号した。そして、まもなく諸国流人赦免の宣旨が出され、道範も帰山が認められた。讃岐在国七年の長い流寓であった。高野山への帰路は、白峯寺に寄り淡路から加太経由であった。その三年後の建長四年、六十九歳で没した。

（唐木裕志）

(6) 一遍の讃岐遊行

一遍が訪れたといわれる宇多津の時宗寺院郷照寺

時宗の開祖として知られる一遍は、隣国伊予の有力武士河野氏の出身である。延応元(一二三九)年、源平合戦時の活躍で知られる河野通信の孫として生まれた。

一遍の宗教の特徴は、踊念仏と遊行にある。踊念仏というのは、文字通り踊りながら念仏を唱えることであるが、その踊りというのは、手を上げ、足を踏み鳴らしながら飛び跳ねるという激しいもので、これが道俗貴賤の心をひきつけた。もう一つの遊行は、「南無阿弥陀仏」と書いた念仏札を配りながら全国を旅して回ることである。一遍は文永十一(一二七四)年に遊行に出発し、その足跡は北は奥州江刺郡から南は大隅国の大隅正八幡宮にまで及んでいる。

讃岐国にも当然遊行の足を伸ばしたが、それは一遍の晩年正応二(一二八九)年のことであった。前年に伊予国を回り、河野氏の氏神三島神社(現大山祇神社)に参拝したあと讃岐に入った。一遍の伝記絵巻である『一遍聖絵』は、讃岐遊行について詞書の中でわずかに、「正応二年、讃岐国にこえて、善通寺曼陀羅寺巡礼し給て、阿波国にうつり給」と記すのみであるが、鎌倉後期の讃岐国では善通寺・曼荼羅寺の両寺が一遍の関心を引く寺院であったことがわかる。これはもちろん両寺が弘法大師空海ゆかりの寺であったからで、同じ四国に生まれ、若いころその四国の山岳で修行したといわれる空海は、一遍にとっては慕わしい先人の一人であった。

一遍が遊行に出発する前に修行した伊予の菅生の岩屋は「大師練行の古跡」で、大師自作の不動尊が安置されているといわれるところだった。また、熊野に向かう途中に立ち寄った高野山は、大師が生きながらに洞窟にこもっていると信じられていたところである。

なお、宇多津にある郷照寺は、寺伝によると、このとき一遍が立ち寄って、荒廃していた天台宗寺院を時宗寺院として再興したといわれている。郷照寺のことは一遍側の記録には見えないが、宇多津が当時、讃岐国の守護所にして海上交通の要地で、すでに一定の都市的発展を遂げていたことを考えると、そこで一遍が何らかの布教活動をしたとしても不思議ではない。

讃岐での布教を終えた一遍らの一行は、阿波国に向かった。阿波国で立ち寄ったのは、「大鳥の里河辺といふところ」である。この地が現在のどこにあたるか必ずしも明確ではないが、鴨島町敷地の河辺寺跡がそれではないかと考えられている。また、時宗の『往古過去帳』のなかに、正応二年五月に、阿波国賀茂で南仏房という尼が往生したとの記載がある。これはおそらく三加茂町加茂のことであろうから、これらのことをあわせ考えると、一遍らの一行は、善通寺・曼荼羅寺から南下して猪鼻峠方面を越え、阿波国に入ってからは吉野川の流域を東に下っていったのであろう。

（山内　譲）

(7) 讃岐一宮と総社

清泉を御神体にするといわれる田村神社（高松市一宮町）

朝廷は、人に位階を与えて臣下としての序列を規定した。また、官位に相当する役職に就く制度も整えた。そして、神々には神位を奉じて祈願を行った。神位には、品位と位階と勲位があって人位と同様の階層があった。祈願の大小によってそれを奉斎する神社に寄進する位田を決めていた。祭神による尊卑を表現したものではないとされている。

しかし、必然的に由緒や規模などによって社格は自然発生的にも生じてくる。そうして、神位の高い祭神に奉祀する神社が一宮・二宮・三宮以下の神社に充てられるようになっていった。平安時代から中世にかけて一宮以下の社格による別称が広まった。当初から朝廷や国府によって定められたものではないようで、また、時代の変遷によって交替や変更も行われた。一宮以下の称は、一国単位ばかりではなく一郷単位や一社内でも順番に用いられる場合もあった。

讃岐では、一宮は田村神社（高松市一宮町）、二宮は大水上神社（高瀬町二宮）であることは定説になっている。現在にいたって地名にも遺されており、異存はなかろう。ただし、平安時代初頭より連綿と一宮二宮で続いてきたかは確かめる術がない。

永禄五（一五六二）年の「神抄」といって諸国の神々の序列を書き出した史料が検出された（本隆寺文書）。

これには、

「　讃岐国御座

正一位田村大明神　正一位大水上大明神

正三位由良大明神　正三位櫛无（無）大明神

大麻大明神

（中略）

日本六十余国惣一万三千七百余所

永禄五年壬戌七月二十一日　」

と記されている。

すなわち、一宮は田村神社、二宮は大水上神社、三宮は由良大明神、四宮は櫛梨神社、五宮は大麻神社ということになる。由良大明神とは、山田郡由良村（高松市由良町）の氏宮大明神のことと思われるが、「御領分中宮由来同寺々由来」によると、禁中より正一位大明神を受け昔は大社であったが乱世の時分炎焼したが、その後永禄三（一五六〇）年清長という僧によって再建されたとある。右の由良神社は戦国期に後退し、三宮の地位から外れていったものであろう。一説には、大水主神社（東かがわ市）を三宮とする場合がある。

また、総社は、これらの一宮二宮以下の国内神社の神々を一堂に集めて祭った神社のことである。通常は、国府内や国府近辺に建立されたが、讃岐国では、国府北方に位置し海岸に近い場所にある。総社神社（坂出市林田町）である。

なお、神社には、国家的待遇を付与される官社の制度もあった。神祇官から幣帛を受ける官幣社と国司からの国幣社の区別がある。これに列せられると神名帳に記載された。

（唐木裕志）

樹林に溶け込んだような景観をかもしだす石造の十三重塔（白峯寺）

(8) 鎌倉期の宗教文化

鎌倉期讃岐の仏教文化は、流寓の高僧らの影響で高められたともいえる。法然房や道範の来讃のことは、前述のとおりである。

覚明房長西は、西讃地方の出身で法然に師事し浄土教九品寺流を起こした。その弟子光覚は、三谷（高松市）に一寺を開いて浄土宗を広めた。覚心も長西の弟子で西三谷（飯山町）に住した。

道範も、善通寺の草庵に住居しながら知識を広め、善通寺、弥谷寺や白峯寺の僧衆との交流を通じて真言王国讃岐における密教の学門的レベルを高めた。

人的な影響ばかりでなくその時代の文化そのものを反映した文化財も多く伝来しており、建造物にも、鎌倉時代の遺産が伝えられている。国宝神谷神社本殿は、三間社流造桧皮葺の全国的にも珍しい美しい社殿である。建保七（一二一九）年の完成である。また、国宝本山寺本堂は、桁行・梁間とも五間の寄棟造本瓦葺の威厳のある仏殿である。

重要文化財では、鎌倉中期の国分寺本堂、同じく本山寺二王門（八脚門）、白峯寺十三重塔の東塔は弘安元（一二七八）年、西塔は元亨四（一三二四）年の建立である。長尾寺の門前にある経幢は、凝灰岩製で供養のため経文を書いて納めたものである。西側のは弘安六（一二八三）年、東側は同八年の銘がある。鎌倉末の様式が色濃く遺されている屋島寺本堂は、入母屋造の力強い様式を見せてくれる。

この外、国指定を受けていないが、この時代の銘のある建造物を掲げてみる。文永四（一二六七）年の銘のある白峯寺の石灯籠、元応三（一三二一）年の摩尼輪塔や石造五重塔もある。宝治元（一二四七）年の大宝院供養塔、文永七（一二七〇）年の筒野石塔、永仁三（一二九五）年の新川庵石塔、徳治二（一三〇七）年の石造経塔（高松市西植田）などである。

明光寺の懸仏は正安四（一三〇二）年の作である。鎌倉時代の梵鐘もある。屋島寺のは、貞応二（一二二三）年、小豆島長勝寺にある滝水寺喚鐘は建治元（一二七五）年、宝泉寺のは元徳二（一三三〇）年の鋳造である。また、伊舎那院の鐃鉢には元亨三（一三二三）年、大興寺の額には文永四年の銘がある。

讃岐に伝存する最古の肖像画に、金倉寺の重要文化財絹本著色智証大師像がある。鎌倉時代後期の作である。同じく重文の観音寺蔵絹本著色琴弾宮絵縁起は、同寺蔵「讃州七宝山縁起」が書写された徳治二年頃の作といわれている。宇佐八幡神を勧請して飛雲とともに飛び来たった様子が描かれている。当時の風景が現在に至って残されていることが分かる貴重な絵画である。志度寺南宋画である十一面観音菩薩をはじめ中国渡来の仏画も多くある。

彫刻では、観音寺の木造涅槃仏像と鷲峰寺の木造四天王立像（いずれも重文十三世紀）が秀作である。神谷神社の木造随身立像（重文十三世紀）は、全国的にも珍しいものである。正覚院の木造観音菩薩・不動明王・毘沙門天（重文十三世紀初頭）は洗練された作風で都作とされる。

（唐木裕志）

(9) 中世讃岐の文芸

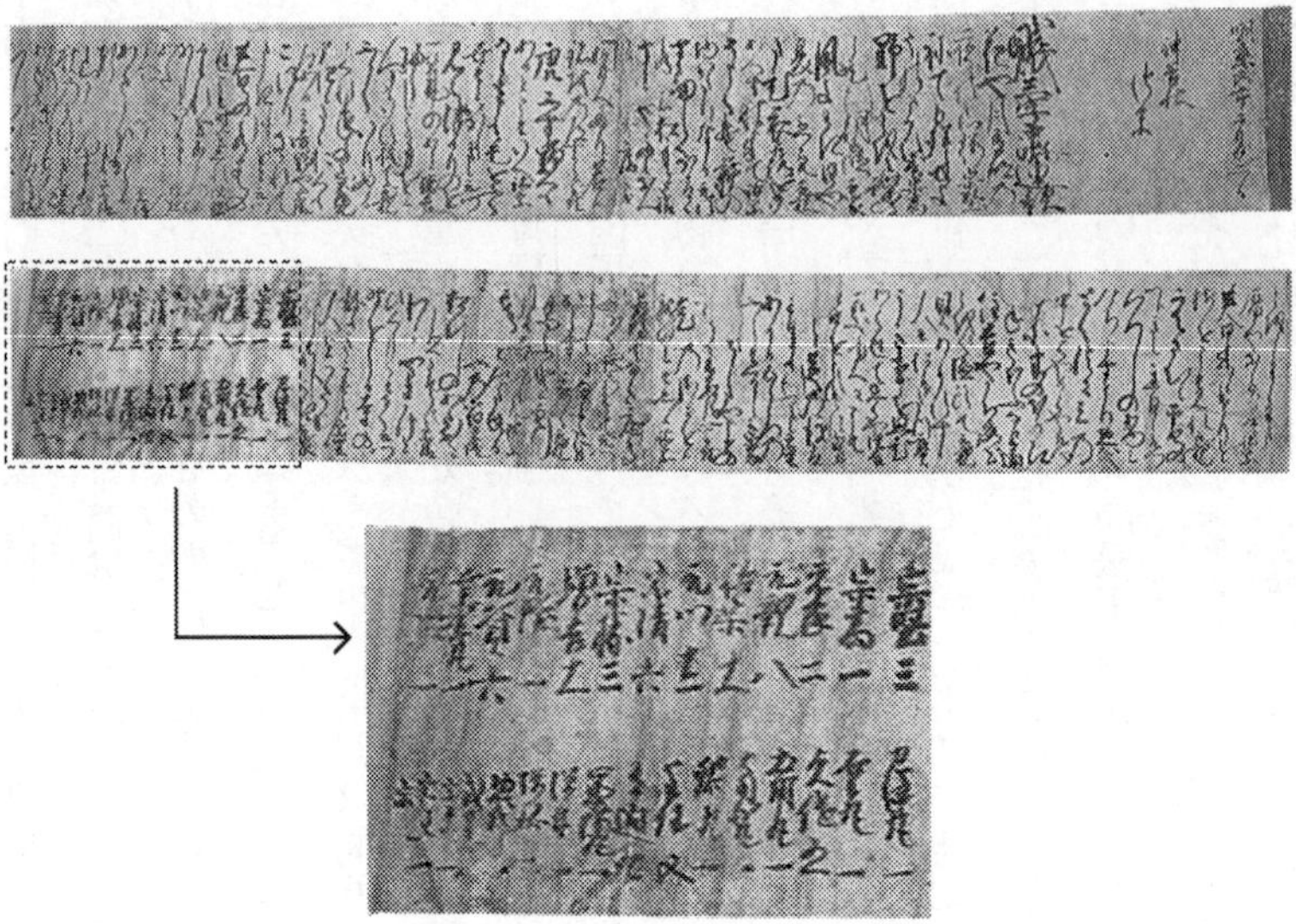

阿野郡・香川郡などの地元武士も参加した連歌会（神谷神社蔵）

鎌倉時代には、西行・法然・道範などといった当代一流の文化人が讃岐を訪れている。しかし、それは、讃岐での流寓生活であったり、その人物の縁を訪ねての来訪であったりと燦然たるイメージが薄い。西国における貴人の流刑地であったことによるのであろう。しかし、南北朝以降になると守護細川氏の分国として中央との交流が増大し、讃岐文化は、しだいに明るく豊かなものになっていく。

西行は、仁安二（一一六七）年、西国に旅をする。備前児島から白峯山麓の松山に着き崇徳院の御陵に参詣した。かつての主であるとともに歌人としての友であった。善通寺近くの庵で数年を過ごし、松山・白峯・善通寺・曼荼羅寺・塩飽・三野津などにちなむ歌を詠んでいる（『山家集』）。

後白河法皇撰『梁塵秘抄』には、弘法大師・志度寺・松山・直島の歌が収録されている。『一遍聖絵』や『法然上人絵伝』には、京絵師によって讃岐の風景が描かれている。前者は現地を訪れて描いた可能性が高いが、後者は想像画だと思われる。その外、軍記物や説話集にも讃岐に因んだ題材がたびたび登場してくる。

元中六（一三八九）年、将軍義満の宮島参詣に随行した今川了俊は、『鹿苑院殿厳島詣記』を著し、宇多津の情景を書き残している。夜目に映った宇多津の印象を海人の家々が並び寺々の軒端が列なる地方都市であった。

応安七（一三七四）年から永和二（一三七六）年にかけて管領細川頼之は、弟であり養子にした讃岐守護頼元とともに崇徳院御影堂において法楽和歌会を催し、後に白峯寺頓証寺殿に和歌集を奉納している。頼元を継いだ満元は、応永二十一（一四一四）年、崇徳院二百五十年遠忌に際し自邸で和歌会を催し、法楽和歌集を頓証寺殿に奉納した。このとき細川京兆家の重鎮安富宝蜜は、当時讃岐守護代か又は社家奉行をしていたと思われるが、満元を介して将軍義持へ頓証寺に掲げる額の揮毫を奏請した。しかし、義持は遠慮したので、後小松院から勅額を賜った。このときの額と和歌集は、実際に白峯寺に伝来しているものである。安富氏は、細川氏被官中でも最も文芸に秀でた才能があり中央文壇でも活躍している。右の宝蜜と宝城の兄弟は、亡父追善供養のための和歌集を白峯寺（頓証寺殿）に奉納している。

明応五（一四九六）年、香西元資が勧進し神谷神社法楽連歌会が催された。讃岐在住の武士らも参加したもので、守護代安富元家・元治の親子も連歌を載せている。さらに、享徳四（一四五五）年、在国の又守護代であった安富盛保は、和爾賀波神社（三木町）に三十六歌仙の扁額を奉納している。

十五世紀末に、親交のあった観音寺の梅谷禅師を訪ねて山崎宗鑑が来讃した。東福寺時代からの同胞であったという。宇喜多氏の援助で興昌寺の傍らに一夜庵を建てて住居するなか、近在の文化人と交流を深め俳諧連歌の普及に努めた。

（唐木裕志）

⑽　悪党と海賊

讃岐の悪党井上氏が攻め入った弓削島から近海を望む
（愛媛県上島町）

鎌倉時代後期、宋銭の大量流入により、貨幣経済が日本各地に浸透し、社会を大きく揺り動かし始める。所領の売買や質入れが盛んとなり、土地の権利関係に混乱が生じてきたのである。特に、蒙古合戦をきっかけとして、御家人の中に多額の借財によって所領を手放すものが続出、その一方で、借上（高利貸）や有徳人と呼ばれる富裕者が所領を集積していった。事情は寺社領や公家領も同様であった。こうして幕府や朝廷を支える年貢の徴収体系や支配秩序が、音を立てて崩れ始めた。

このような危機的状況を見た幕府や朝廷は、土地に対し本来の権利を持つ「本主」に所領を返す、「徳政」を断行した。武家・公家・寺社領の流動化を阻止しようとしたものであったが、時代の流れを止めることはできず、かえって、圧迫された勢力の不満は、悪党活動となって吹き出した。

当時、悪党と呼ばれた人達には、幕府の法令にいう山賊・海賊・強盗・夜討などだけでなく、幕府や朝廷の支配に抵抗する人々も含まれていた。こうした悪党の多くは、荘園内部や陸運・水運の要衝に発生しており、構成員の多くも、流通経済にかかわる人々であった。そしてその中には、御家人や荘官も含まれていた。

讃岐国においても、永仁二（一二九四）年六月、善通寺領内の住人基綱が、院宣・綸旨を無視して年貢を抑留し張行を重ねたため、寺領からの追放を命ぜられたり、正和三（一三一四）年、善通寺領良田郷で、収納使（荘官）で御家人でもあった綾氏女と孫三郎入道が、田地を押領し得分物を抑留したとして、六波羅に召喚されるなど、悪党的活動がみられる（善通寺文書）。

海上では、徳治三（一三〇八）年、北条氏の海上交通支配の独占に反発した瀬戸内海と熊野の海賊による大規模な蜂起があり、幕府は山陽・南海道など一五ヵ国の軍兵を動員して鎮圧した。また、正和三年七月、鵜足郡宇多津の住人と思われる海賊人雅楽左衛門次郎が、小早川朝平に捕らえられて、伊予国高市郷代官景房に引き渡されたり（小早川家證文）、正和年中（一三一二〜一三一七）、讃岐国の悪党井上五郎左衛門尉が、大蔵坊、浅海治部左衛門尉らとともに数百騎の軍勢を率いて伊予国弓削島荘に討ち入り、同荘預所承誉らと合戦に及ぶなどの活動がみられる（東寺百合文書）。

こうした事態に、幕府の取締りは厳しさを増すが、かえって人々の反発を募らせ、ついには討幕運動にいたる。元弘三（一三三三）年五月、先の海賊人雅楽氏の一族と思われる雅楽三郎入道なる人物が、土居・得能・忽那・祝氏ら伊予の後醍醐天皇方とともに讃岐に侵攻し、多度郡と三野郡の境、鳥坂山で幕府軍と戦っている（三島家文書・忽那家文書）。この後、北条氏の支配から解き放たれた悪党や海賊達は、南北朝の動乱期において、幕府への反発から南朝方として戦い、その命脈を支える存在となっていった。

（久葉裕可）

⑾　大般若経転読

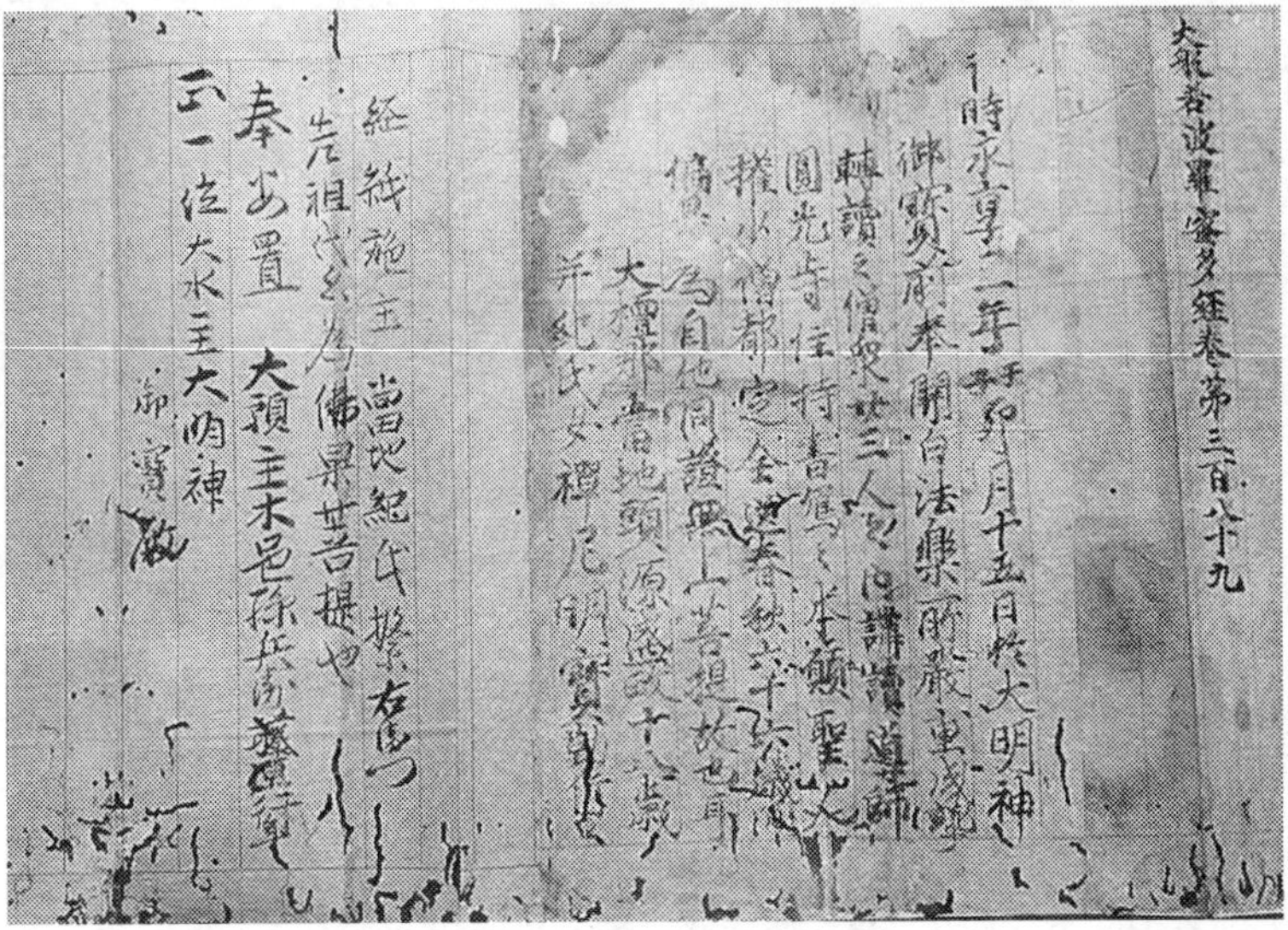
大般若波羅蜜多経巻第三百八十九
経紙施主
奉安置
正一位大水主大明神
御寶殿

僧衆23人の大般若経転読を記す
(水主神社蔵外陣大般若経・東かがわ市歴史民俗資料館写真提供)

写経は、経文の一字一句を書写することであるが、古来功徳の最も大きい行為だとされてきた。仏教伝来以降、朝廷や諸社寺の写経所で専門の写経生らが従事した。中世では、一般の僧俗らも盛んに写経を行った。写経する経文は、大般若経が主流であった。正式には、大般若波羅蜜多経といい、六百巻の大部の経である。料紙は、一万数千枚を要する。

大般若経を真読する法会を大般若会というが、大宝三(七〇三)年、奈良の大官寺・薬師寺・元興寺・弘福寺の四寺で読誦されたのが始めてといわれている。読誦の目的は、現世安穏・菩提追修の祈願と国家安寧のための祈願との二種に大別できる。それは、公私の別なく全ての用向きに対して行うということである。そこで、しだいに各階各層でまた、各所で流行するようになった。

室町時代になると大般若経を真読するのではなく転読することが盛行し、ますます大般若経の需要が増した。本来の真読は六百巻全てを読誦するために多くの人員と時間が必要になる。そこで、案出されたのが転読である。転読は、巻頭の経題と数行を読んで次に移る方法である。巻子本では、巻き取りに手間がかかるため折本を使用した。さらに、折り本を片手に巻末を扇状に広げると経文を読み通すような様になる。華麗な動作は、転読による祈願法会の圧巻でもある。

以下に現存する主な写経を掲出しておきたい。重要文化財に指定されている水主神社の大般若経は、平安時代の書写であるが、鎌倉・室町時代の後補もある内陣大般若経である。伊予石鎚社から移されたものとの伝承がある。六百巻が揃っているのも貴重である。函裏書については、別項に譲る。

また、別の同社にある外陣大般若経は、応永年間に当社内円光寺などで書写されたものである。

多度津豊原の加茂神社蔵大般若経は、県指定である。天文五（一五三六）年銘の経唐櫃に納められている。寛喜二～三（一二三〇～一二三一）年の書写で、室町時代の補写も混じっている。この中で永正九（一五一二）年、西長尾城主の長尾大隅守が当社内に乱入し破脚したことを記した巻がある。

本島泊の正覚院蔵の大般若経は、現在五百余巻を数える。延文二・三（一三五七・五八）年頃の書写で、讃州安国寺明俊の書写銘がある。讃岐安国寺の存在を徴証するものである。宇多津の長興寺にて調製されたものであろう。

観音寺市高屋の宝珠寺の大般若経は、母体は永和年中（一三七五～一三七九）の書写で、出作村妙円寺、高屋郷薬王寺などの寺名が見られ地元の諸寺から参集して調製されたものであろう。

東かがわ市与田山の若王寺は、六百巻に足りないが、応永六（一三九九）年から九年にかけての書写で外題は増吽の筆である。増吽の名声に参集した諸国の僧侶が勧進筆写したものである。

（唐木裕志）

⑿　白雲ら禅僧の輩出

岐陽

白雲

（東福寺蔵・京都国立博物館写真提供）

安元元（一一七五）年、比叡山の僧覚阿は、南宋から臨済禅を日本へ持ち帰った。その後、栄西・道元らが相次いで中国へ渡り南宋禅を学んで帰国した。また、鎌倉時代は、中国の禅僧が相次いで来日した。「教外別伝」「不立文字」の教義は旧仏教側の反発を招いたが、「直指人心」「見性成仏」の禅思想は、「即身成仏」「此土即浄土」の顕密仏教と至近な教義であった。

特に臨済宗では、密教との兼修が推進され、曹洞宗でも念仏宗の否定に高揚されて既成仏教に溶け込んでいった。南北朝以降の禅宗は、実学的な儒教の教理を取り入れながら権力者に迎合していった。そして、幕府の外交や宗教政策に関わって政治権力と強力に結び付いていった。さらに、旧仏教勢力よりも優位に立つことを目指していたといえる。

讃岐出身の禅僧らも排出したが、なかでも白雲恵暁と岐陽方秀は傑出していた。白雲は、寛元二（一二四四）年、十七歳で出家し二十五歳で泉涌寺で律宗を学んだ。文応元（一二六〇）年、東福寺の聖一国師を訪ねて参禅した。さらに、文永三（一二六六）年には入宋して禅林に学んだ。帰国後は、天台密教を修しながら聖一国師の許に侍っていた。正応五（一二九二）年、東福寺四世に補され聖一国師の跡を継いだ。

岐陽方秀は、三野郡熊岡の出身であった。俗姓は佐伯氏であった。弘安元（一二七八）年の生まれである。南北朝の動乱に於いて父は、北越方面に走ったという。嘉慶元（一三八七）年、細川頼之の弟で讃岐守護になった頼有の譲状（永青文庫細川家文書）に「一　さぬきとよふくのしやう　くまおかのやすとみがあと」と記されているのは、岐陽の父のことかも知れない。

岐陽は、応安五（一三七二）年、東福寺に僧童として入寺した。山城安国寺に遷住する霊源の許で剃髪した。一時は多度津の道福寺に滞留したといい、鎌倉の寿福寺や京都南禅寺でも修行した。

永徳元（一三八一）年、東福寺に帰山し、前堂首座に昇進した。また、道福寺の住持も兼ねた。東福寺史では、岐陽は道福寺の開山となっている。白雲恵暁の法脈を継いで栗棘庵の門下となった。応永十八（一四一一）年、五山東福寺の第八〇世に就任した。同二十五年は、同じく五山の天竜寺第六四世になり要職を歴任した。栗棘庵内に不二庵を建てて隠居するが、同三十一年、示寂した。

岐陽は、漢語に精通して、著書に『不二和尚遺稿』『中峰広録不二抄』『学庸科文』『禅林僧宝伝抄』など多数を著している。朱子学にも造詣が深く、その新注を講じるための和点を施し和訳にも熱心であった。また、多くの禅宗関係の書物を和訳し、仮名法語として世に出した。いわゆる抄物という解説書を出版したのも彼が始まりであるとする。

彼らの外に讃岐出身の禅僧では、天竜寺の第二七世南宋士綱、東福寺の第九四世足庵霊知、南禅寺の第七二世信叟厳教などが輩出した。

（唐木裕志）

⒀ 国分寺の復活

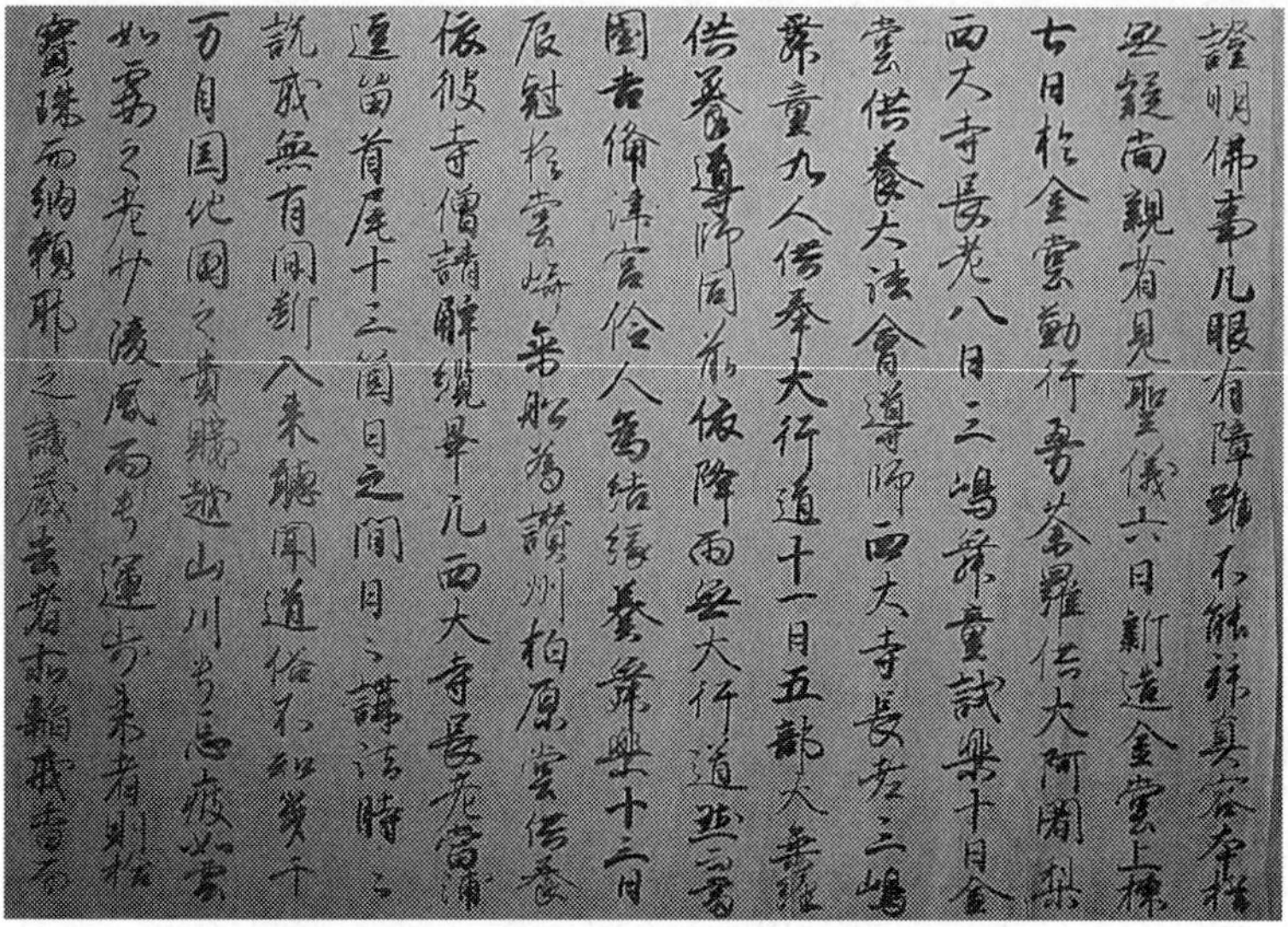

大和西大寺二世定証の来讃を記す起請文の部分
(尾道浄土寺蔵・国分寺町教育委員会写真提供)

平安時代末までに讃岐国分寺は、国家的な財政支援が滞り、閉塞状態であった。諸国国分寺の修理料や法会興行の布施・供養料等は正税によってまかなわれたが、十世紀以降、讃岐国分寺では、鎌倉時代初めまでには、官寺から諸寺に実質的に格付け落ちになっており、南都などの有力寺社の末寺化が図られない限りほとんど財政的に逼迫して堂宇の修復もままならない状態であった。このことは、右の時期において国分寺大伽藍の屋根を葺いたと見られる瓦の出土例がないことからの推量である。

また、律令によって国分寺別当ら住僧や講・読師（国師）などの任免も、国衙の管理下にあったが、形骸化していたものと思われる。ただ、檀信徒による宗教的組織を持たない国分寺ではあるが、塔跡に鎌倉時代後期頃建立されたミニ石造七重塔の存在は、地域住人（在地領主など武士層）に対しての宗教活動を保持していた証左ではないかと思われる。

しかし、元寇によって国家鎮護の祈祷が盛んになり、東大寺系統の動向ではなく、西大寺律宗の支援による讃岐国分寺復興が図られるのである。次に見るように西大寺による諸国国分寺の末寺化の流れの中で讃岐国分寺もその末寺としての系列に属していった。

蒙古襲来に際しては、日本国中すべての神仏を恃んで敵国降伏を祈り、中世最大の寺社祈祷の盛行をもたらした。なかでも、叡尊は、関東にいた弟子忍性とともに畿内と鎌倉との両所で盛んに攘夷祈祷を行った。その結果、朝廷と幕府の双方から厚い信頼を勝ち得たのである。

江戸時代中期萩藩への書上である『防長寺社由来』長府国分寺の項に亀山院（鎌倉時代末期）が「諸国国分寺一九ヵ寺を以って西大寺に寄付云々」とある。この記事の典拠は不明であり確証がないが、事実とすれば、国名記述はないものの、讃岐国分寺がその内に含まれていたものと思われる。

また、明徳二（一三九一）年までに讃岐、長門はじめ八ヵ国の国分寺が西大寺末になっており、さらに、別本で年不詳の同じく末寺帳には尾張、加賀など五ヵ寺の計一三ヵ寺が、それに豊後国分寺など西大寺初代長老叡尊中興の伝承を持つ国分寺を併せると、総計一九ヵ寺に上る末寺数はけっして無理ではない（『西大寺末寺帳』外）。

江戸時代の成立であるが、元禄十五（一七〇二）年完成の『本朝高僧伝』第五十九「信空伝」によると、鎌倉最末期後宇多院は、西大寺第二代長老慈心信空からの受戒を謝し、六十余州国分寺を西大寺子院としたという。この記事は、日本全国の国分寺が西大寺の管掌下におかれたことを意味しており、にわかには信じがたい。しかし、これは退廃した国分寺を含めいわゆる諸国国分寺の総称を指すものとしての表現なのであろう。いずれにしろ鎌倉時代の終末には、讃岐国分寺など一九ヵ寺が実質的に西大寺の末寺であったことは疑いない（『国分寺の中世的展開』）。

（唐木裕志）

⒁　宥範《ゆうはん》と善通寺中興

五岳山を背に空海の誕生所に因んで建立された誕生院（善通寺）

宥範は、文永七（一二七〇）年那珂郡櫛梨保に生まれた。櫛梨神社の近辺であろう。如意谷（善通寺市）にあった新善光寺の念仏僧に師事していたようである。弘安九（一二八六）年、無量寿院（高松市）の道憲の許で仏弟子となり、真言密教に入門した。

浄土教を学ぶために信濃善光寺に旅をし、無量寿院での修養を積むなか永仁元（一二九三）年、二十四歳で三宝院流の潅頂を受けた。この時大弐房と称した。翌年、高野山へ登ったが、折しも山上は金剛峰寺と大伝法院とのまさに合戦の最中であり、修行どころの状況ではなかった。そこで、山を下り、東国に向かった。目指したのは当時関東天台と称され最も教学の盛んなところであったからである。

名知識・高僧を求めて餓鬼の様相になりながらも奥州まで行脚したという。ようやく、下野国妙祥上人から生涯の命題である大日経義疏の講談を聞くことができた。そして、嘉元三（一三〇五）年、大日経疏の抄物（参考書）である大著『妙印抄』を書き上げることができた。それまでの九年間の成果であったという。

徳治元（一三〇六）年、年老いた両親との対面のため妙祥の許を離れ帰郷することにした。孝行のため故郷の寺へ通うなかで善通寺にも通院した。さらに安祥寺流の伝法を受けるため上京し、嘉暦元（一三二六）年、一八年かけて見事に同流の奥義を極め秘訣を伝授された。

翌年、讃岐へ帰り小松荘（琴平町）に小堂を建て閑居した。そこで『妙印抄』三五巻本を八〇巻に増補し善通寺誕生院に献納したといわれる。そして、小堂を出て称名院に移り、古里を眼下に眺めながら余生を送ろうとした。

しかし、天下の逸材を安穏とはさせなかった。善通寺大衆らが押しかけて同寺再興のことを彼に託してきたのである。両三度の説得に応じて善通寺東北院に入った。弘法大師誕生所跡に道範が建立した誕生院も疲弊しており、ここから復興に取りかかったという。

建武年中（一三三四〜一三三八）には、東北院から誕生院に移って五重塔（後に讃岐国利生塔に充てられる）や諸堂から四周の門や垣地など全てを再建・修理し終えた。暦応三（一三四〇）年には、善通寺別当了賢から誕生院住持職を譲られている。

同五年には、阿波国切幡寺に招かれ同国利生塔供養の導師を勤めた。全国でも二番目の造営であったという。さらに、康永三（一三四四）年、今度は讃岐国利生塔である善通寺五重塔の供養導師を勤めた。阿波国に次いで三番目のことであった。

宥範の誕生院入寺によって安祥寺流の血脈は、善通寺に於いて受け継がれていくことになった。そして、南北朝以降、真言密教小野派三十六流の内の善通寺方として善通寺の名を諸国に高らかにして広められた。観応三（一三五二）年、半焼した誕生院護摩堂の修造にかかり、完工した直後に倒れそのまま入寂した。八十三歳であった。

（唐木裕志）

第七章　東奔西走

東国と西国とにまたがって戦乱の渦が巻いた時期は、第一に大和朝廷の統一期、第二は源平合戦期そして、第三が鎌倉幕府の滅亡に続く南北朝の時代である。この第三の時期は、それまでの東進または西進主体の一方通行ではなく東西双方向に激動した最初の混乱期であったといえる。鎌倉幕府打倒から室町幕府の樹立までにおける足利尊氏の活動軌跡を辿れば一目瞭然である。武家の統領になるべき彼にして、鎌倉から京都そして九州へと往返を繰り返した時代であった。讃岐では、得宗分国という性格からか幕末期における混乱は比較的晩期に位置するのかその情勢がほとんど伝えられていない。しかし、南北朝動乱開始の狼煙は坂田荘における細川定禅による挙兵にシンボライズされている。

室町幕府樹立後も続く南北朝の動乱は中世社会の変容に拍車をかけた。幕府は全国統治の基盤を守護制度に求め、足利一門出身の守護らを中心とする全国版図をつくりあげるとともに、守護の権限を強化して、幕府政治の根幹を固めた。この政策は、守護の分国経営

勝造寺層塔
（県指定有形文化財　14世紀）

を自立化させ、しだいに守護大名を生み出すこととなった。また、半済令が守護の分国内の荘園・公領を問わず侵奪を促進していった。荘園制崩壊の起爆剤になり、守護以下の武士による支配の一円・一元化が進捗する。鎌倉期の武士社会に一般的であった惣領制に基づく分割相続に代わって、南北朝期には所領の細分化抑止のため嫡子による単独相続が多くなっていく。これもじつは、元寇による鎌倉幕府財政の逼迫と武士の困窮という事情を反映したものでもあって、武家社会の構造を大きく変えた。

中央の権力が分裂し、南北朝動乱が全国に及び長期化した背景には、地方武士の結合が血縁より地縁を優先するようになり、民衆による新しい村落単位である惣村が広く形成されたこともある。これが武士の支配を揺るがす力をもつようになってきたのである。また動乱の拡大・激化による大小の軍勢の移動と滞在は交通や商業活動発展を促し、鎌倉後期より萌芽を見せて活発さを増してきていた流通経済を一層発達させた。そして、各地の産業の発展も著しく、多様な製造業が起こった。

南北朝時代の文化では時代相を反映して、北畠親房の『神皇正統記』は南朝の立場から皇位継承の正当性を説き、他方『梅松論』は足利側に立ち武家政権成立の道理を描いた。これらは時代の大きな転換点において、歴史の流れに立脚しているため比較的史実に基づいて記述されている。軍記物として有名な『太平記』は、南北朝動乱の起こりから細川頼之の管領就任までを格調高く描いている。

宗教では、臨済宗が朝廷や幕府そして有力守護らの絶大な外護によって栄えた。臨済禅は、夢想疎石を筆頭に幕府の宗教政策に深く関与し、五山十刹の制度によって組織化され、幕府の保護と統制の下に宗教的な権威と権力を発揮し、また、五山文学はじめ水墨画や禅宗様といわれる建築様式と築庭技術に見るような高尚な文化を彷彿させた。

一方、動乱のなかでたくましく生きた農民らの、いわば民衆文化が生まれたことも忘れてはならない。連歌、茶寄合や田楽・猿楽なども民衆の間で盛んに行われた。南北朝時代の文化の庶民性はその萌芽と考えられ、それが社会階層の上から下までを巻きこんだ動乱のなかで形成されたことを銘記すべきであろう（中村直勝『日本新文化史7』）。

（唐木裕志）

(1) 元弘の乱と建武政権

後醍醐天皇の子宗良親王が住居した跡と伝える王屋敷（詫間町）

後醍醐天皇は、正中の変（一三二四）で近臣らの大きな犠牲を出したにもめげずに元弘元（一三三一）年、倒幕に動き出すが、再び六波羅の知るところになって幕府軍に皇居を囲まれる。天皇は、京都を脱出し東大寺を経て笠置寺に立籠もったが幕府の大軍に攻められ逮捕の後、翌年三月に隠岐へ流された。

それまでに天皇は、寺社勢力を懐柔して倒幕の触手を諸国に伸ばしていた。嘉暦三（一三二八）年、京都祇園社前執行静晴の請によって讃岐国阿野郡羽床郷内萱原神田の領掌を安堵している。ここは、承久の変で勢力の衰えた羽床氏の本拠に隣接しており、このような行為は反幕府勢力を甦生させる要素を含んでいた。

天皇の子尊澄法（宗良）親王も、笠置で捕らえられ讃岐守護人長井高広に預けられた。翌元弘二年、讃岐へ配流となった。京都から兵庫を経由して陸路を備前国児島に到着、そこからは瀬戸内海を舟で詫間に渡って詫間三郎に預けられたという（『太平記』）。その滞在地跡として詫間町田井に「王屋敷」という地名が残り法親王の住居跡と伝える。しばらくして守護所に近い松山（坂出市）に移された（『新葉和歌集』）らしい。

討幕の勢いは笠置を脱出した護良親王を軸に増幅し、反幕府方に参集した武士らによって結実する。親王の影響は讃岐にも及んだという。元弘三年五月の倒幕直後、極楽寺宝蔵院（さぬき市長尾）の寺領であった播磨国飾西郡津田を親王の令旨によって回復した（紫雲山極楽寺宝蔵院古暦記）。

また、与田山（東かがわ市）の若一王子権現の縁起によれば、親王が神に導かれて当地に来たって佐伯兵衛尉季国が迎えたという。佐伯氏が、熊野・吉野の修験者によってもたらされた令旨に呼応して蹶起したことを表現しているのであろう。

幕末の讃岐国は、後嵯峨上皇以来院御分国として大覚寺統の皇室領として伝領され、当時は後醍醐天皇の領有するところであった。他方、讃岐守護職は、鎌倉時代中期以降北条一門なかでも得宗によって受け継がれていた。したがって、讃岐はどちらかの側に立たざるを得ない要因を抱えていたのである。

そうした情勢の内に倒幕の直前、元弘三年五月、伊予の宮方で河野氏一族である土居・得能・忽那《くつな》・祝《はふり》氏らの軍勢が伊予の幕府勢を破り（星岡合戦）、勢いに乗じて讃岐に侵入するという事件があった（忽那一族軍忠次第、外）。その時、伊予の宮方軍勢は讃岐国鳥坂まで遠征してきて讃岐幕府方の兵を粉砕したという。鳥坂は、現在の鳥坂峠（善通寺市と三野町の境）であると比定されている。しかし、鳥坂は諸国に多くあるありふれた地名で、鳥とはタワを語源とし山並みの鞍部を指す語である。讃岐にも数カ所存在しており、あるいは、讃岐と伊予との国境にある現存地名で鳥越又は鳥越山という所があり、その場所での合戦であったとも考えられる。

（唐木裕志）

(2) 讃岐の南朝勢力

佐々木信胤の拠った星ヶ城山を望む（小豆島町）

秋山家文書によると建武四（一三三七）年三月二十六日、当主の泰忠は細川顕氏から讃岐国財田に凶徒（南朝勢力）が蜂起したので早く地元へ下向し一族とともに鎮圧に当たれという命令を受けた。当時彼は、畿内で建武政権方を掃討するべく転戦していたと思われる。

宇多津には、讃岐守護顕氏の代官月城（成）太郎次郎と周敷助房が派遣されており、秋山氏は月成らと談合の上で国内の地頭御家人らと一緒に財田攻めに参戦した。

この鎮圧作戦は、なかなか完遂しないためか同年六月、さらに桑原左衛門五郎常重を派遣し香西彦三郎にも加勢を命じた（西野嘉右衛門氏所蔵文書）。ようやく七月二十日頃に財田（本篠）城は陥落したという。

この時期の四国における足利方には「橘家、三木・寒川の氏族、藤家、詫間・香西の氏族」が挙げられ、南朝方の武士では、阿波の大西氏と讃岐の羽床氏があった（『南海通記』）。

また、備前国小豆島には佐々木信胤がいて星ヶ城山を根城に島中を支配した。信胤は、当初尊氏の挙兵に応じて備中福山城に拠って挙兵し、讃岐の軍勢を率いた細川定禅とともに京都に攻め上っている。しかし、信胤は建武政権崩壊以前から南朝方に寝返ったと見られている。

延元三（一三三八）年、九州の南朝勢力のテコ入れのために懐良親王が征西将軍として、おそらく熊野水軍に守られて瀬戸内海を西下し、途中、讃岐に立ち寄った（阿蘇文書）。讃岐の沿岸部で南朝方の勢力は顕在しておらず、あるいは佐々木氏の海上勢力の支援による寄港であったかも知れない。さらに懐良親王は、讃岐寄着後伊予南朝方の拠点である忽那島に渡って三年間を過ごし勢力の挽回に努めたという。

さらに興国三（一三四二）年、脇屋義助（新田義貞弟）が四国方面の大将に任じられ伊予国に下向した。それは、忽那島にいた懐良親王が九州へ転向して行ったため手薄になった四国方面に対する補強であったとされている。『太平記』では、興国元年のこととしているが、このとき彼は、まだ北陸方面で奮戦しており四国へは来られない。

同書には、義助も熊野水軍の護衛によって淡路島へ、そこからは沼島水軍に守られ小豆島へ、さらに小豆島の佐々木氏によって伊予国今治浦まで送られたと記している。この人事は、讃岐でも南朝方の士気を高めて羽床氏の説得で山田郡の十河十郎・三谷八郎神内右兵衛尉らを味方に引き入れたという（『南海通記』）。

ところが、義助は南朝方の期待を担って四国へ渡航してきたものの、わずか一ヵ月で病死した。この機に乗じた四国管領の細川頼春は、讃岐・阿波の軍勢を率いて伊予に攻め入り、南朝軍はほぼ壊滅した。このとき羽床氏も、すでに足利方に帰順していた（『南海通記』）と思われ、『太平記』にいう南朝方ではなかったようである。

（唐木裕志）

(3) 安国寺・利生塔供養

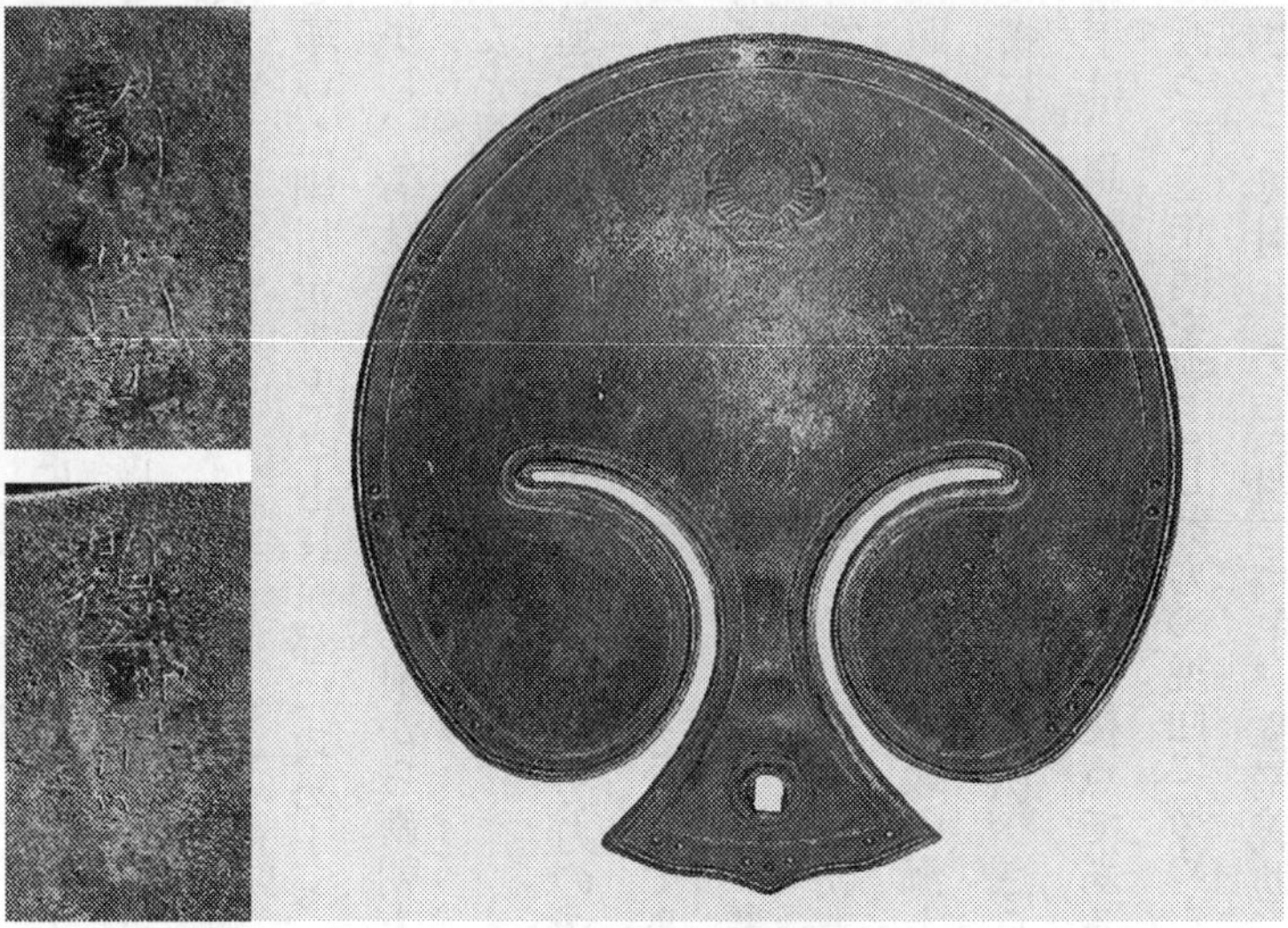

讃岐国安国寺とされた宇多津の長興寺にあった雲版
（丈六寺蔵・徳島市教育委員会写真提供）

足利尊氏と直義の兄弟は、元弘の乱以降の動乱による犠牲者を弔い天下太平を祈願して安国寺と利生塔の設置を諸国に命じた。夢窓疎石の発案であった。敵味方の区別なく慰霊を行ったという。このことは日本人の死生観に基づいている。中世において源平合戦以来の東国と西国とを股にかけての大戦になったため骨肉の争いを呈したことにもよるであろう。

讃岐では、細川顕氏の守護在任時に右のことが行われた。安国寺は、顕氏が建武二（一三三五）年に父頼貞を供養するために建立した長興寺（禅宗諸山）が選ばれた。また、善通寺五重塔を利生塔に充てるべく康永三（一三四四）年、善通寺中興宥範を導師として塔婆供養が行われた。なお、讃岐安国寺の銘のある雲版が、現在徳島市の丈六寺に伝存している。荒廃した長興寺の雲版を丈六寺開山の金岡用兼が移管したのであろう。

讃岐の武将らが、尊氏と直接的な主従関係を持って合戦に参加し始めたのは、建武二年、讃岐国鷺

（坂）田荘における細川定禅の挙兵に呼応してからのことである。これら安国寺（長興寺）や利生塔（善通寺五重塔）によって尊氏らから供養されるべき対象者の多くは、細川氏に従って諸国を転戦し異郷の地で散った武将以下兵士たちである。彼らの戦歴を振り返って見ることにしたい。

定禅が、地盤のない讃岐で兵を集めることが出来たのは、香西氏を中軸とする讃岐藤原氏の動向であった。香西の湊を拠点に塩飽や仁尾浦方面などをネットワークで結んだ海上勢力を保有する同氏は的確な政治情勢をつかんでいた。足利尊氏方に味方することの利を理解していたことであろう。何よりも武家の棟梁である源氏の嫡流八幡太郎義家の後裔である尊氏の貴種性が大きな要因であった。細川氏もまた、その傍系の子孫であった。

定禅に率いられた讃岐勢は、まず屋島麓の喜岡守護所の高松頼重を攻め壊滅させた。その後、多くの讃岐諸将を糾合して宇多津から備前児島に渡り、佐々木信胤らの中国勢と合流した。さらに播磨の赤松氏とともに京都に進軍した。建武三（一三三六）年、山崎で防衛陣を張る脇屋義助軍を突破して入京を果たした。

定禅勢も、足利本隊と協同して三井寺や賀茂河原、糺河原などの戦闘に奮戦した。しかし、結果として多大の犠牲者を出し足利軍全体では敗退を喫して九州へ落ち延びることになった。しかし、この敗北は、再起のための撤退で、三ヵ月後には体勢を整え反転し東上したのである。尊氏は、九州西下の途中、播磨室津の軍議で、細川公頼・頼貞兄弟の子ら七人を四国に派遣することを命じ、四国の国人らを掌握させた。特に和氏・顕氏には尊氏から四国における恩賞権限を付与された。

このことは、細川氏が、今後足利氏の新しい体制の下で四国に支配基盤を築き上げる実質的な契機になったのである。

（唐木裕志）

(4) 観応の擾乱と讃岐

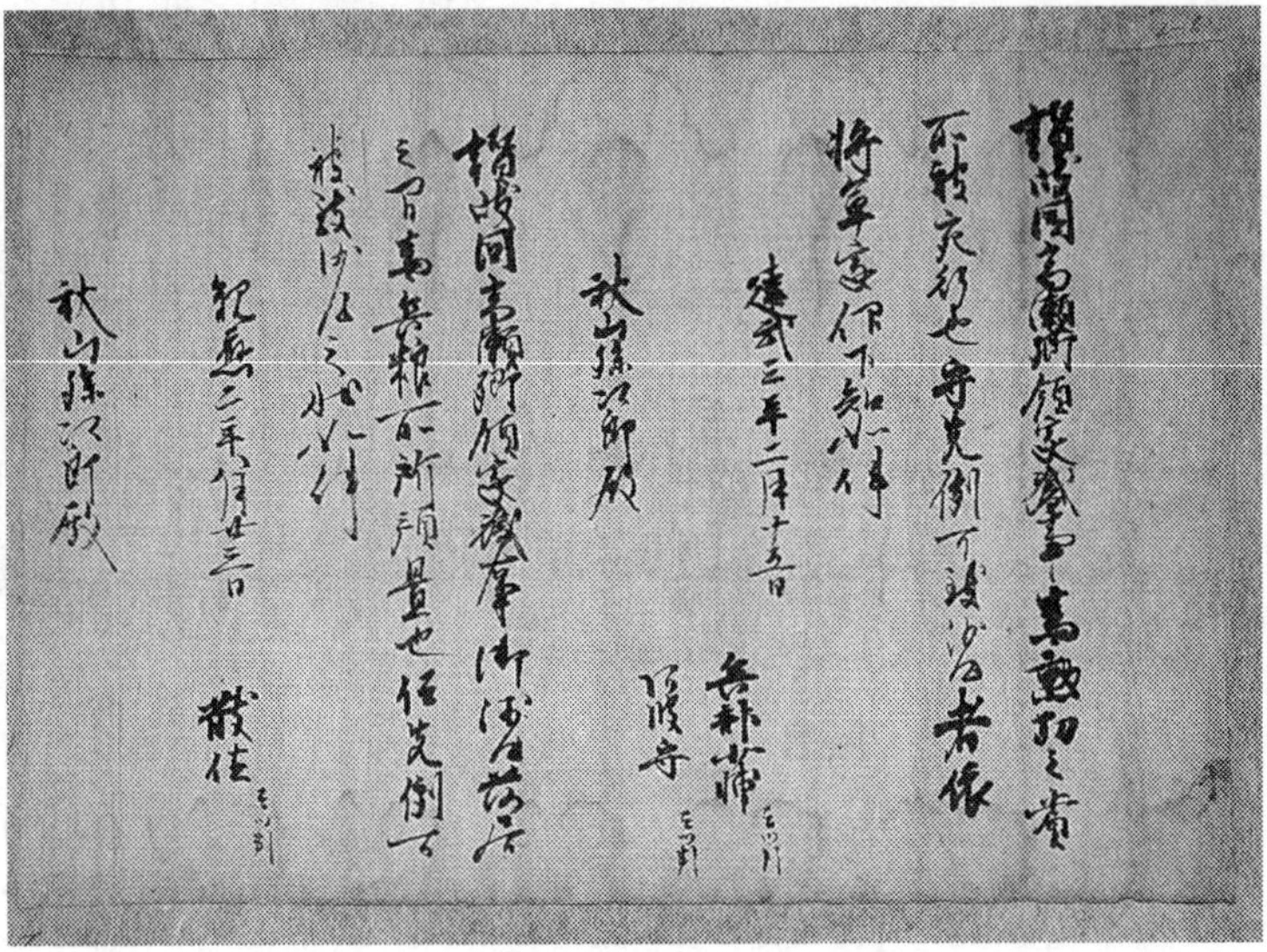

讃岐守護細川顕氏の留守に細川頼春の勢力が讃岐に伸張した
（秋山家文書・高瀬町教育委員会写真提供）

九州から再上洛を果たした足利尊氏は、建武三（一三三六）年、光厳上皇を奉じて入京し幕府を開いた。徐々に幕府方の勢力が南朝勢力を駆逐し組織的な抵抗は九州が中心で、南北朝動乱は沈静化の方向に進みつつあった。しかし、この動乱は思わぬ所から混乱が生じた。幕府内部の対立が原因であった。複雑に対立軸が交錯し始めたのである。これを観応の擾乱という。

初期の室町幕府は、尊氏の軍事面での権限掌握と直義の訴訟や行政面での支配力行使といういわゆる二頭政治が行われていた。そして、尊氏の下で実質的な執務を行ったのが、高師直・師泰兄弟であった。やがて、尊氏を担ぐ高氏兄弟と直義の対立が表面化してくる。

この時期の観応二（一三五一）年、足利尊氏方、同直義方、南朝方など三竦みの混乱にあって、阿波守護細川頼春と讃岐守護同顕氏も近親でありながらそれぞれ尊氏方、直義方に属して敵対関係にあった。

しかし、讃岐・阿波国内での双方が正面衝突をしたという史料的な事績は見られないことから、両守護の名目上の敵対はあっても事実上の合戦までは出来しなかったものと見られる。さらには、顕氏方にも頼春方にも双方ともに讃岐・阿波両国内での所領が混在・錯綜しており、それぞれに従う国人土豪層も色分けしかねる状態であった。

同年二月、由佐秀助は、守護顕氏から安原鳥屋と岡の要害警護を厳重にするよう命ぜられた。この警護の相手は、もちろん、阿波の南朝勢力である。また、九月には「嗷訴の輩」を誅伐するよう命令されている。「嗷訴の輩」がたんなる地域の反乱集団（一揆）ならば、内政上の失策であり、守護からの恩賞（由佐家文書）には預からなかったはずである。

さらに、由佐氏は貞治四（一三六五）年の安原合戦においても軍功を挙げ、その恩賞として井原荘内「御寺方半分」を預け置かれている（『由佐氏由緒臨本』）。この安原合戦は前の警護の恩賞に預け置かれた鮎滝付近での合戦と見られるが、この度の合戦対手は、明らかに阿波山岳部を勢力圏にする南朝方勢力であった。なお、井原荘内の御寺とは、冠纓神社の別当寺であったとされる天福寺の前身のことか、あるいは、細川頼之が岡守護所の鬼門鎮守として建立（『讃州細川記』）し、菩提寺としたと伝える仏地院立善寺のことかも知れない。

文和元（一三五二）年、直義党であった顕氏は、尊氏側に帰参し男山八幡宮での合戦に戦功を挙げたが、まもなく没した。また、跡を継いだ子の繁氏も、将軍尊氏の死後の翌延文四（一三五九）年、九州南朝勢攻略のための大将として出陣する直前に急死する。そして、繁氏の跡は細川頼之が讃岐守護に任じられた。

観応の擾乱期の讃岐は、顕氏と頼春その子頼之との地盤争いがあったものの、強訴に及ぶ農民や南朝勢力への警備などの緊張状態で推移し、対立軸による大きな戦闘は起こらなかった。

（唐木裕志）

(5) 讃岐守護細川顕氏と頼春

中世の財田城と見られる本篠城跡（財田町）

足利尊氏は建武三（一三三六）年十一月に室町幕府を開くと、細川顕氏を讃岐国の守護に任じた。顕氏と讃岐との関わりは、同年二月に尊氏の命によって顕氏ら細川一族七人が四国に派遣されたことに始まる。顕氏は従兄弟の和氏とともに、尊氏から功績に応じて恩賞を与える権限を与えられ、四国各地の武士の糾合に努めた。この時に出された和氏・顕氏連名の奉書の写しが秋山家文書に残されている。内容は秋山孫次郎に対して、讃岐国高瀬郷の領家職を勲功の賞として付与するというもので、これを将軍家（足利尊氏）の意向を受けて、顕氏・和氏が連名で下知をしたものである。日付は建武三年二月十五日であることから、細川氏が四国に入った直後に出されたものであり、同時期に四国の主な武士に対して同様の文書が出され、将軍家、細川氏への忠節を呼びかけたものとみられる。

顕氏が讃岐国守護職に補任されたのも以上のような軍事活動が評価された結果であったが、南北両朝の対立が激化すると、讃岐国内でも南北朝の争いが始まった。建武四年三月二十六日、顕氏は秋山孫次郎に宛てて、三野郡財田城で蜂起した南朝方に対し、月成太郎次郎周頼らを宇足津に派遣したことを告げ、一族、地頭御家人とともに合戦に加わるよう命を下した。さらに六月二日には香西彦三郎に対しても、桑原左衛門五郎とともに、参陣の要請が行われた。こうした守護顕氏による軍勢の投入により、七月二十一日に財田城は攻め落とされたことが、当時、畿内で軍事活動に従事していた顕氏の元にもたらされている。

顕氏は幕府成立後も主に畿内にあって南朝方との合戦に従事し、讃岐国とともに河内国・和泉国の守護職も兼帯した。だが貞和三（一三四七）年頃には分国和泉・河内での南朝勢力の掃討に失敗し、守護職を失った。また観応の擾乱に際しても当初は直義方として活動したために、讃岐にも尊氏方の阿波守護頼春の支配の手が延びることになった。

顕氏は分国支配にあたっては守護代を配置したが、讃岐国の場合は桑原常重、柴島長範、粟島八郎、月成（秋月）太郎兵衛尉盛国を登用した。顕氏の讃岐守護としての活動は観応三（一三五二）年七月の卒去直前まで認められ、死去後は子息繁氏に譲られたと見られる。

観応元年に観応の擾乱が勃発すると頼春が尊氏方に、顕氏が直義方に別れたことも、頼春が讃岐国に進出する大きな契機となった。

同二年十一月二十日、頼春は讃岐国造田郷（さぬき市造田）を醍醐寺三宝院門跡賢俊に去り渡している。これは造田郷が頼春の所領となっていたことによる可能性も考えられるが、一方では頼春が讃岐国内に何らかの支配権を有していたことを示すものである。さらに同年十二月に、頼春は讃岐国人の香西彦九郎の忠節を足利義詮に注進していることも、頼春が讃岐国内の国人を指揮下においたことを示すものといえよう。

（福家清司）

(6) 白峰合戦

細川頼之と清氏の両雄対決の戦場となった白峰山麓（坂出市）

細川清氏は、和氏の子で頼之とはいとこ同士であった。観応の擾乱期には、常時尊氏・義詮の側に仕え、足利直冬の京都攻撃にも戦功を挙げるなど信頼を獲得していった。延文三（一三五八）年、尊氏死後義詮の将軍就任とともに執事（後の管領）に登用された。しかし、幕府内で孤立化し康安元（一三六一）年、将軍から追討の兵を起こされ領国若狭に逃れるも国人らの支持を得られず、まもなく南朝方に転向した。

康安二年、南朝軍とともに京都を攻撃した後、父和氏が守護であった阿波へ転戦したが、ここでも兵を集められなかった。そこで、いとこ頼之と正面から決戦を挑み勝利の暁に阿波・讃岐を掌中にするべく、讃岐国三木郡白山に陣取って兵を募った（『南海通記』）。白山の近くには、南朝贔屓の宝蔵院があって、ここのネットワークを利用したものと考えられる。

『南海通記』によれば、まず山田郡の十河十郎が兄の神内・三谷氏を誘って参陣した。そこで軍勢を整え、讃岐国府（坂出市府中）と守護所（宇多津町）に対峙するため高屋城（坂出市高屋町）に出張った。白峯寺山麓にあって両所を望む地点にある。背後の白峰山系（五色台）は、南朝方の修験者らが四方との連絡に出発するのに絶好のロケーションである。

これに対して頼之は、中国管領として備中国で対陣していた。清氏の挙兵の報に、将軍義詮は、頼之に追討を命じた。そして、伊予の河野通盛にも頼之に加勢して旧領回復をさせようとしたが、通盛は動かなかった。そこで、頼之は、単独で讃岐に渡ることになった。

『太平記』によると清氏の兵力は、五千余に達し、他方、頼之軍は一千余とあって、当初は断然清氏軍の優勢を記しているが、頼之の勝利を飾るための演出であろう。たしかに動かない河野氏の背後からの脅威に備える必要はあったものの、頼之にとっては、当時備前・備後など中国筋の守護に加えて阿波そして伊予の守護を兼ねており、日々増援があるのは自軍の方であるという実績と確信があった。戦後の讃岐では、この合戦における論功行賞によって土着した武士が多く見られることもそれを物語っている。

同年七月、頼之は勝敗を決するため陽動作戦に打って出る。新開真行らを南朝方の籠もる西長尾城に向かわせ、清氏方から援軍を出させた隙に高屋城を攻撃しようとする計略であった。案の定、清氏は頼之本隊の攻勢に耐えきれず城を飛び出しあえなく討ち死にとなった。手柄を挙げたのは、備前国住人の伊賀掃部助であった。彼は、戦後阿野郡山田の内に所領を得ている。

清氏が討ち死にした戦場は、共に城を出て戦った部下の人数に因んで「三十六」遺跡（坂出市林田町）として伝承されている。また、清氏の遺骸は、宝蔵院の明範が引き取って決起した場所である白山の麓に埋葬したといわれている。

（唐木裕志）

(7) 足利義満と細川頼之

絵馬に描かれた、中世以来の景観をとどめている宇多津湊
(宇夫階神社蔵・香川県歴史博物館写真提供)

細川頼之は、清氏を高屋城に破って実質上は追認の形で讃岐守に任じられた。同時に土佐の守護をも兼ね、四国の全ての守護となった。他方で従来の中国筋の守護は、徐々に解任され四国管領として地盤を固めていく。

讃岐守護になって最初の仕事が河野通盛のことであった。清氏追討の際、将軍の命令に応じなかったことを責めて伊予に進攻を開始した。貞治三(一三六四)年九月のことである。

頼之の攻勢によって河野氏は、相次いで通盛とその子通朝を失い、通朝の子通尭(後の通直)が、奮戦したけれども抗しきれずに九州へ落ち延びて南朝方に帰順し、南朝方から伊予守護に補された。

頼之は、貞治六(一三六七)年に管領に補されたため上京し、後事を弟頼有に託し守護代とした。しかし、この後も伊予と讃岐の両国間では、細川・河野両軍の応酬が繰り返された。

そして、康暦元(一三七九)年、頼之が斯波氏など幕府諸将の排斥によって幕府管領の職を退くやいなや通直は、南朝方と縁を切り幕府方に帰順した。そこで、将軍義満は通直を伊予守護に任じ、頼之追討を命じた。ところが頼之は、河野軍の機先を制して伊予国に攻め入ったのである。頼之軍は、東予に出張っていた通直の軍勢を急襲しこれを打ち破った。通直以下一族らの大多数が討死にしてしまった。河野氏は、通直の遺児亀王丸らが生き延びたものの、もはや対抗する力を失っていた。頼之の力量は改めて顕現され京都にも届いた。

そこで、義満は両者の調停に乗り出し康暦二（一三八〇）年、亀王丸を伊予守護とし、ついで伊予を侵略した頼之・頼元兄弟には赦免の条件として亀王丸の伊予守護承服のことを伝えた。翌年、頼之は、亀王丸・鬼王丸兄弟と対面の上和議を結んだ。和議は細川方の優位に行われ、東予の新居郡・宇摩郡は割譲され頼之の末弟満之が分郡守護となった。永徳元（一三八一）年、頼之の養子になった頼元は義満の側近に復帰し勤仕するため上洛した。事実上の人質でもあった。

そして、康応元（一三八九）年、諸国遊覧と社寺参詣を重ねていた将軍義満は、宮島厳島神社を参詣した。山陽道の武将らに将軍の武威を示すためと九州の南朝勢力を牽制するためであった。また、四国へ渡り頼之に対面することも目的の一つであった。三月五日、京都を出発し兵庫から船出し海路を宇多津に向かった。随行は、頼元を案内役に幕閣の主要な面々が揃っていた。

大槌小槌の瀬戸を潮流に揉まれながら六日夜半に宇多津に到着した。義満と頼之は感激の対面をした。八日朝、宇多津を離れ宮島に向かう。そして、二十二日その帰路を再度、頼之を訪ねた。今度は、余人を交えず二人だけで対談したという。旧交を復し、信頼関係を確認したのである。頼之は、播磨国室津まで見送り誠意を示し、明徳二（一三九一）年、最後の奉公のため上京する。

（唐木裕志）

(8) 細川一族

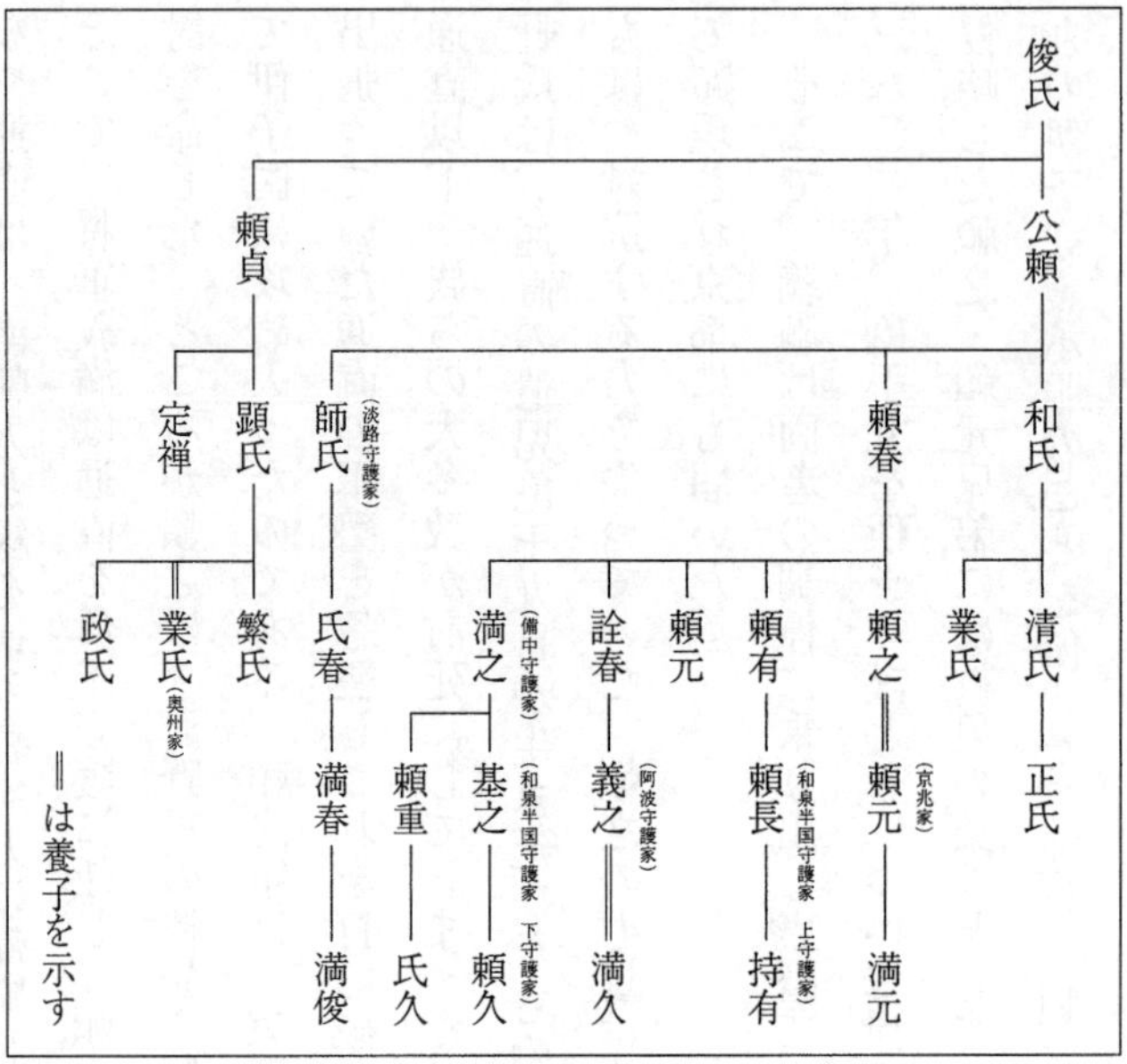

多家に分れた細川氏略系図

明徳二（一三九一）年四月、細川頼之は管領に任じられた養子頼元の後見役として幕府の中枢に復帰したが、翌年六十四歳で病気のために没した。

頼之は、細川氏が幕府内で確固とした地位を確保する上で最大の功労者となった人物であった。細川氏の一族は、それぞれの分国を世襲して、多くの分流を形成し、同族連合の下、幕府内で最大の勢力を持つ守護大名に成長を遂げた。次に、その主な系統についてみておくことにしよう。

京兆家　管領頼之を祖とする系統で、細川氏の嫡流家となった。上洛時、頼之が守護職を持っていたのは阿波・讃岐・土佐・伊予であったが、祖父以来の分国阿波については応安五（一三七二）年頃に弟頼有に譲った。また、伊予国は観応の擾乱時に勢力を挽回した河野氏が守護職を回復したが、頼之は新居郡の分郡守護職を確保し、末弟満之に与えた。そのため京兆家の世襲分国は讃岐・土佐を中核としたが、後には摂津国や丹波国が加わった。頼之から数えて六代目の政元の時、家督争いが発端となり、両細川の乱が勃発し、勢力が衰退した。

阿波守護家　頼之が弟頼有に譲った阿波守護職は弟詮春の子義之に伝えられ、以後、その子孫が世襲したことから詮春が阿波守護家の祖とされる。持常の時、永亨の乱（一四四〇）に伴う功績により、三河国の守護職を与えられ、持常の養子成之も三河守護職を継承した。阿波守護家は後に細川澄元が京兆家政元の養子に入るなど、特に京兆家と密接な関係を保ったが、天文二十一（一五五二）年に家臣三好義賢によって守護持隆が暗殺されたことから、支配の実権を失った。

淡路守護家　和氏・頼春の弟師氏を祖とする系統で、代々淡路守護職を世襲した。しかし、阿波守護家の重臣三好之長が永正十六（一五一九）年に淡路を攻め、時の守護尚春を殺すという事件が持ち上がった。淡路守護家と阿波三好氏との確執は永正三年頃から始まっていたが、その原因は阿波からの船便を淡路守護家の被官が度々妨害したためとされる。この事件以後、淡路守護家は勢力を失い、淡路は三好氏の勢力下に組み入れられた。

和泉守護家　和泉国は貿易都市堺を擁する重要地であったためか、二人守護体制が布かれた。上守護、下守護と呼称されたが、共に細川氏一族が任じられた。上守護家は阿波守護を継承した頼有の子頼長に始まる系統で、戦国期の元常まで代々守護職を継承した。一方の下守護家は頼之の末弟満之の子基之に始まる系統であるが、享禄四（一五三一）年に守護九郎某が細川高国とともに敗北し、家系は断絶したとされる。

備中守護家　備中国については最初頼之が守護職に補任されていたが、明徳三（一三九二）年頃に、それまで土佐守護代として活動していた弟満之に守護職を譲った。満之は子息頼重に守護職を譲ったことから、以後、頼重の子孫が守護職を世襲することとなり、備中守護家が形成された。

（福家清司）

(9) 阿波守護の讃岐経営

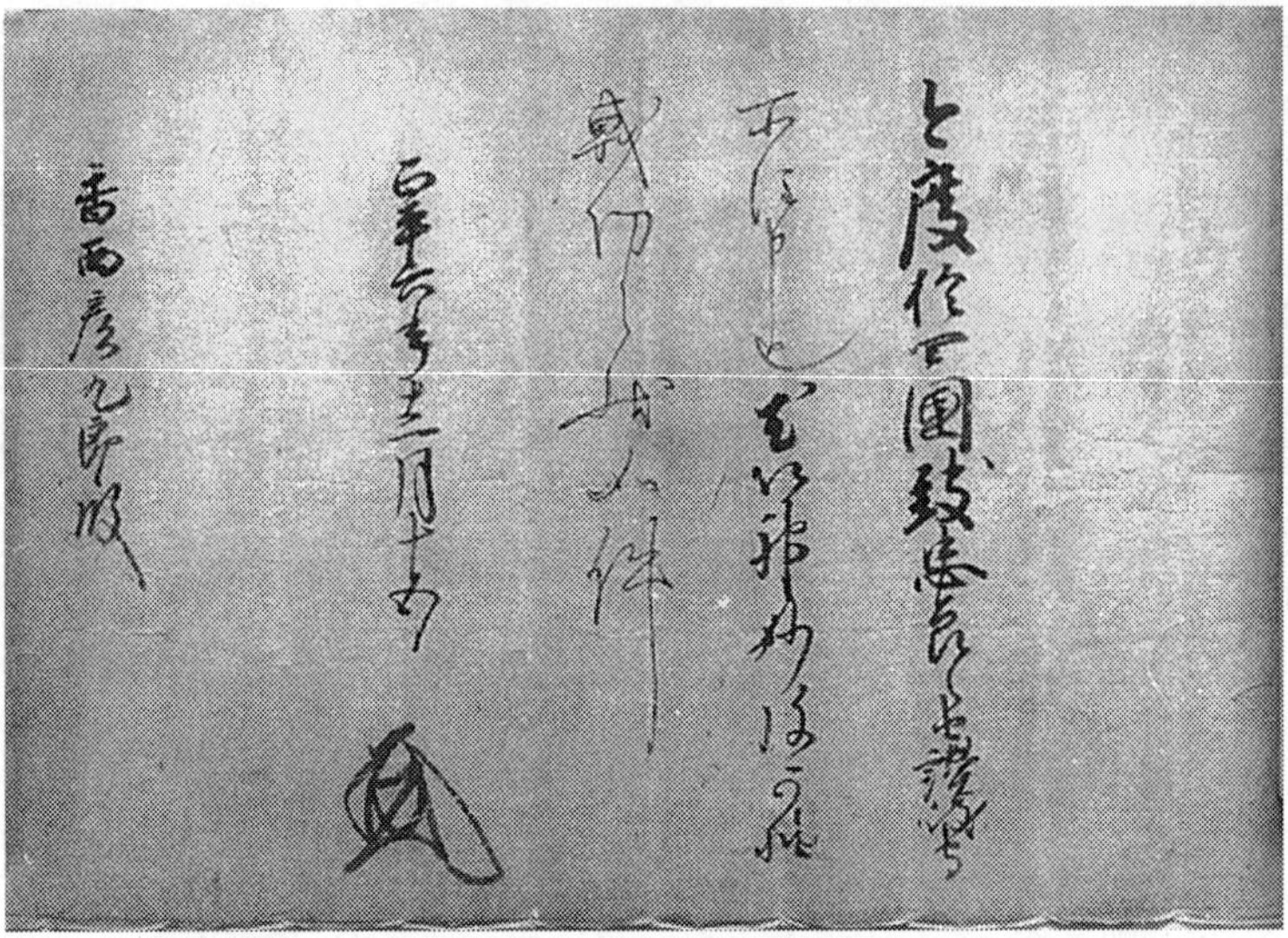

細川頼有の注進を受け将軍足利義詮の発給した感状
(細川家文書・永青文庫蔵熊本大学附属図書館寄託・
香川県立文書館写真提供)

讃岐守護繁氏が延文四(一三五九)年六月、病気のため急死した後は、阿波守護細川頼之が讃岐・土佐の守護職を兼ねたと考えられる。頼之は弟頼有とともに、畿内で南朝勢力や観応の擾乱時の直義党との合戦に従事した父頼春に代わって、四国内で活動していた。観応三(一三五二)年五月、頼之は阿波国麻植郡の国人飯尾吉連の名代として活動した光吉勝右衛門氏蔵の軍忠状に証判を与えているが、その軍忠状によれば、阿波国内で南朝あるいは直義党の活動が活発化し、合戦が相次いだことが窺える。頼之はこうした阿波国内の一連の合戦に際して、北朝方あるいは尊氏党の大将として指揮を執っていたが、観応三年閏二月二十日に父頼春が南朝との交戦により京都七条大宮で戦死を遂げてしまったため、同三月に兵を率いて上洛し、父に代わって、畿内の戦線に加わることになった。この頼之の上洛、父頼春の弔い合戦には、弟頼有も行動を共にした。将軍義詮は三月二十四日付けで頼有に対して、八幡男山に籠もる南朝を攻撃する軍勢に四国の兵を率いて参陣することを命じた。この頼有が率いた四国の軍勢の中には、雅楽左近将監、羽床和泉、同十郎太郎、牟礼五郎次郎など讃岐国内の国人もいたと見え、戦後の四月には頼有の注進によって義詮から軍忠が賞されている。雅楽氏は讃岐国鵜足郡宇多津付近、羽床氏は阿野郡羽床郷、牟礼氏は三木郡牟礼郷を本貫地とする国人である。彼等が阿波守護家の頼有の指揮下に属して合戦に参加したのは、頼有が父頼春によって築かれた讃岐国内での地盤を継承したことによるものであろう。頼春による讃岐国人の統率の一端を示しているのが、正平六（一三五一）年十二月十五日の日付を持つ、将軍義詮が頼春の注進を受けて香西彦九郎の戦功を賞した感状である（細川家文書）。これによっても、頼春存命中から頼春の麾下に属して讃岐の有力国人の一人香西氏が活動していたことが窺える。

『太平記』は康安元（一三六一）年に、中国大将の頼之が、「讃岐国ノ守護ヲ相論シテ、四国ニヲワスル」と記し、康安元年当時、頼之が讃岐の守護職を希望していたことを伝えている。事実、翌二年六月に、島津貞久入道道鑑が所領の讃岐国櫛無保の地頭職を頼之が押領しているとの訴えを幕府に起こしており、当時、頼之が讃岐国内で活動していたことが知られる。幕府はこうした頼之の活動を停止するよう頼之に命じたが、細川清氏を敗った白峰合戦（康安二年）後には頼之を讃岐の守護職に補任した。頼之は讃岐とともに土佐の守護職も得たと考えられ、従来からの阿波・伊予と合わせて四国全体の守護職を得たことから、四国管領と呼ばれた。

讃岐守護頼之の活動としては貞治二年に幕府の命を受け、祇園社領讃岐国西大野郷に対する近藤国頼の乱妨を停止させたこと、同四年には安原城での合戦の功績により、由佐秀助に感状を与えたことなどが知られるほか、貞治三年三月には、大内・寒川・三木・山田・香川五郡の人夫を徴発し、長尾の八幡池を築いたとする伝承もある。

（福家清司）

⑽ 頼之の伊予攻略

河野通直討死の地とされる「佐々久原」の故地佐志久原（西条市）

細川氏は、南北朝期初頭より四国での勢力西伸を画策し、伊予は常にその対象とされた。頼之の伊予での活動は文和三（一三五四）年には確認でき、その頃守護職を得たと推定され、康暦元（一三七九）年まで在任した。その間、敵対勢力制圧のため軍事行動を取る様子が、禁制・軍勢催促状・感状の発給にうかがえる。中でも在地に影響力の強い河野氏の攻略は特別な意味を持ったはずである。

河野氏の系譜類には、貞治三（一三六四）年の合戦記事がある（『豫章記』『豫陽河野家譜』『築山本河野家譜』）。九月末に始まり、十一月六日には府中地域の南の世田山城に河野通朝を攻めて自害させ、更に道後平野へ西進し子通尭を高縄城に囲み、国外逃避に追い込んだと伝える。同時代史料ではないが、以前から河野氏は幕府・細川氏に非協力的態度を示しており、頼之がその排除と伊予での影響力の確保をねらった可能性は十分にあろう。

系譜類には、その後南朝に帰順した通尭が正平二十三（一三六八）年に帰国し府中を奪還したとある。実際、通堯は伊予西園寺氏と共に国衙にて国務を遂行している（国分寺文書）。要衝府中地域をめぐる争奪の様子がうかがえる。

康暦元年閏四月十四日、管領細川頼之が政敵斯波義将らの謀略により失脚し、四国へ下向するという康暦の政変が発生する。この時、頼之は伊予守護職も解任されたとみられ、七月八日には守護職が通直（通堯）に与えられる（明照寺文書）。九月五日には頼之の追討令が発せられ、通直にも届く（長州河野文書）。

そして、翌二年二月十三日付足利義満感状に通直の伊予での討死が記されている（淀稲葉文書）。『迎陽記』の通直の死亡記事と判断できる条項には、頼之と通直が合戦したことが見える。先述の系譜類によれば、同元年十一月六日に府中地域の南の桑村郡佐々久原で戦い、与同した伊予西園寺氏も討死したという。頼之は、討伐軍の来襲をただ待つのではなく、新守護職河野氏を伊予に攻めたのである。

頼之は、伊予守護在職中国衙や府中地域の掌握に努めたが、河野氏へ守護職が移った後も、府中地域に支配力を及ぼしている（三島家文書）。中央で失脚したとはいえ、政治と軍事の両面から府中地域への河野氏の影響力強化を阻止し、自己の影響力の維持をねらったのではなかろうか。

翌二年四月十六日、守護職は通直の子亀王丸（通義）に安堵され（『豫章記』所収文書）、同年末に細川氏が赦免された後も変更はなく（臼杵稲葉河野文書）、河野氏がほぼ世襲することになる。

しかし、宇摩郡・新居郡は河野氏の守護支配から離れ、細川氏一族の支配に入った。その後も、細川氏は伊予への勢力伸長を画策し続けるのであり、頼之の伊予攻略は細川氏の四国での勢力西伸という方向性の中で捉えることができる。

（山内治朋）

第八章　上洛下向

長く続いた南北朝の動乱は、足利義満が将軍に就任する頃にはおさまり、幕府は安定期を迎えた。明徳三（一三九二）年南北朝の合一が実現し、内乱に終止符がうたれる。これより先、永和四（一三七八）年に義満は京都室町に壮麗な花の御所を造営し、この屋敷で政務を執った。幕府機構もほぼ整い、将軍を補佐する管領を中心に新たな仕組みができあがった。諸国には守護が設置されたが、南北朝の動乱のなか地方武士の力が増大してくると、これらの武士を統括する守護が幕府政治に大きく関与するようになる。

讃岐国の守護は細川氏が任ぜられた。細川氏は室町幕府足利氏の一族として、幕府内で斯波・畠山氏とともに管領となる家柄で強大な権力を持っていた。細川氏宗家の当主は、代々右京大夫を官途としたため、京職の唐名により京兆家と称された。京兆家は摂津・丹波・讃岐・土佐の四カ国の守護を兼ねていた。京兆家を中心に、阿波・備中・淡路・和泉半国守護家といった庶家が同族連合を形成し、細川氏の勢力は揺るぎないものであった。

常徳寺円通殿　（重要文化財　15世紀）

細川氏は守護でありながら、幕府の中枢の地位にいたため、讃岐に居住することは殆ど無かった。そこで讃岐統治のため守護代を設置した。守護代とは、守護の一族や被官から登用され、任国において守護の職権を代行する代官である。讃岐では安富氏と香川氏による両守護代制がとられた。京兆家の分国では、郡ごとに守護代を置く場合はあるが、讃岐のように一国を二分する守護代の設置はまれな形式である。

十三世紀前半までには守護所は宇多津に設置されており、室町時代にも継続したが、守護代分割統治により宇多津は守護所の政治的拠点機能を失っていく。だが、守護や守護代などが、讃岐と京を往来するには宇多津の港を利用することが多かった。そこには港町としての機能の重要性が高まり、各地からさまざまな物資が集積し、商業都市として発展を遂げるのである。

室町時代には農村も大きく変容を見せる。土地の生産性を向上させる集約的な農業が進み、自然条件に応じた作物が多く栽培される。讃岐特産の赤米の生産も多く見られるようになる。また農具や牛馬を利用した農耕は鎌倉時代よりもさらに普及し、収穫の安定も図られるのである。このような生産性の向上は農民の生活も豊かにしていった。そこから、農民たちは自治的な村を形成していく。これを惣村というが、新たな地主になりつつあった名主を中心にして、村の神社の祭礼や共同作業などを通して結合を強めていった。そこでは自らが守るべき規約である惣掟を定めたり、村の秩序を維持するために警察権を行使していく。強い連帯で結ばれた農民たちは、領主への抵抗する力を持つまでに成長していった。村の有力者の中には、武士化する者も現れ、やがては地域を領して周辺地域へ勢力を伸張していくようになる。国人とか土豪と称する武士が出現するのであった。

守護細川氏は讃岐を統治するにあたって、国人を被官化（家臣化）し、彼らを用いて家臣団を編成した。細川氏の被官として讃岐国内に勢力を伸張させていた国人の中には、やがて迎える戦国の動乱期にそのまま勢力を維持できず、衰退していく者もいた。その反対に他領域へと侵入し、領地の拡張を図る者も現れる、いわゆる下剋上がおこるのである。その時期には、守護細川氏の勢力も衰退の一途をたどり、新たな支配者の登場を待つ時代が始まる。

（橋詰　茂）

(1) 守護細川氏

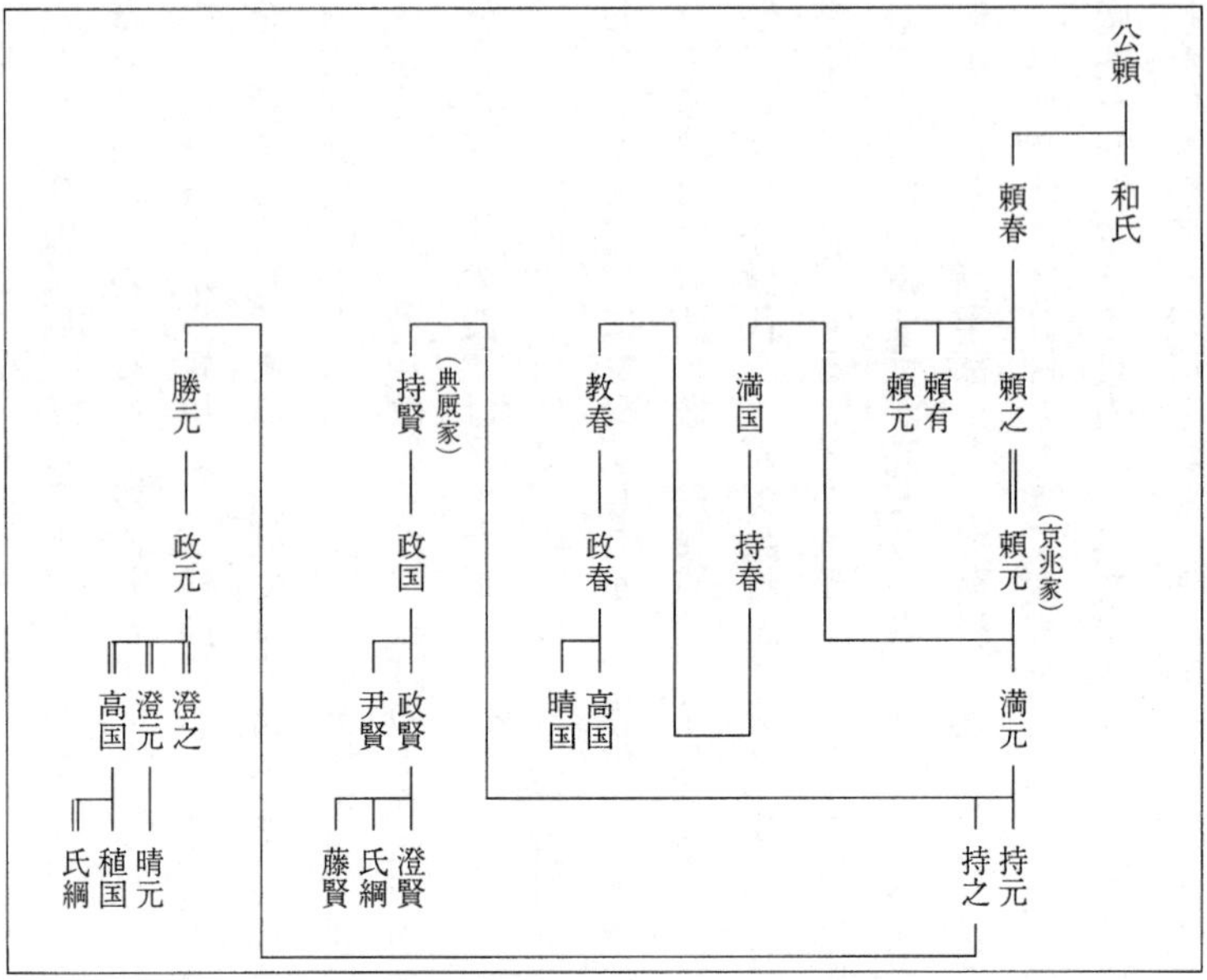

讃岐守護細川氏略系図

建武二（一三三五）年十月、後醍醐天皇による建武の新政に足利尊氏は反旗を翻す。讃岐では足利一族の細川定禅が挙兵し、尊氏軍に呼応して上洛した。京都の戦いで敗れた尊氏は、九州に逃げ落ちる途中、四国に細川一族を置き備えた。翌年再上洛して都を占拠して光明天皇を擁立し室町幕府を開いた。そして讃岐守護には細川顕氏が任命された。

やがて観応元（一三五〇）年、幕府内で尊氏と弟の直義が対立し観応の擾乱が起こる。顕氏は当初直義方であったが、讃岐武士の多くは頼春に従って尊氏方についた。その後尊氏方になった顕氏だが、文和元（一三五二）年尊氏が京都を留守にした隙に南朝軍が攻め入り、近江へと逃れた。やがて顕氏が病死し、子繁氏が守護職を継ぐが、延文四（一三五九）年繁氏の死去により讃岐には守護が不在となった。そして讃岐へ南朝方の細川清氏が攻め入り白峰山麓に高屋城を構えた。

頼春の子頼之は幕府から清氏追討を命じられ、貞治元（一三六二）年清氏を滅ぼした。その功績で頼之は讃岐守護に任じられた。時期を同じくして土佐守護にもなり、従来からの阿波・伊予を併せて四ヵ国の守護を兼ねることになる。頼之は守護所を宇多津に置き、領国経営を進めたが、細川氏の讃岐支配の基礎は頼之の時期に確立した。貞治六年に上洛して管領職に就き将軍義満の補佐役となる。だが、他氏の排斥を受け管領を辞し讃岐へ帰国した。康応元（一三八九）年義満が厳島参詣の途中讃岐へ立ち寄り頼之と会談（『鹿苑院殿厳島詣記』）、以後幕政に復帰する。

頼之のあと讃岐守護職は弟の頼元が継いだ。頼元以後は、満元・持元・持之・勝元・政元と継承されていく。彼らは代々右京大夫の官職についたため京兆家と称せられた。京兆家は讃岐のほか、三ヵ国の守護職を兼務し、度々管領に任ぜられた。また他の細川一族も守護に任じられ、京兆家を中核にして一族が結集したため、細川氏は幕府内で揺るぎない地位を持つようになる。

頼之は管領として幕政に深く関わっていたため、在京の時期は弟頼有を守護代として讃岐統治を行った。応永年間（一三九四～一四二八）初頭からは守護被官安富・香川氏による両守護代制度が取られるのである。

永正の錯乱以後、讃岐国内は混乱し、阿波守護家の勢力が強くなり侵入を許すようになる。永正七（一五一〇）年澄元は三野郡高瀬郷の所領を没収して守護料所とする（秋山家文書）が、澄元が讃岐守護としての権限を行使していこうとしたものである。この時期は阿波守護による讃岐支配が見られる。

澄元の病死後、讃岐は高国の支配を受けるが、高国が讃岐守護職を得たのであろう。やがて高国は澄元の子晴元に攻められ自刃、讃岐は晴元が支配した。しかし、晴元が讃岐守護権限を行使した形跡は見られない。

（橋詰　茂）

(2) 東方《ひがしかた》守護代安富氏

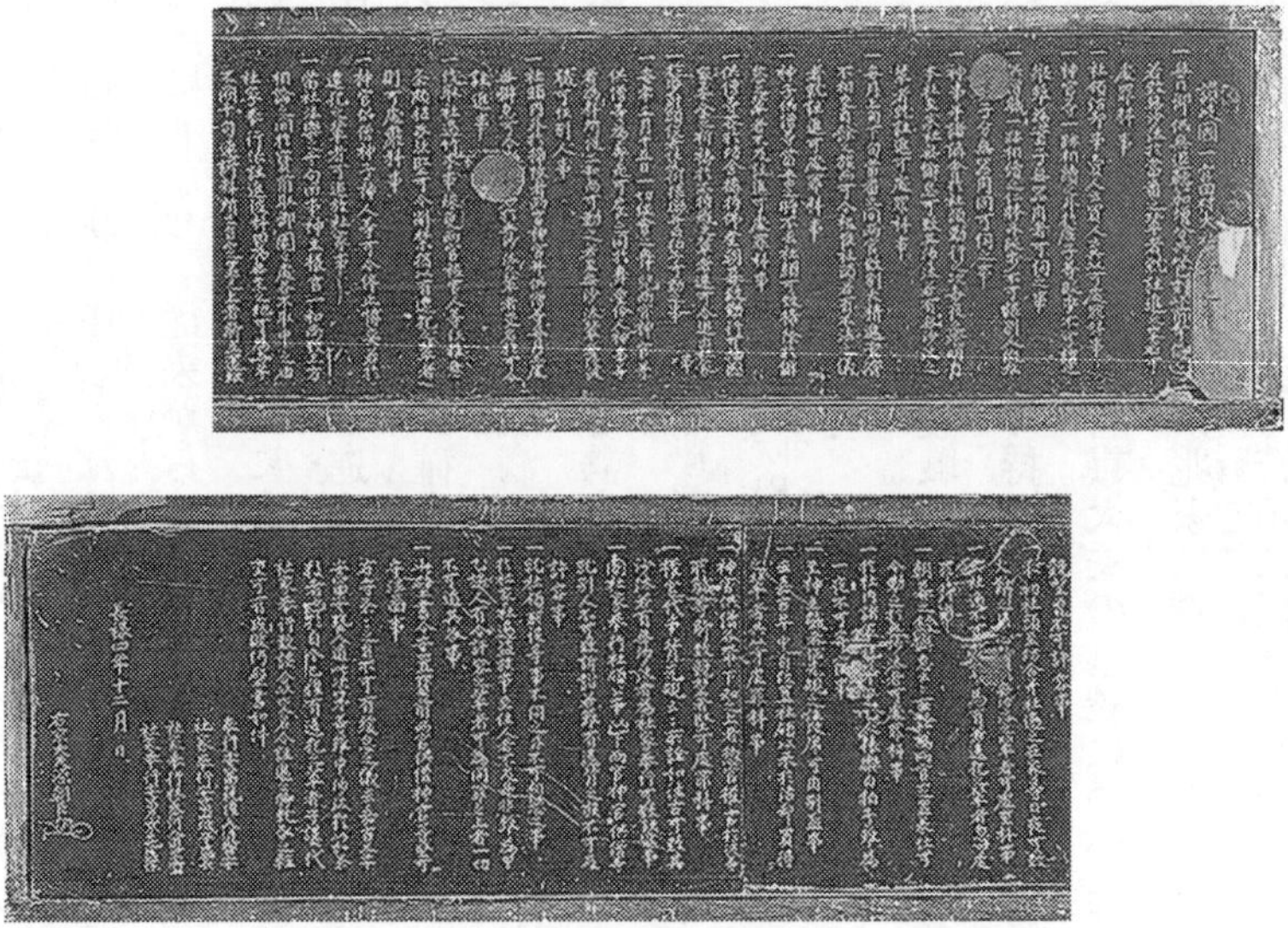

安富氏の名を見る讃岐国一宮田村大社壁書
(田村神社蔵・高松市歴史資料館写真提供)

室町時代の守護は在京が常であり、幕政に関わっていたため、その領国は守護に代わる者により統治されていた。讃岐の守護は京兆家細川氏で、管領職に就く期間が多く在国せず守護代によって統治されていた。当時の讃岐は一三の郡があり、それを東西に分けて東は安富氏、西は香川氏が守護代として存在した。

明応二（一四九三）年羽田源左衛門が蔭涼軒主を訪れたときに伝えた話が残っている。それによると「讃岐国は十三郡なり、六郡香川これを領す……七郡は安富これを領す、国衆大分限者これ多し、然りといえども香西党、首として皆おのおの三昧して安富に相い従わざるものこれ多しなり」とある（『蔭涼軒日録』明応二年六月十八日条）。この記事は応仁の乱後の状況を示したものだが、香西氏をはじめとして安富氏に従わないものが多くいた。これは応仁の乱により安富氏の勢力が弱体化したためである。香西氏だけでなく、寒川・十河氏といった在地領主は支配を強化していくのである。

さて、安富氏が東方守護代としての存在は、永享十一（一四三九）年の讃岐二宮である大水上神社の造営記録に「両守護代　香川上野之助　安部筑後守」と見る（二宮記録）。記録の安部は安富の誤記だが、すでに十五世紀に両守護代制度ができており、東は安富氏であったことが明らかである。東讃七郡とは、大内・寒川・三木・山田・香川東・香川西・阿野南条の範囲である。

安富氏の出自は下総国といわれている。応安年間（一三六八～一三七五）ころ来讃し、三木郡の三木氏の跡を継ぎ平木城主になったという。守護代就任当初から在京していたため、京兆家評定衆の一員として重く用いられ、一族を又守護代として在国させていた。本拠は雨滝城に置いた。安富氏の所領は、十四世紀末に盛家が寒川郡造田荘領家職の代官職を請け負っている（醍醐寺文書）。十五世紀前半に牟礼荘の領家職・公文職にかかる代官職を請け負っている（石清水神社文書）以外は不明。

また備前国に属する小豆島の統治も行っていたようである。さらに宇多津を享禄年間（一五二八～一五三二）まで支配していた。港の管理権をもっていたものと思える。だが、他の国人衆と比較しても抜き出た所領を持っていたとはいえない。さらに京兆家の内訌により守護支配が変動するにともない、安富氏の勢力は弱体化していき、在地では香西氏や寒川氏の台頭が見られるようになる。

大永三（一五二三）年には寒川氏の造反により戦いへと発展し、同六年には十河氏と戦うなど群雄割拠の様相を呈するのである。西方守護代香川氏と比して、安富氏は大半の時期を在京しており、又守護代による統治であったため在地支配が十分ではなかった。このことが安富氏の没落を早める要因になったとも考えられる。

（橋詰　茂）

(3) 西方《にしかた》守護代香川氏

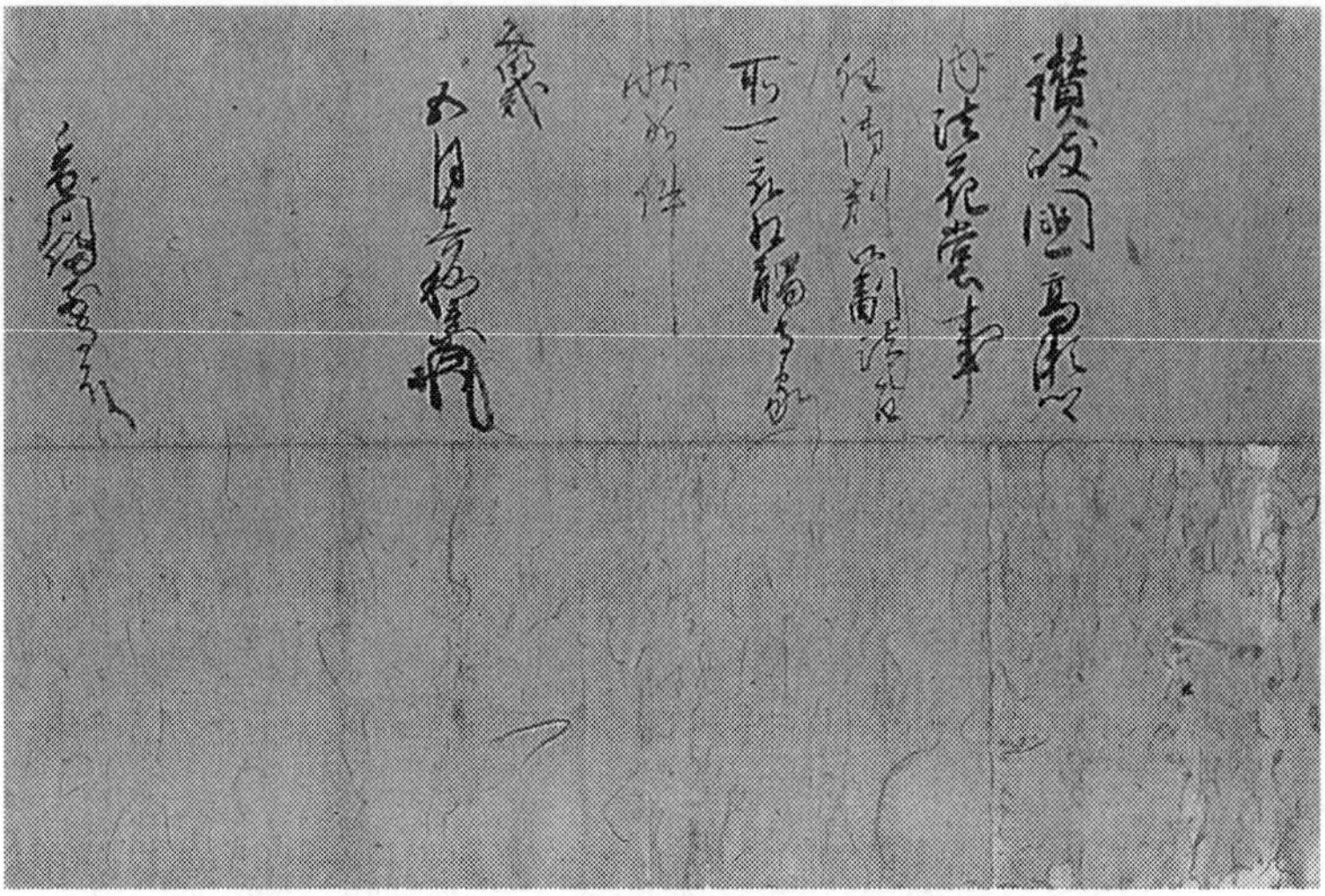

又守護代香川備前守に宛てた守護代香川和景の書状
（本門寺文書・三野町教育委員会写真提供）

東方の安富氏に対し、西方守護代となったのが香川氏である。讃岐西方の豊田・三野・多度・那珂・鵜足・阿野北条の六郡を領した。香川氏は相模国香川郷の出身で、来讃したのは承久の乱後とも南北朝期とも伝えるが真偽は明らかでない。十四世紀末は帯刀左衛門尉が守護代として存在していたことが明らかである（石清水文書）。このころから守護代として西讃を統治していたと考えられる。永享十一（一四三九）年大水上神社の造営にあたり、香川上野介が安富筑後守とともに両守護代として一五〇貫を寄進している。十五世紀前半には両守護代制がしかれていた。

香川氏は多度津に居館を構え、天霧城を詰城とした。安富氏が在京するのに対して、香川氏は在国することが多く、その在地支配は安富氏以上に強力であった。在京の際には、又守護代として一族に任せて統治していた。例えば文明二（一四七〇）年和景が本門寺の安堵を備前守に達しているが（本門寺文書)、和景は守護代、備前守は又守護代である。これは応仁の乱により上洛したため又守護代を置いて統治したのである。

応仁の乱の混乱に乗じて、香川氏は守護代権限を行使して所領の拡大を図っていく。守護代は、本来は違乱等停止する任務にありながら、逆に公権力を利用して私領の拡大に努めるのである。しかし管領細川政元の家督をめぐる澄元と澄之の争いに(永正の錯乱)、満景は安富元治とともに澄之方に属して戦うが討死にする。永正の錯乱により守護代家は滅亡し、それに代わって在地にいた香川一族が守護代を継承するに至る。その後、京兆家の澄元と高国の争いに、香川氏は澄元方につき支配を広めていった。

だが永正十七(一五二〇)年澄元が高国に敗れることにより降伏して従う。享禄元(一五二八)年からの高国と晴元の戦いには晴元に属して戦う。このように幕府内の政権争いに巻き込まれ、抗争をくりかえすのである。勝利を得た者が讃岐守護となるのであり、その方に属すことにより守護代として存命していくのであった。

香川氏は守護代の地位は持ち続けるが、やがて細川氏の勢力の弱体化に伴い、在地領主として独自の動向を示すようになる。永禄年間(一五五八~一五七〇)には、独自の所領給付を行う(秋山家文書)など、西讃は香川氏に私領化されていくのであった。もはや守護代ではなく、戦国大名への過程を歩み始めるのである。しかし、やがて阿波三好実休の侵攻により、香川氏は居城天霧城に籠城して戦い、敗れて退城を余儀なくされる。

香川氏の発展の源は、多度津港の支配によるところが大きい。多度津は十五世紀中頃には国料船・過書船専用の港として存在していたが、そこからあがる権益により経済力を持ち、それを基盤に勢力の拡大に至るのである。

(橋詰 茂)

(4) 市《いち》と座

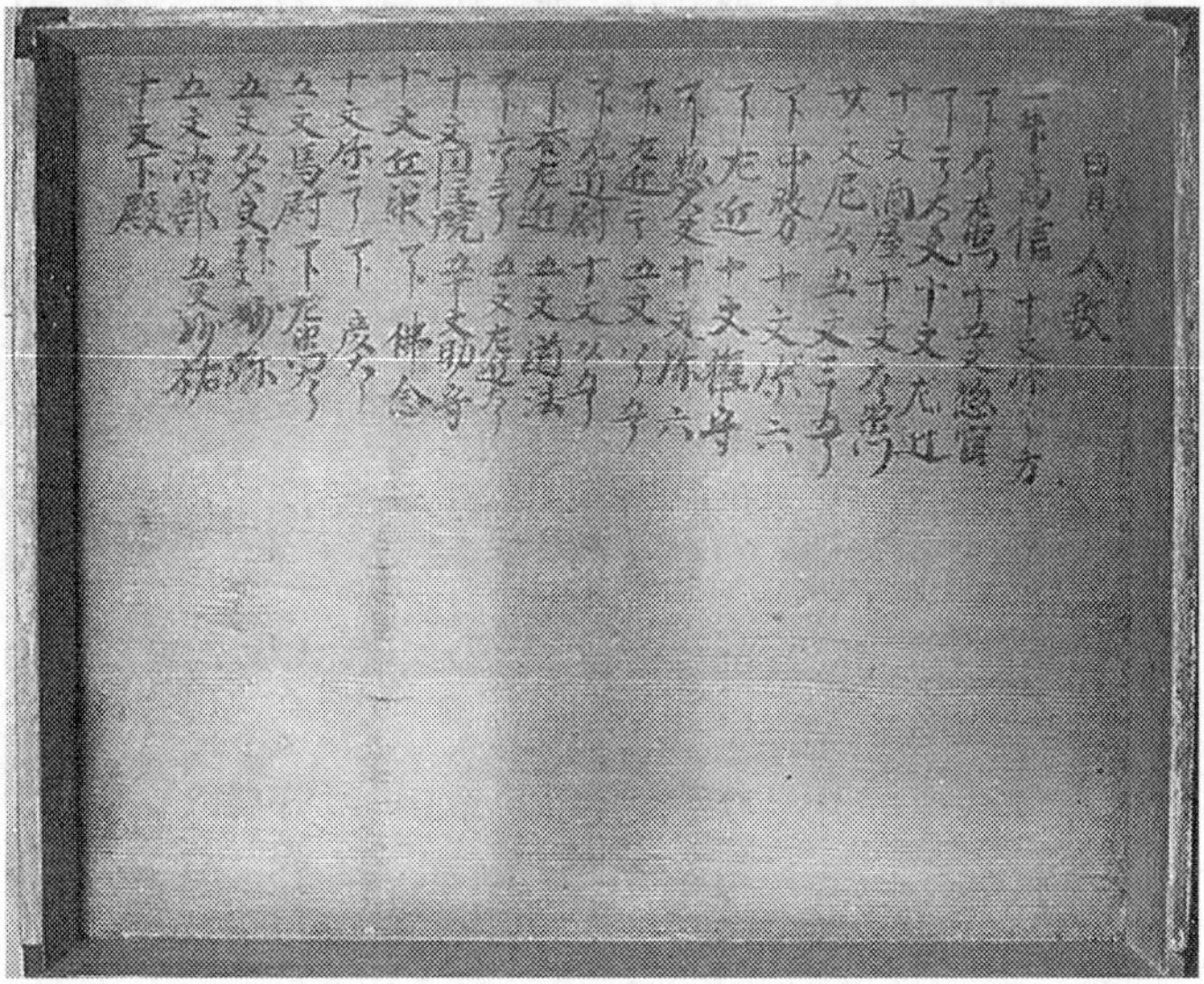

白鳥の尼僧や酒屋等からの奉加記録
（水主神社蔵・東かがわ市歴史民俗資料館写真提供）

室町時代になると、京都の貴族や寺社へ輸送される年貢のほかにも、各地の特産物が盛んに流通するようになった。全国的に交易が盛んになると、各地で市（市場）が現れ、町（町場）ができてきた。讃岐国でも文献史料上においても、室町時代からそれらの存在を見出すことができる。

水主神社（東かがわ市）の大般若経を収める経函には、その内底面に鎌倉・室町・江戸時代に書き継がれた長文の墨書がある。ここに書かれる文安二（一四四五）年「大般若経修復奉加帳」には白鳥《しろとり》の酒屋から二〇文の奉加記録がある。

中世において日本最大の都市であった京都には、応永年間（一三九四～一四二八）には三〇〇軒以上の酒屋があり、酒造や販売のみならず金融業も営んでいた。酒屋はその潤沢な財力を蓄え、有徳人と呼ばれ、富裕者の中核をなした。このように酒屋の存在は都市の発展と関係しており、酒屋の存在は白鳥の都市の一面を示すものである。

また、酒屋以外にも同奉加帳では同じく白鳥の大工が一〇〇文奉加し、そして文安元年に定められた「大水主神人座配」には、土器氏と名乗る人物が水主神社の神人となっている。これらは職人の存在を示すものである。中でも神人となった土器は水主神社に奉仕することで、生産や販売の独占と課役免除の特権を得ていたのであろう。

享徳元（一四五二）年の『琴弾八幡宮放生会祭式配役記』からは、琴弾八幡宮周辺では市が立ち、繁栄していたことを知ることができる。

「志度の道場」として有名な志度寺にも市が立っていた。文明五（一四七三）年の細川政国禁制に寺内での押買（少額な銭で強要して購入すること）や博奕、そして伯楽市が停止されている（志度寺文書）。志度寺では牛馬の取引に関わる伯楽により、境内にまで牛馬市が開かれていたのである。

永禄元（一五五八）年の香川之景判物によれば、豊田郡室本（観音寺市）では室本地下人による麹座が成立していたことが察せられる（観音寺市麹組合文書）。この麹座も王子大明神（現皇太子神社）を本所としており、水主神社の土器氏と同様、神社に奉仕することで特権を持っていたと考えられる。

水主神社の西側を流れる与田川は播磨灘に注ぎ、その河口のほど近くには三本松がある。志度寺は謡曲「海人」から窺えるように海と密接に関係している。商業地域として賑った琴弾八幡宮も観音寺湊に近い。いずれの地も『兵庫北関入船納帳』に見える湊に隣接しており、瀬戸内海の海路でも交通条件のよいところに立地していた。

讃岐国は瀬戸内海という畿内を結ぶ大動脈により、古くから海上交通が発展していた。特に室町時代以降は、特産物を畿内の消費地と取引するため、港湾施設のある、または隣接する物資輸送が容易な交通の要衝が発展した。そこには商人たちが座を組織し、職人も集まり、商工業が発達した市や町が発生し、繁栄したのである。

（萩野憲司）

(5) 最古のインディカ赤米

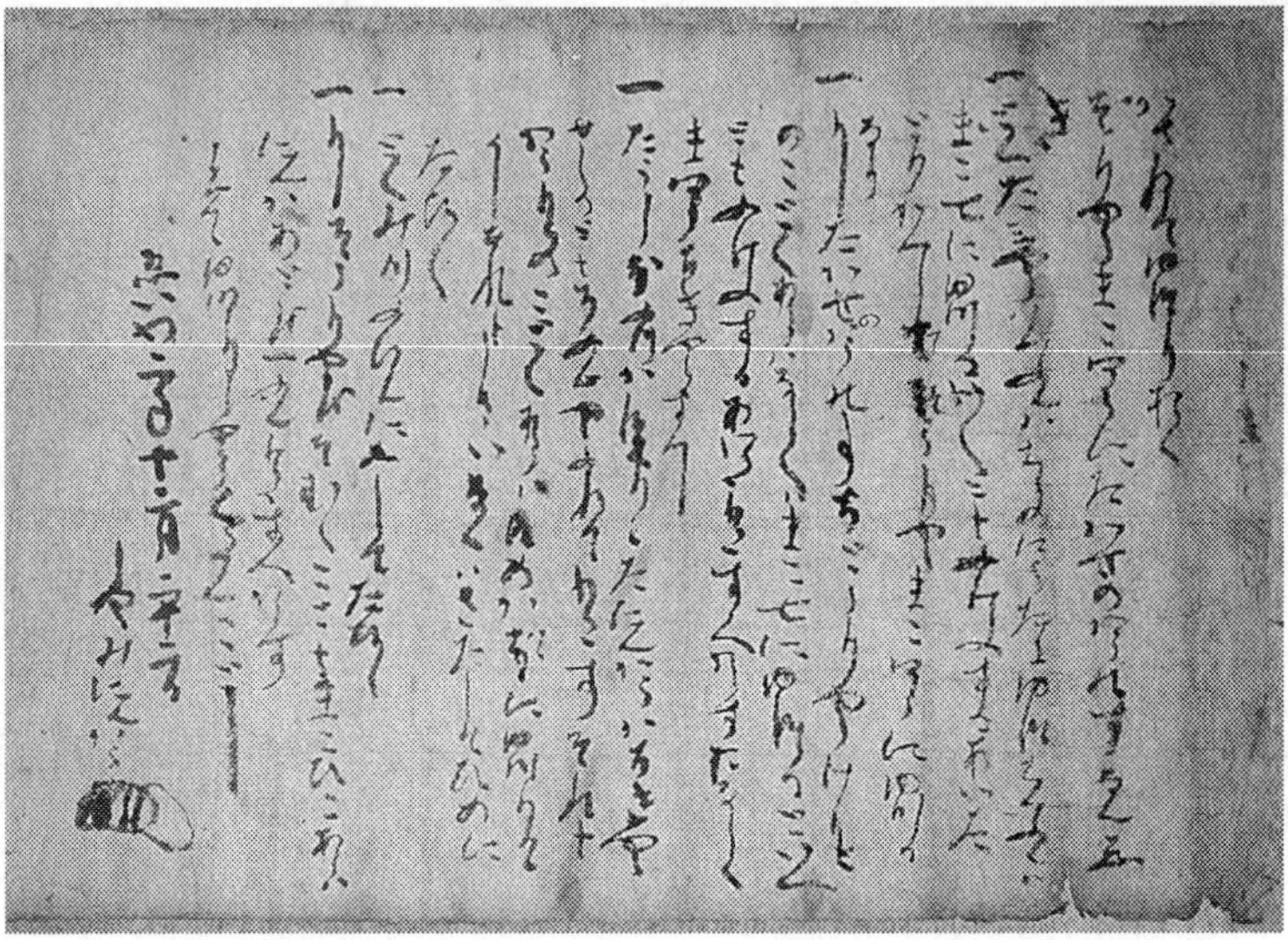

鎌倉時代以降盛んに栽培された赤米に関する日本最古の史料
(秋山家文書・高瀬町教育委員会写真提供)

中世讃岐では、赤米の生産が盛んに行われていた。日本における赤米の生産は、ジャポニカ種では稲作伝来当初からその可能性が指摘されている。文献上では、天平六(七三四)年の尾張国正税帳に「納大炊寮酒料赤米弐佰伍拾玖斛」の記載があることは、周知のことである。これは、ジャポニカ種である。

他方で、インディカ種の赤米は、鎌倉時代から室町時代までに大陸からもたらされたとされるが、その確実な伝来は分かっていない。インディカ種赤米は太唐米などと表記されており、文献上の初見は、応永四(一三九七)年二月十六日付讃岐国長尾庄年貢算用状であるとされていた(醍醐寺文書)。

ところが、この太唐米系統の赤米生産を史料的に一〇年余遡る文献を秋山家文書から発見することが出来た。日本で最も古いインディカ種赤米の生産を示す貴重な史料である。秋山家文書中永和二(一三七六)年の沙弥日高譲状に次のような記述がある。

「かさねてゆつりおく

そりやうまこ四郎に　たかせのかうのすなんしき

（中略）

一たうしほふつかつくり候た《（田）》、にんかうかちきや
うせしかとも、ちふん《（地文）》やふ《（破）》れてもた《（持）》す、それも
かう《（郷）》もとのことくあらハ、ひめかは丶にゆつりて
候し、これもしさい《（子細）》なくハ、さたしてひめにたひ《（給）》候

（中略）

よんてゆつりしやうくたんことし

ゑいわ二年十二月二十二日

しやミにんかう（花押）」

本文書は、沙弥日高秋山泰忠が、孫でありながら嫡子として惣領にした孫四郎に譲った所領について書き置いたものである。泰忠がまもなく臨終を迎える最後の遺言状である。

「たうしほふつかつくり候た」と記されているのは、すなわち「唐師穂仏禾作そうろう田」の意味と当てられ、仏飯用の赤米を耕作する田の意味に解釈される。永和二年は、応永四年の一一年前のことである。この種の赤米は、当時から「太米」「太唐」「とうほし＝唐法師」「たいまい」などと多様な表記例があるが、それだけ中世日本各地で盛んに生産されていたことの証左でもある。

秋山泰忠は、熱心な法華信者であり、仏飯供物用として赤米を作り続けていたものであろう。しかも、赤米専用田を持っていたようである。現在は馴染みがないが、明治以前には西日本を中心に広く各所で生産されていた。ところが、明治政府の指導で一般的には作付け中止になったものの、これを神饌用のため付属の神田等において生産している事例もあり古代米の異名でよく知られるようになった。この赤米は、かつて祝い事や神饌・仏供などに使用され、後発の小豆で染める赤飯と共にハレの食膳にものぼっていたものである。

赤米は、相当劣悪な環境においてもよく生育するが、白米に比べて食感に劣るといわれている。また、旧軍隊用に不向きとして耕作中止になったものであろう。

（唐木裕志）

(6) 守護所

阿波守護勢力の讃岐進出の拠点となった天福寺周辺
（香南町・四国新聞社写真提供）

守護所は、国ごとに置かれた守護（人）の役所であり、国府近辺かその国の要地にあった。守護は、通例幕府に出仕するため国元には守護代を派遣して執務させた。守護所というよりも通常は、守護代館とするのがふさわしいのかも知れない。

讃岐の守護所は、所説では、ほぼ二説があり、その一は鎌倉時代から戦国時代にわたり鵜足郡宇多津（宇多津町）にあって一時的な変動はあったものの一貫して同所にあったとする。一時的な変動とは、建武政権下において高松三郎頼重が拠ったと伝える山田郡喜岡城（高松市古高松町）をいう。なお、この喜岡守護所説も不明な点が多いとされてきた。

その二は鎌倉時代の守護所はその一と同じく概ね宇多津とするが、宇多津もしくは延文二（一三五七）年～嘉慶二（一三八八）年の間、細川頼之が住したという香川郡岡「屋形」（香南町）を中世後半期における守護所とする説である。この岡屋形については近世の編纂物を典拠とするためこれまで、あまり取り上げられなかった。ところが、香川県中世城館跡詳細分布調査において岡館跡の遺構確認の可能性が高まってきた。

次に三つの守護所について概略を掲げておく。

(1) 宇多津守護所

鎌倉時代における初見は、道範の『南海流浪記』である。仁治四（一二四三）年二月十三日の条に「国府ヲ立、讃岐ノ守護所長雄二郎左衛門ノ許ニ至ル」とあって、国府から二里の路間だとしるされ景観描写からも宇多津と推定できる。南北朝期では、細川頼之が康安二（一三六二）年に将軍義詮から命じられ細川清氏を追討するときに拠った（『太平記』『愚管記』）所であり、康応元（一三八九）年に将軍義満を宮島参詣の往還の途次に迎えたのも宇多津であった（『鹿苑院殿厳島詣記』）。したがって、頼之が顕氏の跡を襲って讃岐守護を兼務した貞治元（一三六二）年から明徳三（一三九二）年に薨去するまでの約三〇年間は、宇多津に守護所があった。

(2) 喜岡城

『太平記』や江戸時代初期の編纂物である香西成資著『南海通記』をはじめとする郷土史書は、すべて建武政権下における建武二（一三三五）年十一月二十六日の足利尊氏方細川氏の讃岐での蜂起を、例えば、「後醍醐天皇ノ御宇建武ノ頃、細川卿律師定禅、讃州ニ亘リ、鷺田ノ庄ニ旗ヲ挙ケ、高松三郎重頼ヲ襲シヨリ詫間・香西ヲ始メ藤家・橘家、細川家ニ属ス。」（『讃州細川記』）などと記している。

この高松氏を建武政権による讃岐守護か否かの議論があり、実は、決着していない。しかし、高松氏を倒して、その結果「詫間・香西ヲ始メ藤家・橘家」が結集し、羽床氏などほんの一部を除いた讃岐武将のほとんどすべてが細川氏の味方に付いたということであるから当然、高松氏が敵方すなわち建武政権側の旗頭であるべきで、当時の讃岐守護であると考えるのが至当である。

さらに『太平記』諸国朝敵蜂起事の項には、同年

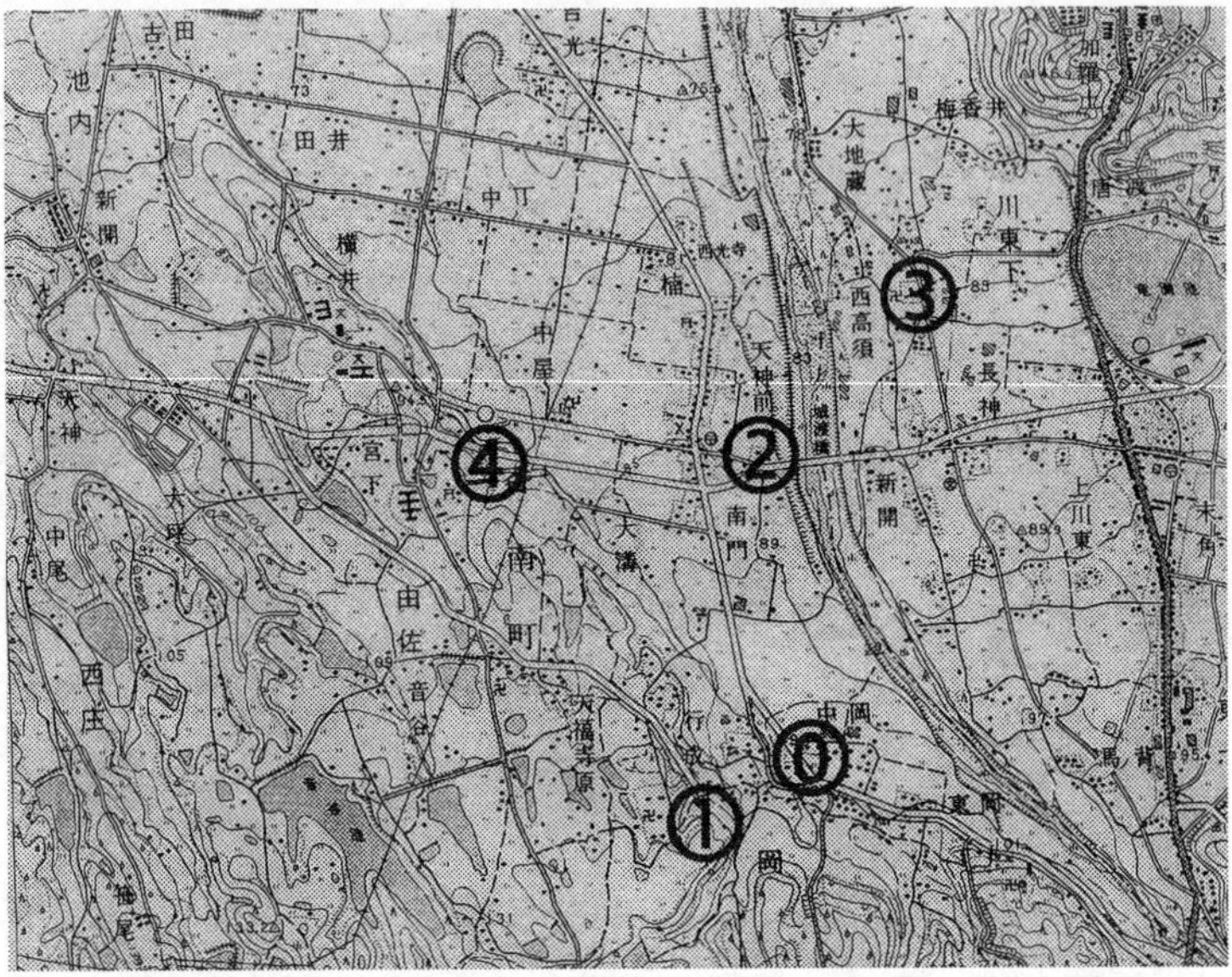

岡屋形周辺位置図　0岡屋形（守護所）推定地　1岡氏居館（岡要害）及び天福寺　2由佐氏居館　3仏地院龍善寺　4冠纓神社

十二月十日「讃岐より高松三郎頼重早馬を立て京都へ申しけるは……」とあり、京都への早馬による注進のことを記していることも留意すべきである。そこで、この時期の守護所は、守護高松氏が居城とした高松（喜岡）城（高松市高松町）にあった。明治時代の野取図には、方約七〇メートルの四周にわたって空堀跡が歴然であったという。

(3)　岡守護所

「岡」の地字は、現在の香南町岡地区に比定され、香南町のほぼ全域と塩江町安原及び香川町川東の地域のほとんどを含む古代からの井原郷の内にあった。中世においては、南北朝期以前、すでに立荘され、その名が見える（『由佐家文書』）。また、「岡」の地名は、同文書「臨本」中の観応二（一三五一）年卯月十五日付佐兵衛尉某奉書の写し部分に初見する。

さて、この文書写にも出てくる岡要害を、すぐさま、後の岡「屋形」に直結することは出来ないものの、「岡」の地所が、阿波国の吉野川中下流域及びその山岳地帯から阿讃山脈を越えて讃岐中央部へ抜ける讃岐側の結節点に位置することは、歴史的にも地理的にも容易に理解できよう。このことは、岡「要害」が阿波国の守護所である勝瑞城とも連携できる場所に位置することを意味している。

右図を見ながら岡城の位置を想定してみたい。図の中央付近やや南寄りに「大溝」と「南門」の地名を見出すことができる。要害としては、右下隅（南東方向）から讃岐平野へ流出する香東川の開析部分を挟んで東側の「馬の背」か東側の「東岡」の後背山塊と見てよかろう。これまで岡城は、岡「屋形」の西隣にあるとの解釈（『日本城郭大系』15岡館の項）が一般的である。そこで、東側に平坦地のある現天福寺辺りが有力である。平成十二年度の香川県中世城館跡詳細分布調査において天福寺境内においで南北両所に壕状遺構を認めたという情報もあるが、岡要害から引き継ぐ城郭跡の可能性が高いと思われる。

さて、この岡守護所の主は、実は讃岐守護ではなく阿波守護であったことが特異である。まず、阿波守護の讃岐国香東郡南における守護権限の保持をしていた事実と、もう一つ守護権限行使の事例があるので触れておく。正長元（一四二八）年から文安四（一四四七）年にかけて、阿波守護の細川持常及びその養子で同守護を嗣いだ成之が讃岐国衙領の年貢徴収に関して守護請を遂行し、守護支配の浸透拡大を目指しかつ実効を挙げていることが『建内記』等に見える。

これより、阿波守護細川讃州家が讃岐国内で部分的であるが守護的役割を果たしていたことが明らかであると思われる。直ちに分郡守護的な存在とするには早計であるが、それに近い権能を果たしていたことは疑いない。すなわち、岡屋形は、阿波守護家の讃岐における守護所出張所としての機能と役割をもっていたことが明らかになったといえよう。

（唐木裕志）

(7) 讃岐の中世武士

空から見た由佐氏が領した由佐地区
(香南町・四国新聞社写真提供)

武士の所領所有形態は、観応の擾乱以降惣領制から単独相続制へと変化していく。在地に土着した武士は、農村を基盤として自己領域の拡大を図るようになってくる。国人と呼ばれる在地領主は自立の気風が強く表れ、守護や荘園領主に抵抗するものも現れる。一方農村においても、名主を中心にして新しく成長してきた小農民は武力を持つ土豪となり、やがては自立化の道を歩もうとする。荘園領主や地頭などの領主支配は困難になっていく。

守護細川氏の支配力の強化が進む中、讃岐の各地に住む武士たちにも変化が生じてくる。細川氏は国人を被官とし領国支配の安定を図ろうとした。また国人も守護の被官になることにより、所領の安定と荘園領主や国衙の権力と対抗するための保護を求めた。被官となった国人は、所領の安堵を受けたり、荘園の代官職を請け負った。なかには守護の内衆や奉行人となり、政治に参加する者も現れた。香西・十河・寒川・由佐・近藤氏などが様々な史料上に現れた被官である。

　これらの武士はいくつかの階層に区分することができる。まずは守護細川氏に従い、合戦などに直属して参加する階層の武士たちである。安富・香川氏をはじめ、香西・十河氏などがこれにあたる。彼らは守護代や荘園の代官職を務めるなどして勢力を伸張させた。ついで守護代の下で軍事的な行動をとり、国内の荘や郷の代官職を務めるもので、寒川・由佐・近藤・秋山氏などがこれにあたる。これらの武士に対して、農村や浦などに地域に土着した武士が存在した。彼らは、地域に土着したため、自分が住んでいる場所や出身地の地名を姓とするものが多い。

　では、讃岐で活動した武士を個別的に見ていくこととする。ただ安富・香川氏は別稿で詳細に触れるのでここでは割愛する。

　まずは香西氏を取り上げよう。香西氏は古代の綾氏の系譜を引く有力豪族として、阿野・香川郡に勢力を張っていた。香川郡坂田郷の代官、阿野郡陶保の代官職を請け負い、細川氏の御料所仁尾浦の代官を務めるなど着実に勢力を伸ばしていった。また香西の港を掌握しこの地を拠点として、讃岐以外では応永二十一（一四一四）年から永享三（一四三一）年まで丹波国守護代を務めている。以後摂津・和泉で守護代を歴任、山城守護代の時、管領細川政元殺害に関与し、又六が討たれて以降は京都での活動は見られなくなり、讃岐での活動が中心となる。東讃守護代安富氏に従わない代表的な武士であった。

　東讃で活動したのは寒川・十河・由佐氏である。寒川氏は寒川郡を本拠としていた武士で、文献上に現れるのは康永三（一三四四）年と早い時期に寒川郡造田荘に押防を行っている。応永六（一三九九）年には寒川郡長尾荘醍醐寺三宝院の地頭として代官職を得て、年貢納入請負の職務を果たしていることを知る（三宝院文書）。一時期代官職を罷免されるが、その後在地領主化を進め支配力を強化していく。このの後管領細川氏の内衆として都を中心としてさ

近藤氏の領した高瀬郷麻地区（高瀬町）

まざまな活動をしている。讃岐における動向は応仁元（一四六七）年までは明らかでないが、応仁の乱では但馬守元近が活躍している。以後、寒川・大内郡で領域拡大を果たし、両郡を掌中に収め、やがては戦国期には完全な国人領主として発展を遂げ、安富氏と領域をめぐる争いをたびたびおこした。

十河氏は山田郡十河郷を本拠とする武士だが、十四世紀後半から蓮華王院十河郷の半済所務職を請け負っている。文安二（一四四五）年には庵治・方本の港の管理権を守護細川氏から与えられた。ここから経済力を持ち、戦国期には有力国人として成長し、阿波三好氏と結びつく。三好長慶は弟一存に十河氏の家督を継がせ、讃岐進出の拠点とした。安富・寒川氏を押さえて東讃を支配するようになる。

由佐氏は南北朝の初めころ関東から来讃したと伝えられ、香川郡井原郷を本拠として勢力を伸張していった。観応の擾乱期に安原鳥屋岡要害で城中警護の任にあたり、その軍忠により井原荘内鮎滝領家職を得る。これを契機として所領の拡大を進めた。また寛正元（一四六〇）年、当郷内に鎮座する冠尾神社（現冠纓神社）の管理権を有することを守護細川勝元から命じられた（由佐家文書）。神社を媒介として領民の掌握を図り、領域支配を強化したであろう。応仁の乱では守護代安富氏の指揮下京都近衛室町合戦に参加し活動するなど、有力な国人へ伸張していった。

一方、西讃の近藤氏は文和四（一三五五）年に三野郡祇園社領西大野郷の代官職を得て以来、この地域を支配した。だが同郷に対する濫妨を訴えられ所領が没収される。その後回復し、十五世紀中頃には高瀬郷へも勢力を伸ばしていった。高瀬郷麻を領したところから麻氏とも呼ばれた。麻氏は有名な貧乏人で、「スキナ」というものを味噌和えにして毎日食していた。この姿を見て同僚があざ笑ったところ一首詠んだ。その歌を耳にした守護細川満元は麻氏へ旧領を返付したという（『蔭涼軒日録』文正元年閏二月七日条）。これは、貧乏に耐えながらも守護に仕えなければ所領を守りきれない被官の苦しさがにじみ出ていたものとして注目できよう。

豊嶋氏・秋山氏も西讃を基盤とする武士であった。豊嶋氏の本貫地は関東で、細川氏に従って讃岐へ来たと考えられる。三野郡本山荘を領したが、その後高瀬郷にも所領を得たようである。秋山氏は三野郡高瀬郷に所領を得て以来、周辺へと勢力を伸張させた。本門寺の創建にかかわり、大檀越として領民の統治を行う。永享の錯乱により、惣領家に替わって庶家の源太郎家が威力を伸ばし、戦国期は香川氏の支配下に属して活動した（秋山家文書）。

これ以外に名が知られた武士として、奈良・瀧宮・羽床・長尾・三野氏などがいた。奈良氏は安富・香川・香西氏とともに細川四天王の一人と称され、鵜足・那珂郡を領したというが、詳細はほとんど不明である。

（橋詰　茂）

(8) 増吽《ぞううん》と熊野信仰

増吽が再興したと伝えられる那智石風呂（東かがわ市水主）

讃岐国は弘法大師を始め多くの高僧を輩出している。その中で室町時代を代表する高僧に増吽があげられる。

増吽は貞治五（一三六六）年に大内郡与田郷で生まれ、房名を龍徳房といい虚空蔵院（現与田寺・東かがわ市中筋）で得度した。明徳二（一三九一）年に虚空蔵院の住職となり、以後、東寺や高野山さらに熊野三山などで修山し、水主の地に熊野三山を勧請したといわれている。そしてここにあった石風呂を再興したと伝えられている（『誉水村史』）。

虚空蔵院のほかに道隆寺（多度津町）、覚城院（仁尾町）、白峯寺（坂出市）、極楽寺（直島町）などが増吽ゆかりの寺院としてあげられる。彼の活動は讃岐国に留まらず、中国・四国地方で多くの寺院を開山・中興するなど大きな業績を残し、応永十九（一四一二）年には上洛して後小松天皇に謁して権僧正に任ぜられたといわれている。そして近世には「大師（弘法大師）ノ再誕」とまで称えられ、讃岐国を代表する高僧と評価されている（『讃岐国大日記』）。

数ある彼の業績は熊野信仰に基づいたものであることが広く知られている。応永十七年に増吽作とされる『大水主大明神和讃』では熊野三所権現と大水主大明神は同一体であると述べられている。応永三十二年には大水主三所大明神御宝前で法楽が執り行われている。そして、水主神社所蔵の内陣大般若経は石鎚山から運ばれたという「牛負い般若」伝承を残す。この伝承からも水主の地に修験道が根ざしていたことがうかがえる。また、若王寺でも享保年間（一七一六～一七三六）編纂の『若一王子大権現縁起』に、若王一王子大権現の祭神も熊野から飛来したとあり、ほかにも若王寺の鎮守社与田神社には、平安後期から室町時代の熊野権現の本地を表した懸仏が伝わるなど、この地において熊野信仰が根付いていたことを如実に示している。

先に述べた水主への熊野三山の勧請はもちろんであるが、増吽は熊野参詣に際し阿波国と讃岐国で経衆二〇名を調えたことが覚城院文書に記されている。彼は虚空蔵院の近くにある若王寺（東かがわ市与田山）所蔵の大般若経や、室町時代の写本一切経の代表としてあげられる北野社（京都市）一切経の書写事業にも重要な役割を果たしている。増吽を先達とする経衆が、これらの経典の書写事業を担ったのは想像に難くない。そして、この経衆の結束は熊野信仰が拠り所となったと考えられよう。

これに加えて、虚空蔵院の鎮守社と伝えられる水主神社では、応永二十九年の同社南宮の棟札に「勧進金資増吽」とあり、勧進活動により南宮を建立したと伝えられる。つまり増吽が勧進聖として活動していたと指摘できる。

増吽のような熊野信仰を背景とし、各国を巡り、寺院の開山・中興、経典の書写事業、勧進活動を行った勧進聖の活動が、のちの四国八十八ケ所霊場の成立につながっていくと考えられる。

（萩野憲司）

(9)　明王寺の文字瓦

瓦製作主旨を記した文字瓦
(明王寺蔵・香川県立文書館写真提供)

小豆島町池田上地に明王寺があり、そこにこの釈迦堂がある。もとは高宝寺釈迦堂であった。高宝寺は明王寺以下池田庄内一一ヵ寺の諸法事勤仕の会座堂であったが、江戸時代初め無住となり、釈迦堂は明王寺が管理し現在に至る。この釈迦堂は室町末期の建築で、国の重要文化財に、また同寺に所蔵する文字瓦と棟札・厨子も「附」として指定されている。

堂内保管の文字瓦は現在二三枚あるが、以前には、三六枚あったと伝える。文字瓦の一枚に「為後生菩提百枚之内」と記されているので、本来は平・丸・鬼瓦合わせ百枚あったかも知れない。瓦の大きさは、丸瓦が長さ約二六センチ、径約一三・七センチ。平瓦は縦約二九センチ、横約二三センチ、厚さ約二〇センチある。

刻印された文字瓦の内容は大半が年月日・瓦大工名・寄進者・願主と簡単な言葉を箆書きしている。刻まれた文字の多い瓦の一枚に「于時大永二年壬子歳此堂立畢　同大永八年三月廿三日より瓦思立候也

願主権律師宥善　大工四天王寺藤原朝臣新三郎（以下略）」とあり、もう一枚には「大永八戊子卯月に思立候折節　細川殿様御家大永六年より合戦始て、戊子四月廿三日まで不調候間　嶋中関立中堺に在津候て　御留守之事にて　無人夫本願も瓦大工職人気遣事身無是非候（中略）池田庄向地之住人河本三郎太郎吉国（花押）」とある。

文中の細川殿様とは細川晴元である。大永六（一五二六）年頃、晴元は四国で勢力を持ち、京の細川高国と争っていた。同七年軍勢を率いて堺へ渡り、和泉を制圧して高国に対抗した。翌八年一時和議が成立した。この時島の兵船も晴元に従い堺に出陣したので、島の人夫も少なかったのであろうか。こうした状況から、建物は大永二年に棟上したが、細川氏の同族の内紛が続き、瓦の製作など思いもよらず、大永八年になって瓦製作を思い立ち、同堂の棟札に「奉新建立上棟高宝寺一宇天文第二癸巳十月十八日」とある様に、天文二（一五三三）年にやっと上葺して釈迦堂が完成したと思われる。

この瓦の寄進者は、池田庄向地住人河本三郎太郎吉国・吉時である。製作者は摂津四天王寺在住の瓦大工藤原朝臣新三郎（瓦師）で、その思いを、本願の池田庄円識坊あるいは権律師宥善らと書いたものであろう。なお、瓦製作寄進には文字瓦の一枚に「四月廿七日　天王寺主大永八天」とあるように天王寺主も関係があったと思われる。

また、瓦大工や本願は「為後生善所……」「諸人泰平　庄内安穏……」「南無阿弥陀仏……」など彼等自身や庄内の無事泰平を祈願し、また「極楽ハはるけきほとゝききしかと　つとめていたる所なりけり」や「心たに誠の道に叶なは、いのらずとても神やまもらん」などと我が思いを書いたのであろう。以上の文学瓦から同堂の建築事情だけでなく、当時の社会情勢や宗教なども窺い知ることが出来る。

（石井信雄）

第九章　内海順風

瀬戸内海は古代より、西国と畿内を結ぶ海の大動脈として、多くの人や物資が往来していた。そこには、海に携わる多くの人々が存在し、毎日の生活の糧を海に求めていた。そこで生活する人々は旺盛な生活力を持っていた。そして製塩・漁撈・水運といった分野で活発な活動を行った。海は自然環境の多大な影響を受けた。平穏な海、荒れ狂う海、海辺に住む人々にとっては毎日が自然との闘いでもあった。そこから海に対する信仰が生まれてくるのである。

讃岐は海に面し、また多くの島嶼部を持つ。室町時代の人々の生活は、海と切っても切り離すことができない。室町時代は「海の時代」とも称されるように、海を抜きにしてこの時代を語れない。

さて、讃岐では早くから製塩が行われていたことは周知のことである。土器製塩方法から製塩釜を用いた製塩方法へと進化し、やがては塩田を利用した技術が導入されてくる。それにともない、畿内の寺社の塩荘園が讃岐の各地に成立する。讃岐産の塩は良質で、畿内でも高額で取り引きされていたであろう。

絹本著色志度寺縁起
志度寺蔵（重要文化財　14世紀）

一方、農業生産力も向上し、米麦以外に多種多様な商品作物が栽培される。胡麻・藍・茶など枚挙にいとまがない。また手工業の発達により、紙や円座など讃岐の特産物となる品も生産され、手工業者の同業組合である座は飛躍的に増加した。農業や手工業の発達により、地方市場も六斎市が一般化する。そこでの商品取引には遠く明国より輸入した貨幣が使用された。遠隔地取引により、讃岐産の作物や特産品が畿内へと輸送される。

ここに当時の物資の輸送状況を示す一つの史料がある。それは『兵庫北関入船納帳』という、東大寺が設置した摂津国兵庫北関に入関した船に関する記録である。文安二（一四四五）年正月から翌三年正月までの、今でいう納税台帳だが、そこから様々なことを読み取ることができる。そこに讃岐の港がいくつか記載されている。港には各地から物資が集積され、その物資を取り扱う業者が集住して町が形成される。その代表的な町として宇多津の存在がある。また、港は商業港であるとともに軍港の役割も果たす。港の支配をめぐる抗争が繰り返されるがこのことを如実に示す。仁尾浦の代官支配をめぐる賀茂神社の神人や浦住民と香西氏との抗争はその一例である。

この時代の輸送船は前時代より大型化し、塩をはじめとする大量の物資が短時間で輸送されるが、そこには讃岐船が深く関わる。その代表的なものが塩飽船である。

塩飽は備讃瀬戸の中央に位置し、早くから水運に従事する者が存在した。この時代に彼らはまさに水を得た魚のごとく活発な活動をみせる。瀬戸内海沿岸だけでなく、遠く朝鮮半島まで進出していく。だがその反面、関税を納入せずに看過を繰り返す船が増加する。輸送船は自由航行を目指し、それに対して権力者は制限をしようと抗争を繰り返す。塩飽船の活動はこれ以後も続くが、近世の塩飽水運の源がこの時代に育くまれるのであった。

近年、中世遺跡が各地で発掘されているが、これらの遺跡から出土した遺物から当時の人々の社会生活の様子が浮かび上がってくる。そこには讃岐以外で生産された物ももたらされた。それは船によって運ばれてくる。この時代は船の活動による社会が形成されるのである。

（橋詰　茂）

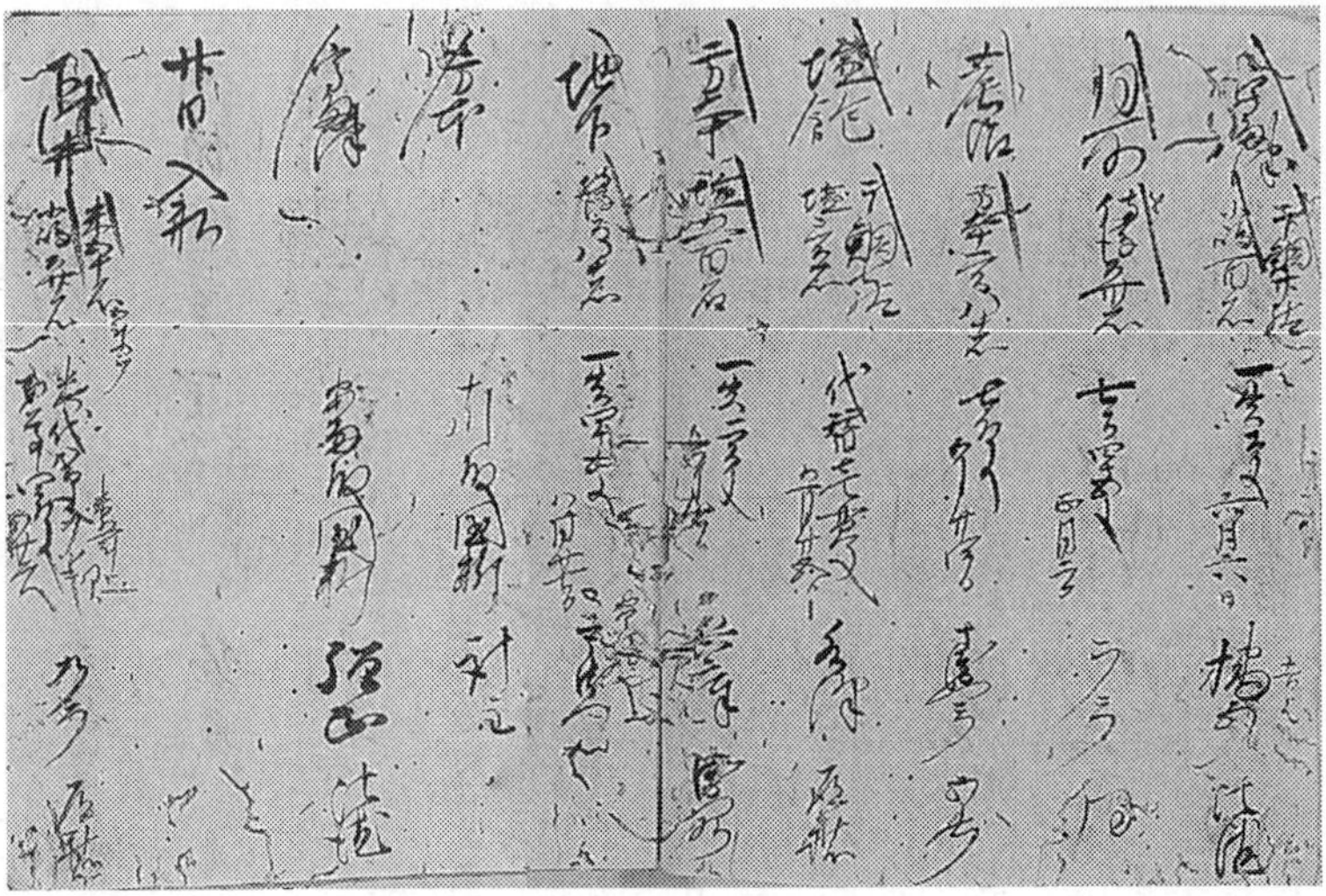

宇多津・庵治・塩飽・方本（潟元）の記載を見る『兵庫北関入船納帳』
（燈心堂文庫・京都市歴史資料館蔵）

(1) 兵庫北関入船納帳

中世の瀬戸内海は、都へもたらされる多種多様な物資が大小の船で輸送されていた。兵庫津には興福寺と東大寺が設置した南北の関所があり、そこに入関する船から関税を徴収していた。この関税の徴収台帳が残されている。『兵庫北関入船納帳』（以下『入船納帳』と略記）と呼ばれ、文安二（一四四五）年正月から翌年正月までほぼ一年間の記録である。『入船納帳』には船一艘ごとに、その船の船籍地、積載物資、その数量、関税額、船頭、問丸などが記載されている。年間に一九六〇艘の船が入関しているが、瀬戸内海では活発な物の動きがあったことを知る。記載された船籍地は一七ヵ国一〇六ヵ所にのぼるが、讃岐は播磨についで二番目に多い。また入関回数は二三七回で四番目に多い。これは当時の瀬戸内海輸送に讃岐が重要な役割を果たしていたことを示す。瀬戸内海の経済圏は讃岐を境に東西に二分されていた。

輸送された物資を見ると、塩が大部分を占めている。地名が記された商品を見るが、それはその地産の塩である。中世では塩が貴重品であり、畿内の寺社は瀬戸内海地域各地に塩荘園を形成していた。それらの地域から多量の塩が輸送されるのである。塩飽・小豆島などからは多くの塩が運ばれているが、そこでは製塩が盛んに行われていたことが推測できよう。地元産の塩を輸送する船だけでなく、特定の地域に塩専門の輸送船団が組織されていた。

讃岐からの輸送物資の中で、特徴を持つものとして赤米がある。西讃地方の港から多く輸送されているが、これはその地域が赤米の産地であったことがわかる。秋山家文書に「とうしほ」が栽培されていた記事がある。それまでは応永四（一三九七）年が赤米に関する初見史料であったが（醍醐寺文書）、それ以前よりすでに栽培されていたことが明らかになった。赤米は土地が不良でも栽培が可能な作物である。良質の田畑が少ない地域では多くの赤米が栽培されていたであろう。（第八章(5)参照のこと）

これ以外に讃岐の特産物として魚類がある。特に鰯が目をひくが、痛みやすい鰯を生のまま輸送したのではなく、何らかの加工をほどこしたと考えられる。また金山魚と称する鯛は、瀬居島付近で採れるブランド商品であった。これ以外に檀紙や牛皮などがある。

一方、『入船納帳』の発見によって従来の歴史が大きく書き換えられる作物がある。阿波特産の藍がそれである。阿波の藍は、蜂須賀家政が阿波入封（一五八五）後に生産が始まったとされていたが、この帳簿に阿波の藍が記載されていたことで、その始まりが一四〇年以上遡ることができる。

一冊の帳簿からいろいろな中世の瀬戸内海世界が見えてくる。我々は今までの海に対するイメージを払拭しなければならない。陸地を中心に考えがちだが、中世では物資輸送では海路が陸路に勝っている。船という道具は無限性を持つものである。瀬戸内海は当時の物流の大動脈であったことを見逃してはならない。

（橋詰　茂）

(2) 讃岐の港津

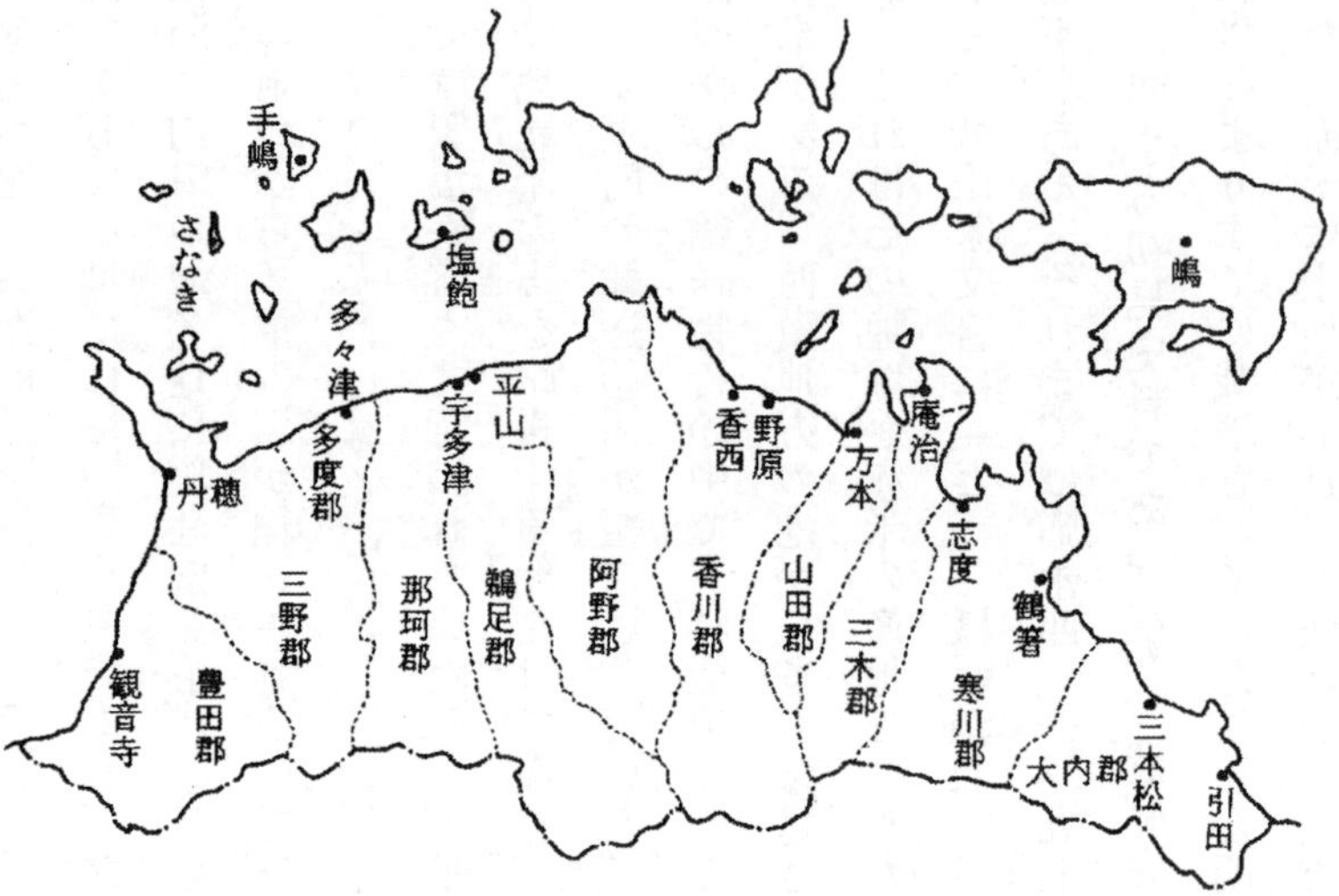

『兵庫北関入船納帳』に見る讃岐の港津

県内各地に、津や泊がつく地名がある。例えば多度津・宇多津・津田・三野津・泊などだが、津とは港を指す呼称であり、これらの地には中世に港が存在した。前項の『入船納帳』に記載された港は図に示した一七を数える。この一七の内に前記の港がいくつか含まれているが、これらが讃岐の港の全てではなく、これ以外にも各地に港が存在した。

讃岐は島嶼部が多く、当然それらの島に住む人々は船によって各地と行き来していたはずである。とすれば、当然そこには港の存在がある。ただ史料上には現れてこないため詳細は不明な点が多い。例えば小豆島だが、大きな島であるため当然いくつかの港があったはずである。『入船納帳』には「嶋」として記載されており、三九回北関へ入関している船の存在を見るが、港はどこか明らかでない。島の地形などから検証してみれば、いくつかの地域を推定することができる。

内海湾で室町期に塩の生産があったことが、明応九（一五〇〇）年の史料から明らかである（赤松家文書）。島産の塩が大量に輸送されているが、この塩は小豆島で生産されていたと考えられる。とすれば塩を積み出す港が内海湾に存在していたはずである。また島の北部の小海には沖合に島があり、風よけの役割を果たしており、自然の港として中世に遡ることも可能である。『入船納帳』に記載された船頭名に「おみ」とあるがこの地を指していると考えられる。

現在の地形から推定するのが不可能と思える地でも、当時の地形を復元することにより、港の存在が明らかになってくる。三野町の吉津はその一例である。中世には三野津湾が入り込み、その付近まで海岸線が迫っていた。西行が三野津に上陸したときに詠んだ歌の中に「みの津」とあるがここに港が存在したことを示すものである。

当時の代表的な港としては、宇多津と仁尾をあげることができる。詳細は別項目で記すが、それ以外で注目できるのは引田である。東讃では最も栄えていた港である。東大寺の別の史料である『兵庫北関雑船納帳』に、木船と人船の記載を六八件数える。木船は畿内で消費される薪や雑木を輸送した船、人船は文字通り人を乗せる船である。

永禄年間（一五五八〜一五七〇）に備中国新見荘を訪れた検田使の日記によれば（東大寺文書）、倉敷から塩飽まで船で渡り、讃岐へ上陸したあと陸上を引田まで行き、旅籠で宿泊したとある。船待ちのために宿泊し、海路畿内へと渡ったであろう。当時の引田は畿内と讃岐を結ぶルートの拠点であった。引田を出た船は陸沿いに東進し、鳴門海峡から淡路の西側を北上し、明石海峡を経て大阪湾へと航行した。

近世に入っても引田の港としての役割は続く。砂糖と醤油の積出港として繁栄するが、その原点は中世の港に遡ることができよう。

（橋詰　茂）

(3) 中世の製塩

中世の製塩遺構
（坂出市大浦浜遺跡・香川県埋蔵文化財センター写真提供）

岩塩が少ない日本では、縄文時代以降、現代まで海水を利用した塩作りが続けられてきたが、昭和四十年代まで県内各地で目にする塩田風景の原型ができたのは中世という時代であった。文献史料によると中世讃岐においては小豆島・志度・塩飽諸島・坂出・三野・詫間で塩作りが行われ、塩が年貢として領主に納められていたことがわかる。

一方考古学的には塩飽七島の一つに数えられる坂出市櫃石の大浦浜遺跡で発掘調査が行われ、製塩に関係する粘土を張った穴や焼けた石が多く見つかり、当時の製塩法が徐々に明らかになってきている。またこの遺跡からは土器・陶磁器・銅銭・鉄製品など平野部の集落遺跡と同じ物が出土するほか、網の錘や飯蛸・マダコ壺が出土したことから、当時製塩に従事した人々は塩づくりを主たる生業としながら、漁撈にも携わっていた姿が浮かび上がってきた。

ところで、塩作りは海水を濃くして（採鹹《さいかん》）、それを煮詰めて（煎熬《せんごう》）結晶塩を得るもので、この作業は海浜で行われ、古代において採鹹にホンダワラなどの海藻を利用していたため、自然の海浜に改変を加えることはなかった。だが古代末から中世においては採鹹に砂を利用するようになり、効率よく採鹹を行うために、塩田と言う構造物を築き始めたのである。

瀬戸内海沿岸における中世製塩の採鹹場については、揚浜式塩田とともに古式の入浜式塩田もあったとされている。揚浜式塩田は満潮時の潮位よりも高い位置で自然の砂浜を整形したり、人工的な平坦地を設け砂を敷いたものをいい、人力で海水をくみ上げて砂に散水して塩分を付着させ、それをさらに海水で溶かし濃い海水（鹹水《かんすい》）を得たのである。一方、入浜式塩田は満潮時の潮位よりも低いところに採鹹場を設け、溝などで必要量の海水を採鹹場に導入し、人力による散水を不用とするもので、満潮時の採鹹場への必要量以上の海水の流入は防潮堤で防ぐ工夫がなされている。

揚浜式塩田の遺構については、兵庫県赤穂市の堂山遺跡において平安時代後半から鎌倉時代前半のものが検出されているが、中世の入浜式塩田の遺構はまだ知られていない。

ところで、さぬき市の志度寺が所蔵する重要文化財の『志度寺縁起』には中世の製塩風景が二ヵ所描かれている。鎌倉時代末期から南北朝時代初期に制作されたと推定されているものであるが、「阿一蘇生之縁起」の絵をたよりに当時の志度における製塩を具体的に見てみよう。

絵に描かれた場所は弁天川の河口付近で、絵の左側に区画された平らな土地が描かれており、手前の区画で男が馬鍬を引いている。そこから右側にかけて約九棟の低い小屋があり、形は蒲鉾形をした覆屋状のもので、小口側に赤く彩色され、煙も描かれていることから火を焚いていることがわかる。近くには三人の男がいて、二人はそれぞれ勺を持ち一人の勺は小屋の中に差し込まれている。奥には一間四方

志度寺縁起に描かれた製塩風景
（志度寺蔵・香川県歴史博物館写真提供）

の東屋風の建物があり、内部にはかまど状のものが描かれ手前には火が見える。その横に男女が天秤棒で桶を担ぐ姿と一人の男が天秤棒か何かで荷を担ぐ姿が描かれている。

縦一〇センチ、横二〇センチあまりの小さな絵であるが、当時の製塩のいろいろなことが読み取れる。まず、方格に区画された平らな土地は塩田を表したものであろう。区画線が海水を導入する溝ならば、この土地は入浜式塩田ということになる。しかし波打ち際に防潮堤のようなものが見えないことや海水を撒いている情景ともみえる絵柄から推測すると揚浜式塩田とも思え、今後さらに検討の必要がある。

馬鍬を引いている姿は、砂に塩分を効率よく付着させる採鹹の前半工程とみることができる。桶を担ぐ姿は、塩田に散水する海水を運んでいるものか、塩分が付着した鹹砂を運ぶ姿とみることができる。

赤く彩色された建物は二種類ある。細長く蒲鉾状の屋根をもつ建物については、勺を差し込んでいる様子から、鹹水を注ぎ足し煎熬を行う施設と推定してよかろう。内部構造については屋根のため十分に窺えないが、備讃瀬戸地域で検出されている楕円形の粘土遺構と関係があるのではないかと考えられるのである。

粘土遺構とは砂地に掘られた穴の内側に厚く粘土を貼り付けたもので、規模は直径一メートル、深さ二〇センチのものから、長軸四メートル・短軸一・八メートル、深さ六〇センチのものまでさまざまである。

上部の粘土が火を受けたものもあり、さらに穴の内部に火を受け赤変した平らな河原石が多く入っているものもある。この河原石は、近世の石釜のように石を敷き並べ釜としたものが中世にも築かれ、煎熬が行われたのではないかと推定されている。

これらの遺構の時期は十二〜十三世紀で、岡山県玉野市の沖須賀遺跡の一部の調査では四基、大浦浜遺跡全域では二五基検出されて、数が多い点も特徴の一つとなっている。

縁起絵の建物と粘土遺構を対比させた場合、時期的には約一世紀の開きはあるが、形状や数などに類似点が多く、この遺構上部に覆屋をしたものを図化すると縁起絵のようになると思われるのである。

さて次に、もう一つの東屋風の建物については焼塩を行う施設と推定できるのである。海水を煮沸して得られた塩はニガリなどを含み潮解しやすいため、保存や運搬のためには焼塩処理が必要である。焼塩には、奈良時代以降の文献史料に「塩釜一面広四尺厚二寸」などと記載されている鉄製塩釜が用いられたと考えられている（西大寺文書）。絵の東屋風の建物にはカマド状のものが描かれていることから、カマドの上に鉄釜を据え、焼塩が行われていたと推測できるのである。

このように絵画資料と遺構などを総合していくと、まだ推測は多いものの、右のような中世製塩の様子が復元できてくるのである。

（大山真充）

(4)　国料と過書

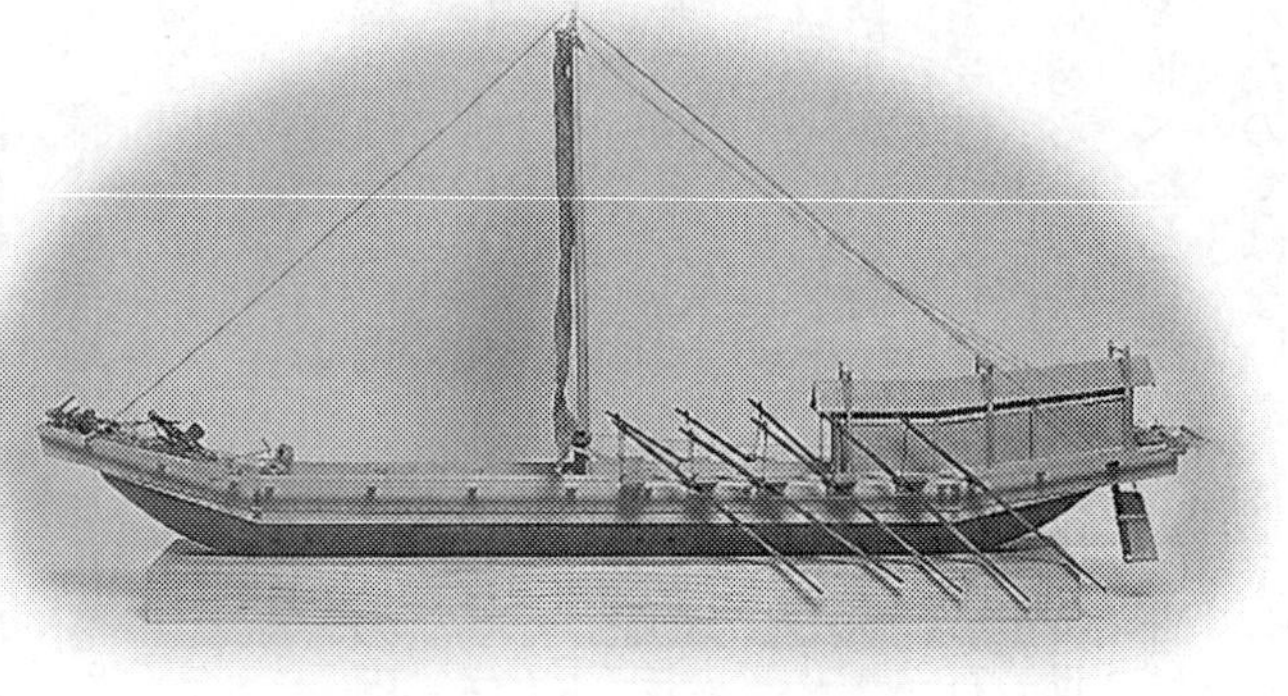

鎌倉時代の年貢輸送船模型
(愛媛県歴史文化博物館蔵)

中世には瀬戸内海を航行する多数の船があった。それらの船の大部分は各地の荘園からの年貢や、商品物資輸送であった。船は兵庫南北両関に入関し、納税が義務づけられていたが、特例を持つ船が存在した。それが国料船と過書船である。

国料船とは、関を通過する際の免税特権を持つ船のことである。『兵庫北関入船納帳』によれば、備後守護山名氏と細川氏の家臣である安富・香川・十河氏に限定されていた。積荷は無条件で通関を認められていた。讃岐では安富氏が方本船一艘と宇多津船八艘、香川氏は多度津船七艘、十河氏は庵治船四艘と方本船五艘の国料船を運航させていた。これらの船は細川氏の京上物を輸送するためのものである。しかし、この船に一般の物資を積載して関税を逃れる場合がたびたびあった。

一方過書船は、管領など幕府の要職者や有力寺社などに与えられた過書札によって、関銭免除特権を持つ船である。国料船とは異なり、積載量や船数に制限があり、一般物と合載が大部分である。細川氏の過書船は一五件数えるが、三本松船が一一件、塩飽・鶴箸船が各一件と讃岐船が大部分を占めている。これは細川氏の権力を背景とした讃岐船の輸送量が多かったことを表す。

多度津船の入関を見ると、一二件のうち国料船が七件、過書船が一件と一般船を大幅に上回る。これは多度津が香川氏の国料船・過書船専用の港として存在したのであろう。

時代が下るにつれて、国料船・過書船になりすまして関銭を納入しない船が増加してくる。これに手を焼いた東大寺・興福寺は幕府に関税免除を廃止するように願い出る。「摂津兵庫関の事、毎年二千余貫の関料なり、然して七百貫計り其の沙汰いたす、大船共に細川方の船と号し、関料沙汰の通り及ばず」とあるように（『大乗院寺社雑事記』寛正四年十一月十六日条）、本来二〇〇〇貫の関銭がわずか七〇〇貫で、細川の名を借りて関銭逃れをしている。これは東大寺にとっては死活問題であり、幕府への訴えも度重なっていく。関銭逃れがかなり横行していた様子がうかがえる。

応仁の乱後、兵庫両関は衰退してくる。各地の輸送船のなかには兵庫関を勘過するものも多く現れてくる。塩飽船もその一つであった。勘過する船に対して厳しく取り締まるよう達しが出されるが効果はなかった。塩飽船は山城大山崎離宮八幡宮の胡麻輸送を行い、関銭免除の特権を持っていた。本来は関料が二〇貫文であったが、塩飽船は過書船であることを理由にたびたび勘過を繰り返した。興福寺は塩飽船の過書停止を図ろうとして塩飽船を奪い、両者が対立した。結果は興福寺側の勝訴となり、塩飽船の過書が停止となり関料二〇貫文が納入されるのである（『多門院日記』文明十年四月十九日条）。

商品流通が活発化するに伴い、商船は自己利益を第一に考えて航行をするのであり、関の存在そのものを否定しようとしたのである。

（橋詰　茂）

(5) 遣明船と仁尾浦代官

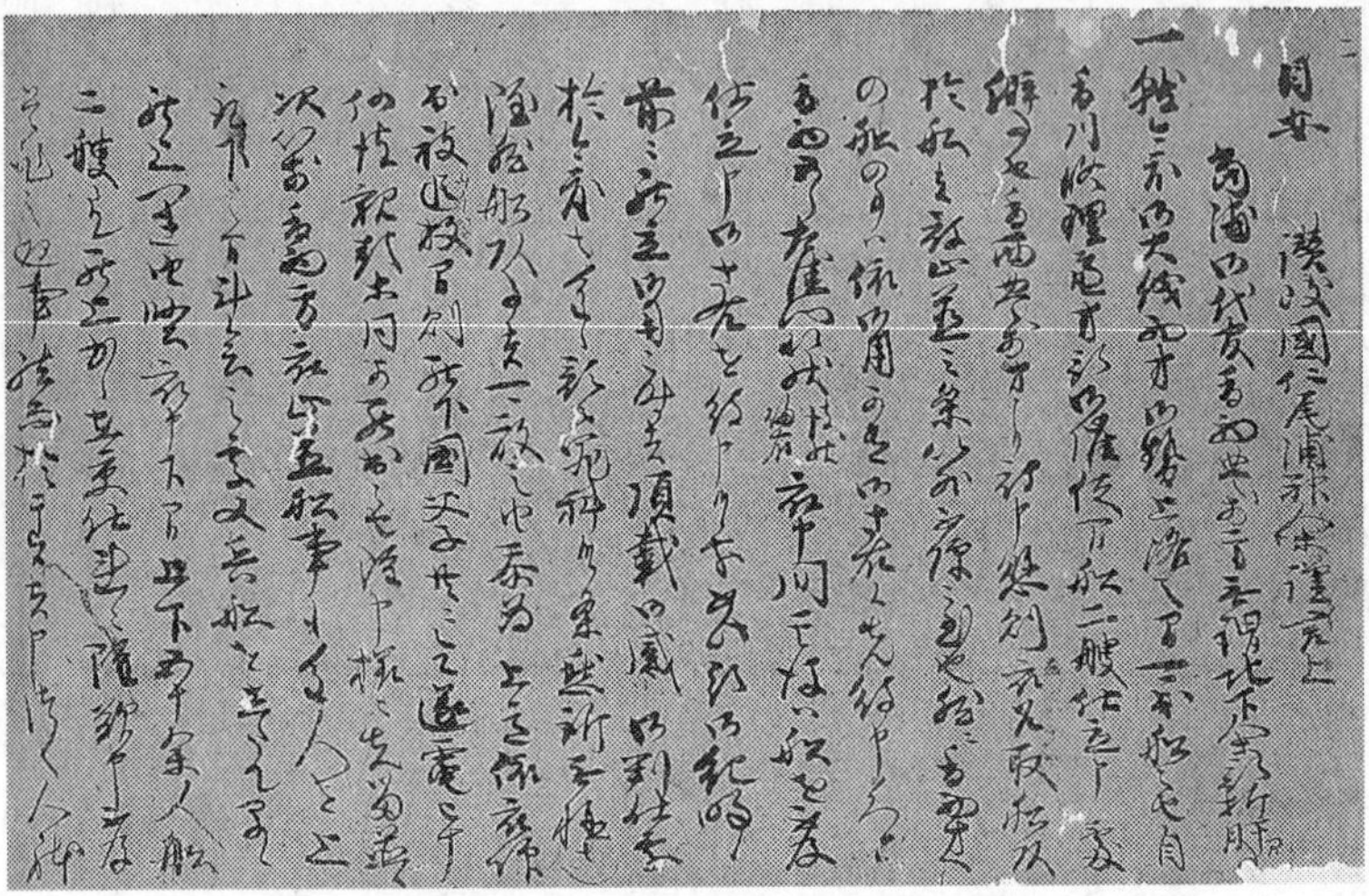

兵船徴発に対する仁尾浦神人等言上状案
（賀茂神社文書・香川県歴史博物館写真提供）

室町時代の仁尾浦は、賀茂神社を中核とした神人による海上活動により西讃有数の港として繁栄を誇る。十五世紀中頃には家数五、六〇〇であったという。『兵庫北関入船納帳』に「丹穂」と見えるがこれは仁尾を指す。わずか三回の入関だが、西讃地方の特産物である赤米を輸送している。周辺各地からさまざまな物資が集積され、畿内へと積み出された。

仁尾浦は、海上交易の根拠地であるだけでなく、讃岐・東伊予・備中を結ぶ軍事上の要衝の地として重要性は高かった。それに目を付けた守護細川氏は満元の時に守護料所とし、浦代官として香西氏を派遣して支配する（賀茂神社文書）。香西氏は代官として兵船徴発、兵糧銭催促、一国役平均役催促を賦課していった。

永享六（一四三四）年に遣明船が帰国したとき、燧灘を航行する遣明船の警護のために当浦から警護船が徴発された（佐藤行信氏所蔵文書）。これは海賊が横行してたびたび遣明船が襲撃されていたからである。応永二十七（一四二〇）年朝鮮回礼使宋希《ソンギ》璟《ヒヨン》が帰国の際にも兵船を出している。このように遣明船の航行の際には、たびたび警固船が徴発されていたであろう。

だが、兵船徴発はこれだけではなかった。嘉吉元（一四四一）年六月、将軍足利義教が播磨守護の赤松満祐に暗殺される事件が起こる（嘉吉の乱）。管領細川氏を将とする赤松追討軍が組織され、九月まで戦乱が続く。この嘉吉の乱にあたり、守護代香川修理亮から「西方御勢上洛」のため、兵船徴発の催促があった。その時の状況を示す史料が残されているが（賀茂神社文書）、そこから香川氏・香西氏の対応を見てみよう。

船二艘を仕立てたところ、浦代官香西豊前から僻事これに難題をかけ船頭と船を拘引した。以前香西五郎左衛門から文書で香西方の船のことは御用に任せて指示があるから待つようにいわれていたので船の準備は止めて指示を待っていた。しかし守護代から糾明を受け、代官から御罪科であるとは心外である。船頭は追放され、讃岐へ帰国後は逐電してしまった。親類も同様にしたい申し入れがあったが浦に留めおかれた。香西方に押収された船は何度も人を使わして取り返そうとした。再度兵船を仕立てて罷り上れと申されたので、上下五〇余人が船二艘で上ってしばらく在京し、幾度も嘆願したが良き返事が得られなかった。これにより面目を失った。

これは守護代と浦代官の仁尾浦をめぐる抗争である。香川修理亮は守護代権限により兵船催促をしたが、香西豊前は浦代官として自己支配権を主張してこれを阻止しようとするのである。代官的支配ではなく、領主的支配を貫徹しようとしたところに問題がある。仁尾浦住人は全ての責任を負うことになった。住人はこれに対して強訴・逃散という手段で抵抗していく。守護の直轄地といえども、武士の戦乱に巻き込まれたくない浦の人々の抵抗が顕著な形として現れてくる。

（橋詰　茂）

(6) 海賊衆と警固衆

瀬戸内海の航行の安全を保障するために与えた村上氏の過所旗
(山口県文書館蔵)

海賊といえば、陸上の山賊に相対する言葉から想像するように、海上を航行する船や海辺の集落を襲撃して物品を略奪する集団と捉える。平安時代初期にすでに海賊が横行し、官米を輸送する船が襲撃される事件が起こる。そこで海賊を追捕する旨が出され、一時期海賊の活動は下火になる。海賊の横行に頭を悩ました中央政府は、その鎮圧に有力豪族を追捕使に任命した。その一人が平氏だが、これを機会に瀬戸内海地域へと勢力を伸ばすのである。

鎌倉幕府は海賊の横行に悩まされ、その追捕に精力を注いだ。寛元四(一二四六)年三月、讃岐国御家人である藤左衛門尉は海賊を捕らえ、六波羅探題に送った(『吾妻鏡』寛正四年三月十八日条)。しかし中期以降は海賊の活動は活発化し、追捕は困難を極める。

鎌倉時代後期になると悪党が活発な活動をみせる。正和年間(一三一二〜一三一七)に讃岐の悪党井上五郎左衛門が大勢を率いて伊予国弓削島まで赴いて悪行を働いている（東寺百合文書）。彼らは海賊行為を行っており、悪党と称しながら海賊であったことは明らかである。海賊はやがて有力者によって組織され、従来の略奪行為を行う集団から、海上武装集団へと転換していく。これを海賊衆と称した。南北朝の動乱により、海賊衆の活動は活発化していくが、そのような中から芸予諸島を中心として村上氏が発展を遂げていく。

応永二十七（一四二〇）年李氏朝鮮の官人宋希璟が将軍足利義持の使節派遣の回礼使として日本を訪れ、京都までを往復した際の見聞を記した紀行文の中に、瀬戸内海の海賊所居拠としていくつかの地名をあげている（『老松堂日本行録』）。無隠頭美島（周防国室積）・下津（備前国下津井）・小津途津（備後国尾道）などである。瀬戸内海を航行する旅人にとっては海賊は驚異そのものであった。

幕府は海賊衆に対して、幕府が遣明船を派遣するに際し、海賊から守るために警固の役を課した。また海賊衆は幕府からの命令だけでなく、海上航行者から海賊行為をしないかわりに警固料をとって航行者の警固にあたった。そこで彼らは警固衆とも称せられるようになる。この警固料は酒肴料の名目で、当初は航行者側から出された。貞和五（一三四九）年伊予国弓削荘に年貢徴収のため尾道から乗船した東寺の使者は酒肴料名目で一貫五〇〇文を支払った（東寺百合文書）。また、先に記した宋希璟が都からの帰途、備前を過ぎるときに護送の一員であった謄資職（香西資載）が乗船してきて酒を飲んだが（『老松堂日本行録』）、これは酒肴料（警固料）を支払ったことを示すものである。このように警固衆は、海上警固と称して、酒肴料・中立料などの名目で警固料を得ていた。

時代が下るにつれて、やがて彼らは守護大名の領国支配にともない、その支配下に組み込まれていく。そして軍事組織の一翼を担い、海上での戦闘に参加するのであった。

（橋詰　茂）

(7) 中世の都市

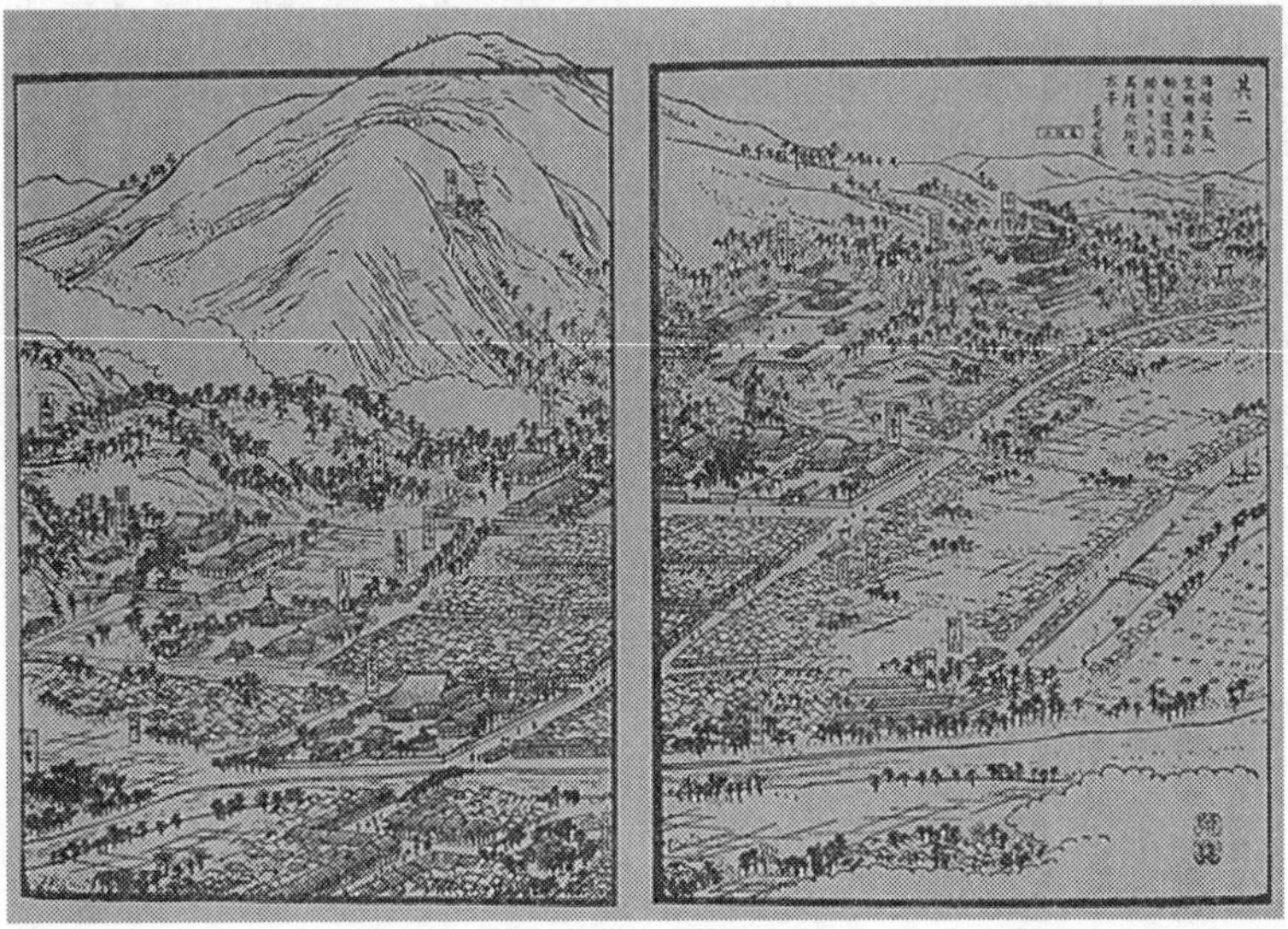

中世の町並を復元することができる江戸時代末期の宇多津
（讃岐国名勝図会）

中世に讃岐で最も栄えた町は宇多津である。宇多津は古くは鵜足津・宇足津とも記され、鵜足郡の津として発生した。大束川の河口に位置し、春日社領であった川津荘の年貢積み出し港として早くに開かれた。その後、讃岐守護となった細川氏により守護所が置かれたため大いに発展を遂げ、室町時代には讃岐で最大の町として繁栄を誇った。

室町幕府三代将軍足利義満が、康応元（一三八九）年に厳島神社に参詣した時に記した『鹿苑院殿厳島詣記』に、宇多津へ立ち寄り細川頼之の歓待を受けた際の町の様子が記されている。「此処のかたちは、北にむかいてなぎさにそいて海人の家々ならべり（中略）寺々の軒ばほのかにみゆ」とあるように、町並み・寺々が軒を並べていた。細川氏は京との往来に当地の港を利用した。そのため京の文化はいち早く伝わり、京の町を模した町並みが形成されていった。

郷照寺・本妙寺・南隆寺・西光寺など、多くの寺々が立ち並んで門前町を形成した。また細川氏の家臣の屋敷が建てられ、各地からは多くの手工業者がやってきて様々な商品が生産され、それを扱う商人や物資を保管・輸送するための業者が集住し商業都市の機能も備えた町であった。

港には物資を輸送するための大小の船が出入りしていた。『兵庫北関入船納帳』によれば、宇多津船は文安二（一四四五）年の一年間に四七回の入関を数える。讃岐でも有数の港町としても栄えており、政治・経済・文化の中核となる地方都市として存在した。宇夫階《うぶしな》神社の奉納額に江戸時代の宇多津の町並みの様子が描かれているが、港には大型の帆船が停泊し大束川には小舟が行き来している。整然とした町並みが形成されているが、中世の宇多津の町を彷彿させる。

戦国期に金倉寺の修造にあたって一〇貫文を寄進したが、隣接する多度津は四貫文であり、いかに宇多津が経済的に裕福な町であったかを示している。その経費を負担したのは瀬戸内水運に従事する階層の人々であったろう。

宇多津と肩を並べるかのように繁栄した町が西讃にもあった。仁尾である。嘉吉二（一四四二）年に「地下家数、今は現して五六百計り候や」（賀茂神社文書）といった情況を示す。これは当時の仁尾浦の繁栄を物語る。賀茂神社の神人が組織する門前町であるとともに港町としても栄えていた。西讃各地から赤米を始めとする特産物が港へ集積され、畿内へと積み出された。江戸時代に「千石船見たけりゃ仁尾に行け」といわれるほど西讃の物資集積港として繁栄した。これは中世の港町が江戸時代に発展していったものである。

宇多津・仁尾に共通するのは港を有する町ということである。瀬戸内海水運の発展過程の中で、港町として繁栄するのであった。それが讃岐の中世の町の特色ともいえよう。

（橋詰 茂）

大串半島にある石切場跡（さぬき市）

(8) 中世の石造物

中世讃岐における石造物の特徴として凝灰岩の使用が挙げられる。讃岐の地質構造は凝灰岩層が地域的に散在する傾向にあり、これに加えてそれぞれ岩質が異なるため流通を明らかにすることができる。

現在約二〇カ所の採石場が確認されているが、それぞれの製品の分布状況は郡を越えて広く見られるものと一郡程度の比較的狭い範囲に限られるものの二者がある。

前者として、善通寺市・三野町・多度津町にまたがる天霧山の製品は高松市から豊浜町の西讃に、さぬき市火山《ひやま》の製品は高松市から東かがわ市の東讃に広く分布する。

一方、後者として、坂出市岩屋寺石切場跡をはじめとする国分台周辺の採石場の製品は坂出市と国分寺町を中心として分布し、高瀬町七宝山の製品は三豊郡内に分布が見られる。

こうした流通状況は中世を通じてみられるが、この一般的な流通圏を越えた移動も窺える。例えば坂出の白峯寺では天霧山の製品が多く運ばれているが、崇徳上皇陵正面には火山製の層塔が造立されている。また、近畿地方でも花崗岩製の石造物が多い中で京都の安楽寿院には火山製の石造物が運ばれている。

こうした移動に関して、『建武回禄之記』には一三三九年に鴨部荘から京都の石清水八幡宮に石材が運ばれたことが記されている。当時、鴨部荘は石清水八幡宮の所領で、鴨部荘の一部であったと推測されるさぬき市大串半島には採石場が見つかっている。このような移動の背景としては荘園と荘園領主との関わりが考えられ、同様のことは火山が安楽寿院領であったことからも推察される。

以上述べてきた分布のあり方は十七世紀初頭に至り土庄町豊島の凝灰岩、いわゆる豊島石の製品の普及によって大きく変化する。讃岐全域に豊島石の製品が広がり、各地域の凝灰岩採石場は終焉し、わずかに天霧山の製品が天霧山周辺において流通するにすぎなくなる。さらに十七世紀中頃には豊島石の製品も花崗岩、砂岩を使用した墓標の出現により衰退に至る。ここに中世以来讃岐の伝統であった凝灰岩の使用は終焉を迎える。

次に花崗岩製の石造物について触れたい。これまで見てきたように讃岐ではほとんどが凝灰岩の製品である。こうした中でわずかに花崗岩の製品も見られる。中でも白峯寺では十三重塔をはじめとして五輪塔、灯籠など多く認められる。

また、宇多津の円通寺では南北朝時代と推定される完存の五輪塔がある。白峯寺は崇徳上皇の墓所、円通寺は讃岐の守護所が想定されることから、両者ともに中央との強い関わりがあり、花崗岩の製品造立の背景として考えられる。特に白峯寺は鎌倉時代後期の製品が多く、讃岐の中世石造物を考える上で注目されよう。

ところで、中世石造物は種類や形態において地域色豊かである。次に製品にみる中世讃岐の地域的な特徴について触れる。

岩屋寺の石切場跡（坂出市）

造立年のわかる最古の石造物は高松市一宮寺の宝塔で鎌倉中期である宝治元（一二四七）年銘。続く鎌倉時代後期から南北朝時代にかけては造立数が増加し、普及が見いだされる。この時期を彩る代表的な石造物に層塔と石幢《せきどう》がある。

層塔は屋根を三重、五重、七重など奇数重ねたもので、白峯寺の重要文化財に指定されている十三重塔が最も規模が大きい。県内の多くの層塔には二基が並立されるという特徴がある。

分布は県内一円に見られるが、特に西讃で多い傾向がある。中でも善通寺市、三野町、多度津町にまたがる天霧山の石材を用いた層塔は坂出市から観音寺市までの広い地域で造立され、造立年代は一三一〇年から一三三〇年に限定され注目される。

石幢は八面もしくは六面の幢が特徴で、基礎、幢身、笠部、請花、宝珠から構成される。これに中台、龕部《がんぶ》の付くものを複幢《ふくどう》、付かないものを単幢《たんどう》と呼ぶが、讃岐では単幢が圧倒的に多い。

分布範囲は層塔と同様に県内一円に見られるが、層塔とは異なり東讃に多く、特にさぬき市火山周辺で顕著である。鎌倉時代で八面が（さぬき市筒野《つつの》八面石幢）、続く南北朝時代では六面（さぬき市西教寺六面石幢）が多い傾向にある。そして、室町時代から戦国時代には六面に地蔵菩薩を刻んだ六地蔵石幢が普及する。このように石幢は中世を通じて認められる。

室町・戦国時代は五輪塔を中心として墓塔が多く造立され、造立数の増加と小形化が認められる。この時期の特徴に宝篋印塔《ほうきょういんとう》と地蔵菩薩（石仏）がある。両者ともに鎌倉時代から見られるが、戦国時代に流行する。また、地域的にも両者は共通し、火山と天霧山周辺で認められる。

江戸時代に入ると五輪塔の形態が大きく変化する。火輪の四隅に突起がつき、大形化する。石材には土庄町豊島のいわゆる豊島石が用いられ、県内で広く造立される。

こうした豊島石の五輪塔も十七世紀中頃になると花崗岩あるいは砂岩の墓標、五輪塔、宝篋印塔の出現によって衰退する。これら花崗岩あるいは砂岩の石造物は讃岐周辺の地域と形態が共通することから、この時期をもって讃岐の地域性は終焉を迎えるといえる。

最後に板碑について触れておきたい。板碑は頭部三角形の供養塔で、連接する阿波に結晶片岩製のものが多く見られる。一方、讃岐においてはわずかしかみられず、しかもその多くが讃岐外の石材が使われていたり、讃岐外の人物の供養塔であり、他地域との関係が見られる。このように讃岐では板碑は普及を見なかったことが認められる。

（松田朝由）

(9) 水主神社経函の材木

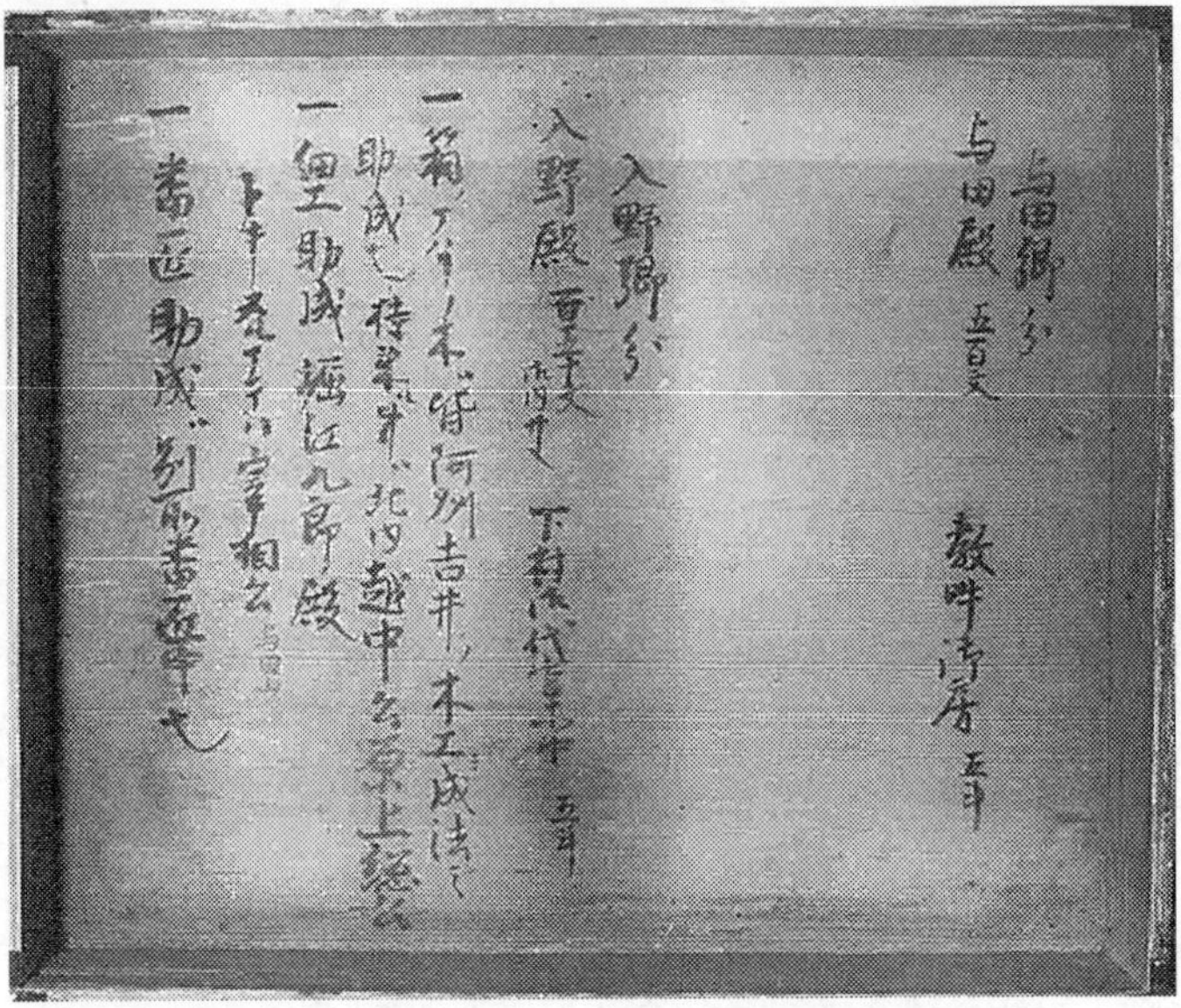

阿波吉井の地名が見える大般若経函底書
（水主神社蔵・東かがわ市歴史民俗資料館写真提供）

東かがわ市の水主神社には、中世に書写された大般若経が二部伝えられている。本殿内陣に安置されていたといわれるもの六〇〇巻（内陣大般若経）と、外陣に安置されていたといわれるもの五七〇巻（外陣大般若経）である。

このうち、内陣大般若経は、一函に一〇巻ずつ、計六〇個の経函に収納されている。これらが一括で、国指定重要文化財となっている。

経函のうち三二個の底に、「水主神社大般若経函底書」と通称されている墨書があり、奉加帳や縁起などが記されている。一〇一～一六〇巻を収める六函には、至徳三（一三八六）年の経函造営・修復の奉加帳がある。その末尾に経函の製作について記載があり、「箱ノマハリノ木ハ皆阿州吉井ノ木工ミ《（ママ）》成法之助成也」とある（『香川県史』古代・中世史料）。経函の資材となった材木が阿波国吉井から供給されたことが分かる。経函製作の背後に、国を越えた広域的な交流があったのである。

「吉井」とは、徳島県南部を流れる那賀川の中流南岸、阿南市吉井町・熊谷町に比定され、四国霊場二十一番札所太龍寺の北東に位置する。

経函の材木が供給された十四世紀後半、吉井を含む那賀川上流域から下流域一帯には、広大な那賀山荘があった。天皇家の所領である長講堂領荘園であったが、当時は、京都の天龍寺が全体の地頭職を得ており、さらに、一部地域における領家方年貢の収納をも行っていた。

一方で、鎌倉時代中後期以降には、吉井及び隣接する加茂（阿南市加茂町）を中心に太龍寺領があった。吉井は、天龍寺領と太龍寺領の入り組みの中にある土地だった。

ところで、那賀山荘域の大半は山林であり、材木の産地であった。例えば、元応二（一三二〇）年の「鴨御祖社要木注文」（『鎌倉遺文』）には、荘内の大由郷（阿南市大田井町付近に比定される大田郷の誤記か）から、京都の下鴨神社の造営のために材木が供給されている。また、至徳四（一三八七）年の「天龍寺領土貢注文案」（『南北朝遺文　中国・四国編』）にも、天龍寺が那賀山荘から得る収入として、榑（板材）の代銭が挙がっている。

このような那賀山荘の特徴を背景として、吉井から経函の材木が供給されたのである。それは那賀川の水運を通じて、那賀山荘の産物集積地であった河口の平島（那賀川町南半部）に至り、さらに海路を経て讃岐へともたらされたであろう。

なお、水主神社外陣大般若経のうち、一～八〇巻は、もとは応永五～六（一三九八～一三九九）年、吉井よりはるか南の、阿波国海部郡薩摩郷（海部川流域に所在）の八幡宮に奉納されていたものである。ここにも阿波国南部と水主神社の結びつきがある。

それにしても、これらの交流の背景には何があったのか。今後の追究が必要な課題である。

（長谷川賢二）

⑽　讃岐円座

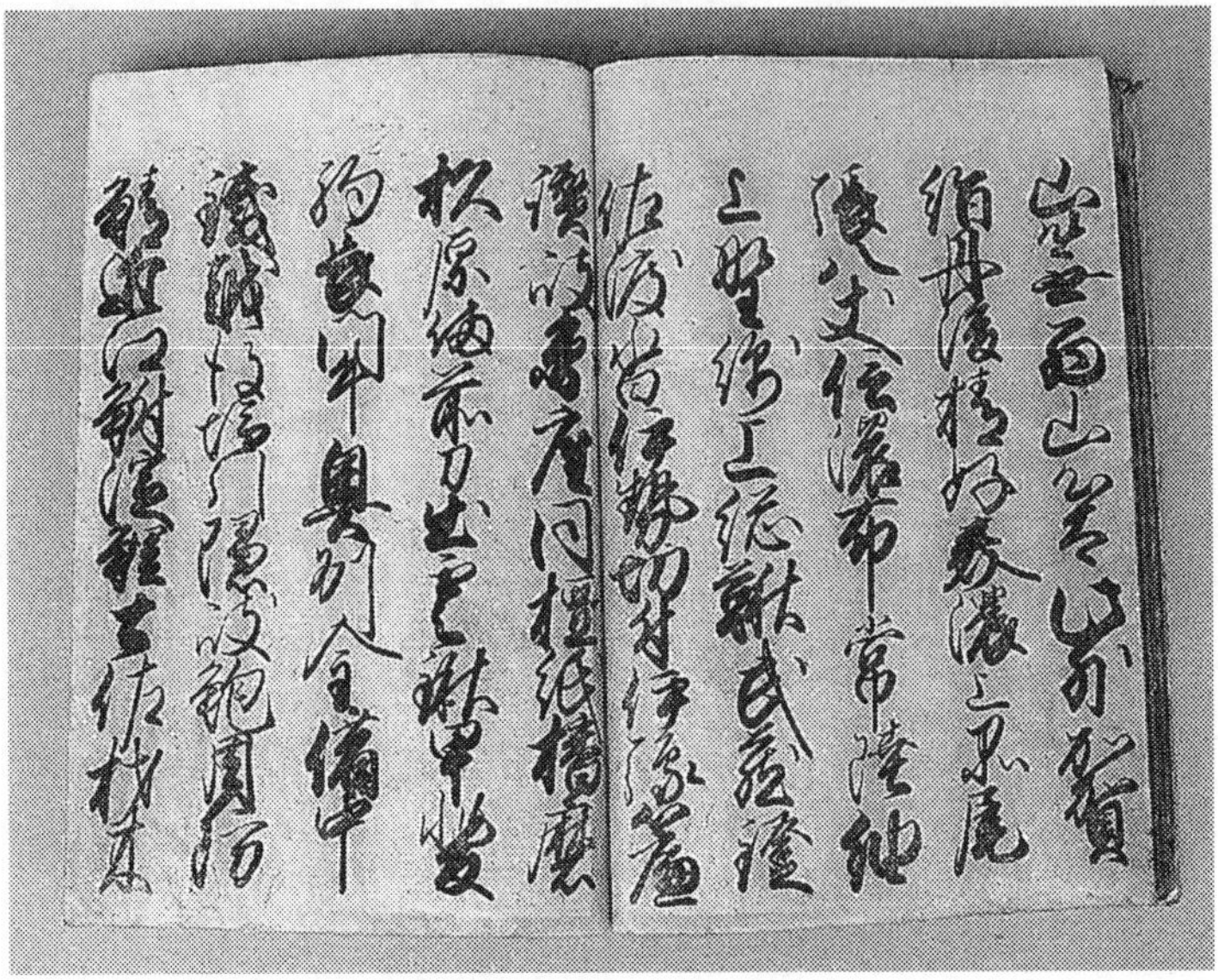

讃岐の特産物である円座と檀紙が書かれた『庭訓往来』

「中世の讃岐国の特産物は」との質問にどのように答えるであろうか。讃岐三白と答える人がいるかもしれない。しかしながら、三白のうち塩を除いて、砂糖と綿が盛んに生産されたのは江戸時代中期以降のことである。

さて、その回答の一例が円座である。円座とは「わろうだ」ともいい、菅や藁などで編んだ円形の敷物のことである。円座は『一遍聖絵』など多くの絵巻物に描かれており、宮廷や寺社を中心に土間や板間で敷物として使われていた。

讃岐国の円座について、文献史料上の初見は『延喜式』巻二三民部下である。これには讃岐国から交易雑物として京都に貢納される品目に「菅円座四十枚」の記載がある。

鎌倉時代には、京都の寺社や貴族への貢納の記録が散見されるようになる。正治二（一二〇〇）年に大和国興福寺領であった多度郡藤原荘（遺称地不明）から、同寺維摩会のために讃岐国の円座二〇枚が硯二〇面とともに興福寺に貢納されている（興福寺文書）。また、延徳二（一四九〇）年に興福寺別当尋尊が、同荘から年貢一〇貫文とともに上品円座三〇枚が到来していないことを嘆いている（『大乗院寺社雑事記』）。

嘉元四（一三〇六）年と暦応三（一三四〇）年には石清水八幡宮臨時祭のため、祭礼用の円座を香西郡円座保に対して発注また貢納させている（『実躬卿記』など）。これらの円座は、臨時祭のときに催される舞を見物する貴族のためのものであった。

京都五山の禅僧である義堂周信（正中二年～嘉慶二年・一三二五～一三八八）の日記の抄録『空華日用工夫略集』には、讃岐国の円座の優秀さを評価する詩が記されている。

南北朝から室町時代初期の作と推定される『庭訓往来』には諸国の特産物が挙げられ、伊予国簾、播磨国杉原、備前国刀などとともに「讃岐国円座・檀紙」が列挙されている。これが編纂されたころには、円座と檀紙が讃岐国の特産物として広く認知されていた証拠ともなる。

円座はその名残りを地名に残しており、その一帯に職人集団がいたようである。香東川の左岸に位置する、高松市円座町がそれである。

円座以外にも香川郡檀紙村（高松市檀紙町）や阿野郡陶保（綾川町陶）、鵜足郡土器保（丸亀市土器町）など職人集団が定住した名残りをとどめる地名がある。檀紙は先に見たように『庭訓往来』にも挙げられており、讃岐国の特産物であった。陶とは須恵器のことであり、その窯跡群が十瓶山（綾川町）を中心に残されており、県史跡に指定されている。

円座保も陶保・土器保も鎌倉・室町時代には、国司により官物として円座と須恵器の貢納をするため保、つまり国衙領に設定された。このことは当地の重要性とともに、職人集団の技能が高く評価されていたことも裏付けられよう。

（萩野憲司）

(11) 十瓶山《とかめやま》窯業の展開

十瓶山窯跡群で焼成された製品（左から瓦・壺・甕）

綾川町の十瓶山窯跡群は標高約二一六・二メートルの十瓶山を中心に約八〇基の須恵器窯と約二〇基の瓦窯跡で構成される県内一の規模を持つ窯跡群である。十世紀に編纂された『延喜式』に須恵器を献納する国の一つとして讃岐国が記されており、それはここ十瓶山窯跡群で焼成された須恵器が運ばれたものと考えられている。

十瓶山窯跡群の操業は七世紀中葉に始まる。主として高台の無い杯、高台のある杯、皿・壺・甕を生産しており、十世紀前葉までその窯跡数は拡大する傾向が認められる。しかし、十世紀中葉から十一世紀前葉までになると窯跡数は減少し、再び十一世紀中葉から徐々に増加する傾向にある。

十一世紀中葉以降の生産は小型の窯で小型器種である皿・椀の生産と、従来の穴窯で大型器種である壺・甕・鉢を生産するという焼分けが行われるようになる。この器種別生産、専業傾向、器種組成の変化に古代から中世への移行が認められる。

十瓶山窯跡群で焼成された製品、壺・甕・鉢・椀は古代末の船着場（港）と考えられている高松市西の丸町の高松城跡、古代の物資集散地と考えられる高松市香西南町の西打遺跡、豊中町延命遺跡で出土し、坂出市下川津遺跡では十瓶山窯産の須恵器椀が一定量出土しており、県下一円に流通していたことが窺われる。

一方県外では、十一世紀後半以降、佐賀県鏡神社経塚、福岡県武蔵寺《ぶぞうじ》経塚などで経筒外容器として壺・甕が五遺跡九点出土し、調理具としては福岡県太宰府跡、京都府平安京などで鉢が二遺跡二点と、西は九州から東は京都までの広範囲で出土している。

これは中世備前焼と同様に壺・甕・鉢に商品としての価値を見出し、生産体制の変革と商品流通としての活路を模索した結果と考えられる。

また、瓦については応徳三（一〇八六）年に造営を開始した鳥羽離宮南殿から複弁八葉蓮華文軒丸瓦、均整唐草文軒平瓦が、久寿元（一一五四）年に建立された金剛心院から巴文軒丸・軒平瓦が出土している。十一世紀後半に書かれた『扶桑略記』・『百錬抄』から讃岐守高階泰仲が関与していたことがわかっており、十一世紀後半から十二世紀中葉まで白川法皇の御殿、鳥羽殿造営にも当窯跡生産の瓦が使用されたことがわかる。

十瓶山窯跡群は古代律令体制下では、国府、国分寺が所在した阿野郡に属しており、その管理下のもと、成立・発展していったものと考えられているが、十三世紀から十四世紀になり、商品としての甕と小型の日用雑器を生産する窯をもって終焉を迎える。

これは、内陸部という立地条件の悪さから広域流通品としての活路を見出すことができなかったことが要因の一つに考えられる。

（片桐孝浩）

中世の食事で使用された椀・杯・皿

⑿ 中世の供膳具

七世紀中葉以降、県内の須恵器生産は国府の置かれていた阿野郡、現在の綾川町陶の十瓶山を中心に確認されている十瓶山窯跡群に一元化され、貢納物としての生産と在地消費としての生産が拡大する。

最盛期の奈良時代、八世紀前半の集落遺跡のさぬき市森広遺跡の溝から出土した遺物をみると須恵器二三点、土師器二二点、黒色土器一三点と供膳具に占める須恵器の割合が約四〇パーセントと少ない遺跡もあるが、これ以外では供膳具のほとんどが須恵器で占められている状況が確認されている。器種は須恵器杯・皿を中心とし、法量分別化によって大小さまざまな大きさの供膳具を構成している。

平安時代前期の九世紀後半には従来の須恵器を中心とした供膳具が徐々に減少し、土師器の杯とこれまでになかった体部が丸く、底部に高台の付く土師器の椀が供膳具の主体を占めるようになる。

これは大量の薪を燃焼し、堅く焼き上げる須恵器に比べ、少量の薪で容易に生産できる素焼きの土師器への転換ではないかと考えられている。

平安時代後期の十一世紀中葉～後半頃に十瓶山窯周辺で小皿・杯・椀の生産が開始され、讃岐においても中世的な土器様相である小皿・杯・椀の供膳具が完成する。

この時期は大阪府・奈良県・兵庫県・和歌山県で楠葉型・和泉型・大和型・丹波型・紀伊型に代表される内外面漆黒色を呈する瓦器椀の生産が開始される時期にあたり、土器椀からみるとこの時期に器種組成の単純化、生産体制の変革があり、中世への画期と考えられている。

県内の集落遺跡から見ると、この中世的な土器様相が一般化するのは平安時代後期の十一世紀後半から十二世紀前半頃で、坂出市川津町川津元結木遺跡から出土している土器をみると供膳具が土師器小皿・杯・椀・黒色土器椀、煮沸具が土師質長胴甕、調理具が須恵器こね鉢、貯蔵具が須恵器甕で構成されている。

供膳具の器種の固定化は、特に十一世紀後半から香川県十瓶山窯産あるいは兵庫県の神出窯産で代表されるこね鉢が全国的に出現し、備前焼のすり鉢へと継続して使用されることから、山芋などが摺り卸され、そのまま鉢の中で出し汁や醤油で調味されるという食生活の変化に伴うものと考えられる。

十三世紀後半以降供膳具に占める土器の椀形態は無くなる。

全国的に見ると十二世紀後半以降僅かではあるが木椀の出土事例が確認されていることから、県内においても木椀への転換が行われた結果、土器椀の消滅につながったものと考えられている。

中世後半になると輸入陶磁器、肥前陶磁器などの生産が活発化し、椀形態に土器椀が復活する。

（片桐孝浩）

⒀ 貨幣経済と出土銭

出土した中世の備蓄銭
（さぬき市津田町）

市での銭の使用風景
（一遍聖絵・清浄光寺蔵）

日本の律令国家が中国に倣って本格的に鋳造し、流通させようとした最初の貨幣が和銅元（七〇八）年に発行された和同開珎である。これ以後、天徳二（九五八）年の乾元《けんげん》大宝までの約二五〇年間に一二種の銅銭、所謂皇朝十二銭が発行された。その結果、特に中央では銭貨による貨幣経済がかなり普及したようであるが、地方にはこの銭貨の流通は波及しなかったのが現状である。これは発掘調査で出土する皇朝十二銭の出土状況が畿内を中心に多量に出土し、地方ではあまり出土していない状況と合致する。

平安時代中期の十世紀半ば以後、国家の銭貨鋳造が停止されると、それに代わって米・絹・布などが交換材としての役割を果たしていたが、平安時代末期には日宋貿易により、開元通宝などの唐銭、淳化《じゅんか》元宝・元豊《げんぽう》通宝などの北宋銭が、鎌倉〜室町時代には日元・日明貿易により、至正通宝などの元銭、洪武通宝・永楽通宝などの明銭が多量に輸入された。

県内での銭貨の出土例を見ると一般集落の包含層、

地鎮遺構や備蓄銭などが確認されている。一般集落からは十数点、そのなかでも地鎮遺構からは土師器《はじき》小皿・坏、銭貨が組み合う例が多く、それらは土師器小皿・坏七〜一〇枚、銭一〜一二枚とそれぞれ数枚で構成されており、そこには一定の地鎮作法があったものと考えられる。

一方備蓄銭は数量的に一遺跡数千から一万点以上出土し、全国で七〇遺跡以上、二〇〇〇万枚以上確認されている。

さぬき市津田町出土の備蓄銭では備前焼の壺の中に合計七四三一枚の銭貨が埋納された状態で出土している。

銭貨の内訳は前漢時代を含む唐以前の銭が七三七枚、北宋銭が六三九五枚、南宋銭が一九八枚、その他が一〇一枚と北宋銭が全体の八割以上を占めて突出している。備前焼の時期は十四世紀後半と推定されており、出土最新銭の初鋳が一三一〇年の至大《しだい》通宝であることからも矛盾しない。

このように県内での銭貨の出土する遺跡数は多く、香川県全域で確認されているにもかかわらず中世の集落遺跡のほとんどからは一遺跡数点と必ずしも多量に出土している訳ではない。

しかし、中世においてこれらの渡来銭は鎌倉時代の十三世紀末に描かれた『一遍聖絵』の「備前福岡市」に、銭で織物を売買している様子が見られるように、広く流通し、銭による商品流通経済が行われていたことはまちがいない。

このことから発掘調査の成果は中世の貨幣経済の実態を忠実に示しているとはいい難く、発掘した集落の規模・出土遺物から階層性を考慮し、考古学的に商品流通経済がどこまで普及していたかを検討しなければならない。

（片桐孝浩）

⒁ 中世の陶磁器

貴重品だった輸入陶磁器（県内の中世遺跡から出土）

国内で古代以来の焼き物は粘土を素材にした須恵器・土師器が中心であった。その頃中国では晩唐から五代・北宋初期にかけて石を粉にしたものを素材とし、更に表面に灰・長石などを成分とする釉をかけた非常に硬質の磁器が作られる。これが中国浙江省で生産された越州窯系青磁、河北省で生産された邢窯《けいよう》または定窯《ていよう》の白磁、湖南省で生産された長《ちょう》沙《さ》銅《どう》官窯《かんよう》陶磁器である。

県内では平安時代中期の十世紀以降、越州窯系青磁が瀬戸内海の海上交通の要所である櫃石島大浦浜遺跡、坂出市讃岐国府跡を含む三遺跡で四点出土している。一方邢窯、定窯産の白磁は讃岐国府跡で椀・皿が各一点出土しているのみで、両者とも中央との結びつきが強い遺跡からの出土傾向が認められる。

これが平安時代後期である十二世紀になると、福建省・広東省の沿岸地域で生産された口縁部が玉縁状、あるいは口縁端部を外方に屈曲させた白磁椀を中心に、福建省で生産された同安窯《どうあんよう》系青磁皿・椀の出土数が増加する。出土遺跡も前段階のように特定の遺跡ではなく、一般集落での出土が増加する。

これは兵庫県大輪田の泊、広島県音戸の瀬戸を開港して積極的に行われた日宋貿易により、商品としての流通が活発となった結果で、輸入陶磁器のほかに大阪府南河内で生産された和泉型瓦器椀、兵庫県神戸市周辺で生産された東播系こね鉢なども多量に出土している。

これ以後浙江省で生産された龍泉窯系青磁が主体となり、中世後半には青磁・白磁・染付磁器が城館を中心に一定量出土している。しかし中世後半の十六世紀後半になると東海地方の国産陶器の生産が顕著になり、輸入陶磁器は減少する。

県内の一般集落から出土する土器類を見ると古代以来の須恵器・土師器が日用雑器、所謂供膳具の主体を占め、輸入陶磁器が供膳具に占める割合は僅か一パーセント程度であることが確認されている。

このように輸入陶磁器は国内での生産が開始される中世後半までは貴重品として扱われていたものと考えられる。

中世になると供膳具は皿・杯・椀が主体となり、中世的な器種組成が成立する。椀は体部が丸い形態、この体部の丸い椀は十世紀以降確認され、ちょうど初期の輸入陶磁器である越州窯系青磁が国内にもたらされた時期に合致している。

京都周辺で生産された緑釉陶器は越州窯系青磁器形を写し、次いで黒色土器の器形にも取り入れられ、全国に体部の丸い椀の形態は波及する。

輸入陶磁器が中世の供膳具に占める割合は低いが、古代から中世の過渡期において中心となる供膳具の形態に与えた影響は大きい。

（片桐孝浩）

⒂ 本妙寺の隆盛と宇多津湊

中世宇多津の商人らが帰依した本妙寺

京都妙顕寺日像の門流である日隆が讃岐を訪れたのは、宝徳年間（一四四九〜一四五二）であった。それは、鎌倉時代末期の富士門流による西国最初の法華宗伝播から一五〇年後のことである。

鎌倉時代以降の讃岐に於ける法華宗は、秋山氏がもたらした右の富士門流に限られていたが、ここにいたって新たな門流が伝播した。宇多津本妙寺の創建である。本妙寺の寺号が日隆から授与されたのは、宝徳四年で、対岸の備前牛窓に建立された同門の本蓮寺に先立つ六年前のことであった（本妙寺文書、本蓮寺文書中の寺号授与状）。

さらに、本妙寺には弘教院と称する前身の法華堂施設があって日隆は、宝徳二年当院に対して五ヵ条の法度書を定め「旦那中」に制誡をしている。これより、当時すでに宇多津には旦那中と言われるような多くの法華宗徒の存在があったと窺い知れる。近世の『本妙寺記録』によると、当地は鎌倉時代に甲斐国から移住した秋山氏の所領があったところで当寺の場所に三十番神堂が建立されていたという。鎌倉時代から当地に法華信者がいたものと思われる。それを日隆の来錫・布教によって組織化され京都本能寺及び尼崎本興寺末として再生したものであろう。

牛窓本蓮寺の外護者である豪族石原氏の例を始めとして日隆の関係した寺々には守護級の武将や豪商らが帰依者となっている。本興寺の細川満元、堺顕本寺の木屋や錺屋《かざり》などの名が列なっている。

日隆は、至徳二（一三八五）年越中国浅井島村に生まれた。応永五（一三九八）年京都妙本寺に入り同二十二年本応寺に転じた。同三十年摂津守護細川満元の支援により尼崎本興寺を興す。さらに、永享五（一四三三）年京都本能寺を創建した。

この間、彼が瀬戸内海地域を巡錫したのは、文安末年から宝徳年間にかけての時期だと言われている。日隆の法義は、当時の法華宗の風潮を「習い損ない」と批判し、厳しい不受不施の制誡を説くものであった。そして、日蓮再来と称されるほどの布教姿勢を貫き、寛正五（一四六四）年尼崎にて八十一歳の生涯を滅した。

宇多津湊は、古代より大束川河口に開けた港町である。文字通り「鵜足郡」の津として繁栄してきた。中世では、守護所が置かれ政治的な地方都市としても機能してきた。文安二（一四四五）年の兵庫北関通関数四七隻（当津船籍）という瀬戸内でも屈指の港町でもあった（『兵庫北関入船納帳』）。

文献的にも考古学的にも宇多津は、中世讃岐随一の港津であり、また、多くの海運業者や商業者で沸き返る地方都市でもあったことは疑いない。故藤井学氏が言われたように日隆の伝道は、当時の商品流通組織を把握していた商人層との結合を基盤にしていたもので、この宇多津にもそうした海運業を生業とする富裕な商人層がいて、彼らが本妙寺を檀越として外護していたものである。江戸時代には、本妙寺の外本伝寺・大雄寺（以上高松）、本法寺（羽床村）の同門三ヵ寺があった。

（唐木裕志）

第十章 戦国遺文

室町幕府八代将軍足利義政の後継者争い、さらには管領家畠山・斯波氏の家督相続をめぐる争いを契機として始まった応仁の乱は、その後約一世紀におよぶ戦国動乱の幕開けであった。この戦いの中心となった山名・細川両氏は京都を中心に戦いを繰り広げるが、各地の武士は各々に味方するため上洛する。讃岐からも多くの武士が細川方へ参陣するのであった。戦いは野火のごとく全国へ広がっていった。

戦国時代その一〇〇年間の前半は、守護体制を維持しようとする幕府の権力争いでしかなかった。やがて下からの突き上げによる運動が現れ始める。長享二（一四八八）年夏、二〇万人とも云われる一向一揆が、加賀国の守護富樫政親を取り囲んで自殺させ、一国の実権を掌握した。「百姓ノ持チタル国」と云われたこの事件は、守護体制を解体させ、新たな支配を生む幕開けとなるものであった。

永正四（一五〇七）年に管領細川政元が養子澄之に

観音寺金堂　（重要文化財　16世紀）

暗殺されるに至り、幕府の守護体制は完全に解体していく。それを証明するかのように、十六世紀初めは各国の守護が家臣に討たれる例が実に多い。守護家の崩壊と断絶により、動乱は本格的になるのである。守護を倒した家臣・国人はやがては守護に替わって領国を統治する勢力へと成長していく。一国支配を完成させたのが戦国大名である。応仁の乱は戦国大名登場のためのプロローグであった。

幕府政治は十六世紀初め、一時安定の時があったが、細川高国の死後京畿で権力争いが続き混迷が深まる。もはや幕府将軍は名だけのものでしかなかった。全国各地で成長を遂げてきた戦国大名は領国の安定をはかりつつ、上洛の願望を持つのである。

応仁の乱をもって戦国の動乱の始まりとしたが、これは中央政治史上でのことであり、地方史の視点で見れば必ずそうではない。中央の動乱が地方へどう波及するのか、を念頭に地方の争乱を考えねばならない。讃岐での戦国の幕開けは、少し時期が遅れて始まる。十五世紀の終わり守護体制の崩壊により、細川氏領国であった讃岐でも下剋上が起こり、讃岐蜂起という事件が起こる。以後、阿波三好氏の侵入を受け入れるのである。守護に取って代わって、在地を統治しきれなかった讃岐国人の弱さが三好氏の侵攻を防ぎきれなかったのである。三好氏との最後の対決をするのが香川氏だが、彼もまたその力の前に屈服せざるを得なかった。だが、やがてそれ以上の勢力が押し寄せてくる。土佐からの侵入である。阿波・土佐という他国からの侵入に讃岐国人は翻弄されつつ、力あるものに屈するしか生き延びる道は無かったのである。

戦国の世は戦いだけがクローズアップされ、破壊の時代と捉えられがちだがそうではない。一方では建設の時代でもあった。新しい城の築城とそれに伴う城下町建設、土地の開発、鉱山の開発や河川の堤防建設など、領国安定をはかるため戦国大名はこぞって取り組んだ。また、古い秩序や体制を否定して新しい体制を築いていく、まさに建設の時代でもあった。

（橋詰　茂）

(1)　応仁の乱と讃岐武士

応仁の乱の戦闘を描いた絵巻物（真如堂縁起絵巻・真正極楽寺蔵）

応仁元（一四六七）年全国を二分する大乱が京都で起こった。これを応仁の乱と呼ぶ。大乱の要因は、八代将軍足利義政の後継将軍職をめぐる争いと守護大名家の家督争いが幕府を巻き込むようになったからである。将軍義政には子がなかったため、弟義視に家督を継がせるよう約束していた。だが、夫人の日野富子が義尚を産んだために問題がおこる。一方幕府の実力者であった細川勝元と山名持豊の権力争いがあったが、それに将軍継承争いが結びつく。この両者がついに衝突した。勝元を東軍、持豊を西軍と称したが、それぞれの屋敷が都の東西にあったためこのように呼ぶ。全国各地から両軍に属するため多くの武士が上洛してきた。その数は細川方一六万、山名方一一万六〇〇〇ともいう。

当時讃岐国は細川氏の領国であったため、東軍に味方するため多くの武士が参陣した。勝元はこの戦いの勝利のために長尾の極楽寺に山名追討祈願をしている（『極楽寺宝蔵院古暦記』）。また、山名方の周防大内氏や伊予河野氏の上洛に備えて、讃岐沿岸の防備を厳重にするよう指示を出した。

京都における戦いの情況を知る手だてとして、勝元の有力家臣である安富元綱の配下に属した野田泰忠が著した軍忠注進状なる記録がある（『編年雑纂』所収文書）。そこには文正二（一四六七）年正月から文明三（一四七一）年七月までの合戦の様子や、讃岐から参陣した武士の活動の様子が詳細に記されている。これによれば、六月二十四日に香川五郎次郎・安富左京亮が上洛し、泰忠の案内により市中に入った。両名は讃岐守護代で、彼らに率いられて多くの武士が上洛した。寒川・香西・奈良・羽床・長尾・由佐・十河といった名を見る。讃岐軍は安富氏を中心とした軍勢であった。軍忠状では安富又次郎が度々現れてくるが、泰忠とともに戦ったためであろう。

京市中で戦いが繰り広げられるが、讃岐勢は奮闘した。例えば、近衛室町での戦いでは由佐次郎右衛門は負傷しながらも活躍したのに対して、勝元から感状が出される（由佐家文書）。また香西元資・香川元明・安富盛長・奈良元安・寒川元近は先鋒として畠山義就軍と戦った。一方、勘解由小路合戦では香川元明・香西元資・安富盛継が戦う。十月三日の相国寺合戦は激烈を極めたが、この戦いで安富元綱・盛継が戦死している（『後法興院記』）。市中の公家や武士の屋敷をはじめ、民家や由緒ある大寺院の多くは灰燼に帰した。「汝ヤシル　都ハ野辺ノ夕雲雀　アカルヲ見テモ　落ルナミタハ」といわれるありさまであった。

戦いに参陣した武士たちは、讃岐守護である細川氏の元、戦いで戦功をあげることが、讃岐での自己の領地が拡大するのであり、必死にその奮迅ぶりを示そうとしたのである。だが、都でその命を落とし、二度と讃岐へ帰ることが出来なかった武士も多数いた。まさに一所懸命の戦いであった。

（橋詰　茂）

(2) 永正の錯乱

永正の錯乱がおこる要因をつくった細川政元の画像（龍安寺蔵）

明応二（一四九三）年四月、細川政元は対立していた将軍足利義材を追放して足利義澄を新たに将軍職に就けた。以後幕府の実権は政元が掌握する。この政元には実子がいなかったため、前関白九条政基の子を養子とし澄之と名付けた。そのうえ阿波守護細川成之の孫を迎えて澄元と名付けた。これが後の永正の錯乱と呼ばれる事件の発端となる。

永正四（一五〇七）年六月二十三日、政元は被官の竹田孫七・福井四郎らに殺害される。これは摂津守護代薬師寺三郎左衛門尉長忠と山城守護代香西又六元長が謀ったもので、澄之を京兆家の家督相続者として権勢を握ろうとしたものである。翌日には澄元を襲撃するが、澄元は阿波三好之長に守られ近江へと逃れた。七月に澄之は将軍義澄より京兆家の家督相続が認められる。

これに対して細川高国・細川政賢らは澄元方として澄之方を攻撃、澄之をはじめ薬師寺長忠・香西元長らが討ち死し、讃岐守護代であった安富元治・香川満景も滅ぼされた。澄元は入京し義澄より京兆家の家督を認められた。だが澄元の後見役であった三好之長と細川一門が反目、高国は澄元を離反し大内義興と連携して前将軍足利義材を擁立した。これを見た澄元と之長は近江へと逃れ、義材の堺到着を聞いた義澄も近江坂本へと落ち延びた。

この一連の出来事を永正の錯乱と呼んでいるが、この後京兆家の家督をめぐって澄元系と高国系に分かれて抗争を繰り返す。

この錯乱の前後、讃岐の情勢は大きく変動する。澄元を養子に迎えながら家督相続を認めない政元と薬師寺与一の関係が険悪となり、与一は謀反を起こす。与一の呼びかけに阿波守護細川成之は挙兵した。政元は淡路から阿波へと侵入するが、反撃にあい敗退する。戦後政元と成之は和睦するが、反澄元方であった讃岐へ阿波守護家は侵入し、讃岐守護代家香川氏の本領は没収された。政元と澄元との対立が、阿波勢力の讃岐侵入といった結果を生んだのである。

永正三年十月、阿波の三好之長は香川中務丞元綱の知行地である讃岐国西方元山（三豊市豊中町本山付近）と本領を香川氏に返還するよう三好越前守と篠原右京進に命じている（石清水八幡宮文書）。これは政元と阿波守護家との和睦が成立した結果であろう。政元と阿波守護家の対立に讃岐は巻き込まれ、阿波守護家の侵入を許すのである。このことは京兆家の領国であった讃岐では、京兆家の力が繁栄している時には在地国人の勢力も強固であったが、京兆家の弱体化と守護代家安富・香川氏の滅亡により、他国からの侵入を防ぐだけの力を失っていたことを示す。

以後、讃岐は阿波守護家の介入を余儀なくされる。丈六寺開山金岡大禅師法語に「二州の尹を司どる」と成之が阿波・讃岐両国の実質的な守護であったことが記されている。讃岐においては、守護代家に代わってその一族が守護代職を継承するなど、世情が大きく変動するのであった。

（橋詰　茂）

(3) 讃岐の群雄割拠

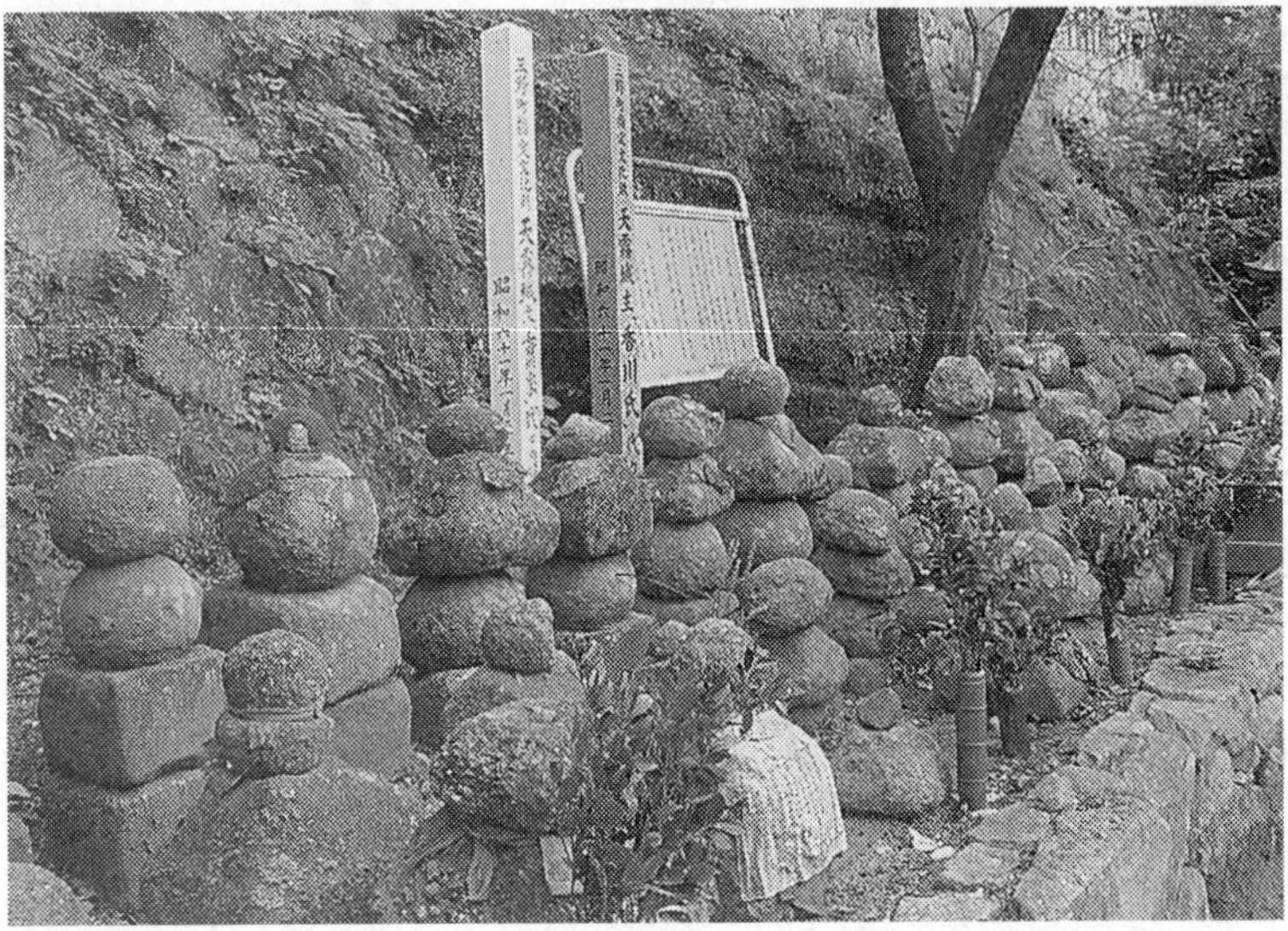

弥谷寺境内にある天霧城主香川氏歴代の墓と伝える五輪塔群(三野町)

十六世紀前半、永正の錯乱以後守護細川氏の勢力が弱体化していき、讃岐各地の国人・土豪たちは細川氏の支配を脱して自己領域拡大のため戦いを繰り広げるようになる。いわゆる下剋上の波が讃岐にも押し寄せてくるのである。

戦国期の讃岐の状況を示すものとして『南海通記』が知られているが、そこに天文年間（一五三二〜一五五五）ころの讃岐の国人・土豪の居城が記されている。ここから国人たちの領域支配の状況を知ることができる。

大内・寒川郡は寒川氏が東長尾の昼寝城を本城として両郡を支配している。三木郡には安富氏が雨滝城を本城として支配し、山田郡は植田・三谷・十河・由良・真部・高松氏がそれぞれの領域を支配していた。香東・香西・阿野南条・阿野北条は香西氏が領して、居城を佐料城、要城を勝賀城として、福家・羽床・新居・滝宮氏を支配下においた。中讃では、鵜足・那珂郡を聖通寺山に居城を構えた奈良氏が領して、長尾・新目・本目・山脇氏を支配下においていた。一方、西讃では香川氏が多度・三野・豊田郡を領して、天霧山に居城を構え、秋山・近藤・大平氏などを従えていた。

細川氏の領国時代には、東讃は安富氏が、西讃は香川氏が守護代として統治していたが、東讃では安富氏に替わって寒川・十河・香西氏が勢力を伸張させてきている。それに対して西讃では香川氏の力が強大で、支配を強化して多くの国人をその支配下に掌握した。東讃ではすでに十五世紀末には下剋上の風潮が現れていた。「国衆大分限者これ多し」と『蔭涼軒日録』に記されているように、西讃とは異なって有力国人が多かった。

とくに香西氏は京都において京兆家の被官として活躍、応永二十一（一四一四）年から永享三（一四三一）年まで丹波守護代を務めた。十五世紀に阿野南条郡陶保代官職を請負って以降、香東郡野原荘・香西郡坂田郷の代官として荘園侵略を行い所領を押領していった（醍醐寺文書・宝鏡文書）。このように早い段階で、領地の拡大を図っていく。

また寒川氏は長尾荘の代官として年貢請負を行い、やがて領家分を所領化していく。そして勢力を伸ばした寒川氏は安富氏と対立し、大永三（一五二三）年寒川郡の下道三郷をめぐって両者は戦う。安富筑前守は寒川元政方の常憐城を攻めるが、城主神前出羽少目は防戦して塩木で戦い引き分ける。

一方十河氏は、文安年間（一四四四～一四四九）庵治・方本の港の管理権を細川氏から与えられているほどの実力者であった。その後の動静は不明だが、経済力を持つ有力国人として存在していた。十六世紀に阿波三好氏と結びつき、安富・寒川氏と対抗しようとした。そして三好長慶の弟一存がその家を継ぎ、三好氏の讃岐侵攻の中核となるのである。

東讃の不安定な状況が、やがて阿波三好氏の侵攻を許すのであった。

（橋詰 茂）

(4) 三好氏の讃岐侵攻

阿波から讃岐へ侵攻した三好実休の画像
(妙国寺蔵・徳島城博物館写真提供)

永正四(一五〇七)年の管領・讃岐守護の細川政元の暗殺(永正の錯乱)とそれ以降の両細川の乱は、讃岐国内の支配体制に深刻な影響を与えた。この一連の政変によって、讃岐守護の細川京兆家は衰退し、京兆家被官として重きをなしていた讃岐の国人の多くが勢力を失う結果となり、讃岐国内のパワーバランスが崩壊、国内は一気に戦国乱世の様相となった。こうした讃岐国内の混乱に乗じて讃岐に進出してきたのが、隣国阿波の三好氏の勢力であった。

三好氏は、承久の乱(一二二一)後に阿波国に守護として入部した小笠原長清の子孫と伝えられ、三好郡内に本貫地を持った氏族が在地名を名乗ったものである。

大永三(一五二三)年に昼寝城主寒川元政と安富筑前守が寒川郡下道三郷の境界をめぐって対立し、合戦に発展。また同六年には十河景滋が寒川元政と合戦に及んだが、この時、十河氏は阿波の三好氏に援軍を頼んだことから、東讃地域に三好氏の勢力が浸透することになった。特に、三好長慶の末弟一存は十河景滋の養子として十河氏を継ぎ、長慶が畿内に進出して樹立した三好政権下で和泉国岸和田城主に起用されるなど重用された。

一存は天文元（一五三二）年にも寒川氏を攻め、長尾で合戦したが、この合戦は管領細川晴元、阿波守護細川氏の仲介によって両者は和睦している。しかし、天文九（一五四〇）年になって再び寒川氏と安富氏の合戦が始まった。安富筑前守は一千の兵を率いて寒川氏の領内に侵攻し、富田・石田城などを攻撃し、昼寝城に籠もった寒川氏を攻め立てたのであった。これに対し、寒川氏は阿波国へ救援を依頼したことから、十河一存が兵糧を差し入れた。この時、安富氏は兵を引いたが、同十一年になると三好氏は寒川氏支援の名目で安富氏の居城雨滝城を攻め、屈服させた。

さらに天文二十二（一五五三）年になると阿波三好氏による讃岐への進出が一層激しくなった。この年の前年、阿波では三好実休（義賢）が主君細川持隆を討ち、実質的に阿波の国主の地位に就いていた。また、この年は、畿内では将軍足利義輝が細川晴元と結んで三好長慶を討たんとしたため、長慶は大軍を催し、将軍義輝と晴元を京都から追放するという、三好政権の樹立にとって重要な年でもあった。実休は阿波・讃岐の統治、国人の指揮を通して畿内で活動する兄長慶を支えようと積極的な活動に討って出たのであった。

実休の讃岐への侵攻は実弟一存を通じて進められた。まず、東讃の安富氏・寒川氏が従い、次いで香西氏も服属した。しかし、西讃の香川氏は毛利元就に属して、三好氏に対抗したため、実休は永禄五（一五六二）年八月に、香川之景が籠もる天霧城を攻めた。要害であり、容易に落城しなかったため、実休は香西元政に和議を命じ、阿波へ兵を引いた。この和議が成立後、讃岐全体が阿波三好氏の支配下に組み入れられることになった。

（福家清司）

西讃の雄香川氏が居城した天霧城跡（善通寺市・多度津町・三野町）

(5) 天霧籠城

室町時代から戦国時代にかけて、西讃一帯に勢力を張った香川氏は、善通寺市・多度津町・三野町にまたがる弥谷山系にそびえる天霧山に居城を構えた。この居城を天霧城と呼ぶ。香川氏は白峰合戦で戦功をあげ、貞治三（一三六四）年に居館を多度津本台山に構え、天霧城を詰城として築いたといわれている。城は天霧山の頂部一帯と派生する尾根上に築かれた自然の要害地形で、頂部からは丸亀平野・三豊平野が一望でき、北方の内海の展望も開けている。海陸どの方向にも対応できる地理的条件を備えた城である。

香川氏が天霧城に居城を築いたのは、西讃への監視を図るのが最大の目的である。弥谷山系の鞍部に鳥坂峠がある。この峠は、古来中讃と西讃を結ぶ重要路にあたり、両地域を分ける境目でもある。鳥坂峠という名称は各地に見られ、郡域などの境目にある。つまり境目を示す地名であった。その重要な場所に天霧城が築かれたのである。多度・三野両郡の境目に城を築くことにより、西讃一帯を統治することが可能になるのである。

天霧城の城主の変遷は、多度津町の道隆寺に所蔵する『道隆寺温故記』に「雨霧城主」の肩書きが記されており、そこから見ることができる。そこに記載された城主を示すと次のようになる。

康安二年　藤原長景雨霧城主
永和二年　長景雨霧城主
永正七年　清景雨霧城主
永正八年　五郎次郎雨霧城主
天文六年　元景
永禄三年　之景

元景と之景には雨霧城主の記載はないが、天霧城主であったことに間違いない。

天霧城の危機は永禄年間（一五五八～一五七〇）の阿波三好氏による侵攻であった。永禄六（一五六三）年八月の三野勘左衛門宛の香川之景・五郎次郎の連署状（三野文書）に「飯山在陣より天霧城籠城のみぎり、別してご辛労候、ことに今度退城の時同道候」との記載があり、之景は天霧城に籠城し戦ったが敗れて退城したことがわかる。対戦相手は、阿波三好勢である。讃岐の戦国時代のことを記した『南海通記』では、三好の香川氏攻めを永禄元年としており、これが今まで定説とされていた。だが、秋山家文書などを検証することから、同三、四年に香川氏と三好勢との間で小競り合いがあり、本格的な香川攻めはその後で、それが同六年の天霧籠城となって表れる。香川氏の配下であった秋山氏や三野氏は三好勢と必死になって戦う。だが、三好勢の猛攻により、香川氏は天霧城に籠城して戦わざるを得なかったのである。

天霧城を退城した後の香川氏は安芸へ逃れたと伝える。西讃一帯は三好勢の篠原長房によって統治されるが、長房は三好長治の怒りにふれ攻め滅ぼされる。長房の死後香川氏は勢力の回復を図っていくのである。

（橋詰　茂）

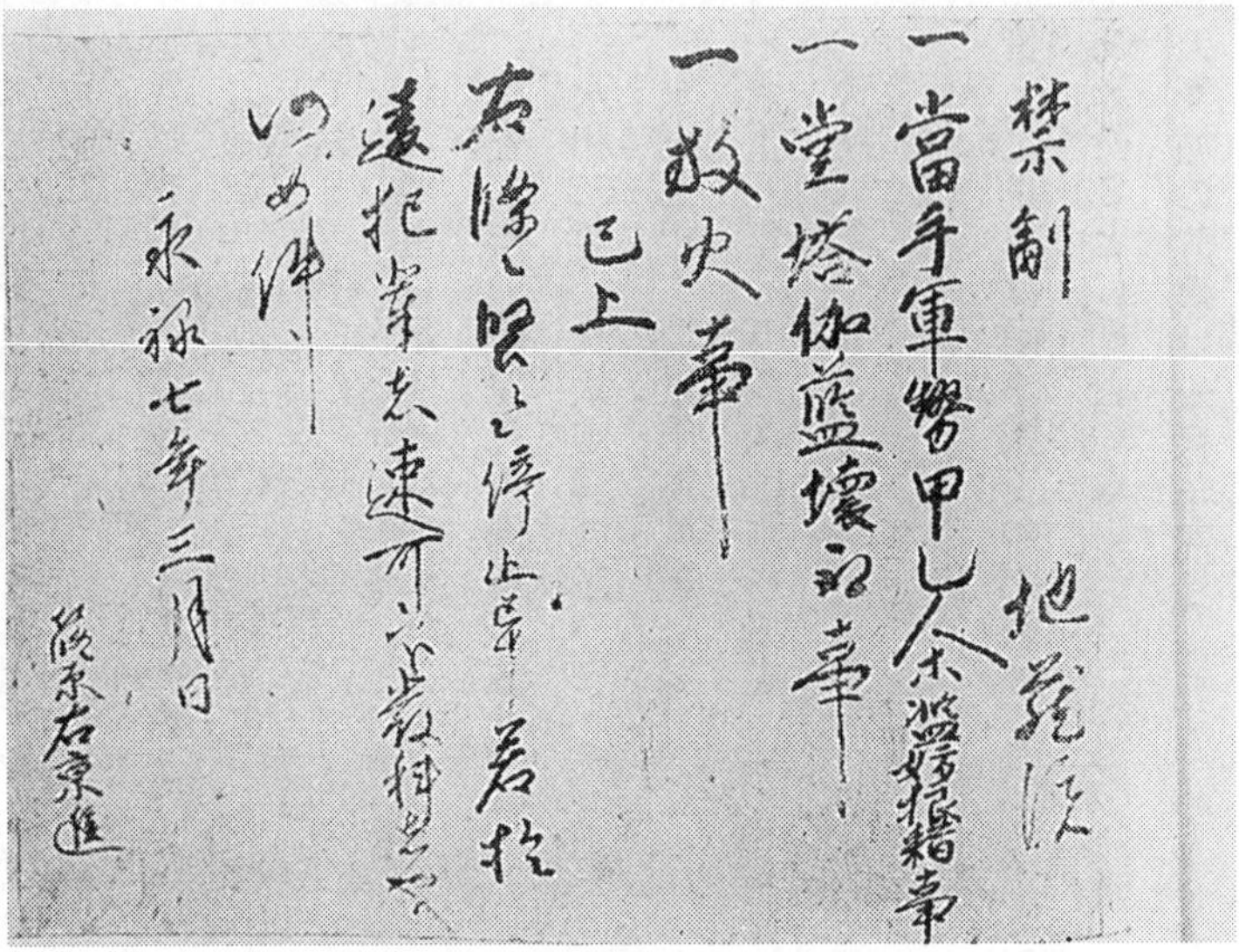

禁制　　地蔵院

一当手軍勢甲乙人等濫妨狼藉事

一堂塔伽藍壊取事

一放火事

已上

右條々堅令停止畢、若於違犯輩者速可処厳科者也、仍下知如件

永禄七年三月日

篠原右京進

地蔵院に出された篠原長房の禁制
（地蔵院文書・香川県立文書館写真提供）

(6) 篠原長房の支配

阿波勝端（徳島県板野郡藍住町）を拠点に阿波・讃岐を支配した三好実休（義賢）は、永禄三（一五六〇）年十一月に、兄長慶の命により河内高屋城（大阪府羽曳野市）の城主となったが、同五年三月に和泉久米田の合戦で戦死を遂げた。また、これより先、永禄四年には、長慶・実休の実弟で讃岐十河氏を継いでいた一存が湯治中の摂津国有馬温泉で病没（死因については諸説あり）した。十河一存、三好実休亡き後、阿讃の統治を行ったのは実休の重臣篠原長房であった。

長房による讃岐支配を示す最も古い記録は実休戦死後二年が経過した永禄七年の地蔵院に与えられた禁制である。禁制というのは、例えば寺院であれば、その境内地内での武士の合戦や樹木の伐採など、寺院にとって迷惑となるような行為を禁止することを認めた領主の制札である。このような禁制を与えることによって、長房はその寺院を保護下、統制下に置くことを目指したものといえる。現在、香川県内に伝えられている長房が発給した禁制は地蔵院宛て以外に南隆寺・鍋屋下之道場、聖通寺に宛てたものがある。時期的には永禄七年から永禄十二年にかけてのもので、地域的には西讃地域に限られている。このことは、長房の活動の中心が西讃地域にあったことを示している。

元亀元（一五七〇）年、長房は東讃地域への進出をねらって、雨滝城主安富盛定に長女を嫁がせた。安富氏は下総国出身の紀民部大夫照之を始祖とする氏族で、照之から九代の後胤盛長が寒川郡雨滝城を築いてこれに拠った。長房が東讃の名族である安富氏と婚姻関係を結んだのも、阿讃統治の拠点であった阿波勝瑞と讃岐国内の交通路を確保する上で、東讃地域が重要な戦略的位置にあったためであろう。事実、『南海治乱記』等によると、三好長治が当時大内郡を支配していた虎丸城主寒川氏に対し、大内郡四郷を所望し、認めさせたことが伝えられている。その時期は元亀二年頃と考えられている。

この大内郡の長治への献上は、安富氏の発案によるとされているが、長房の東讃支配の策略と安富氏の勢力拡大の意向が合致し、寒川氏の支配地を武力を背景に割譲させたものであろう。この結果、引田城に阿波国名東郡矢野城主の矢野駿河守、虎丸城に安富筑前守盛定が入城し、東讃地域の押さえとなった。なお、寒川氏は前山昼寝城に入り、寒川郡南部を領した。

長房は早くから阿波三好氏の重臣として阿讃の統治を委ねられるなど頭角を現し、三好実休・三好長慶が没した後の三好政権を支えた中心人物として畿内で活動するなど活躍した武将であった。しかし、同族の篠原自遁（木津城主）の讒言を信じた主君三好長治に攻められ、天正元（一五七三）年七月に子大和守長重とともに居城上桜城（徳島県吉野川市川島町）を枕に討ち死にを遂げ、長房父子による讃岐支配も終焉を迎えた。

（福家清司）

瀬戸内海で活発な活動をした塩飽衆の根拠地塩飽諸島
（丸亀市本島）

(7) 塩飽水軍

備讃瀬戸の中央部に位置する塩飽諸島は、古き時代から瀬戸内海を航行する船の寄港地として栄えていた。そこに住む人々は、海に生活の糧を求め、彼らは船に乗り込むのである。当時の船乗りは常に危険と相対する日々であった。彼らは集団を形成し、有力者に統率されたが、その中から海賊衆と称する一団が出現してくる。やがて室町時代には、守護の支配下に組み込まれ日明貿易船や商船の警固を命ぜられ、警固衆と呼ばれるようになる。

塩飽水軍が歴史上に登場してくるのは、南北朝期からである。細川氏の支配下にあり、瀬戸内海における北朝勢力の拠点として、南朝方海賊衆を抑える役割を果たしていた。塩飽海賊衆の拠点となる城が存在していたが、本島東端にある笠島城跡に推定できる。この城から備讃瀬戸を航行する船の監視をした。室町期には周防大内氏の警固衆として朝鮮半島へまで参陣するほど活発な活動をみせる。

だが塩飽衆がめざましい活動を示すのは、戦国時代に入ってからである。戦国期には警固衆は戦国大名などから水軍としての軍事力を持つ集団へと編成されていく。水軍は海戦や海上警固に必要な軍船や兵員を保有する海上武装集団である。代表的なものとして芸予諸島の村上水軍が知られるが、塩飽諸島でも塩飽水軍と称され、各地の戦いにたびたび参加している。

元亀二(一五七一)年備前児島を阿波三好氏の家臣篠原長房が攻める際に、塩飽衆が備讃瀬戸渡海役として活躍する。このころから水軍としての存在が見られるようになる。だが、塩飽水軍は村上水軍のような強大な軍事力は所持していない。むしろ操船技術・航海術に長けた集団で、軍事力というよりは水主《かこ》としての存在が大きかった。船は所有していたが、軍船というより輸送船が中心で、自ら海戦を行うだけの人員はいなかった。室町中期には商船活動が活発だが、戦時にその船と水主《かこ》が動員されるのであり、戦闘集団=水軍としての組織は充分ではなかった。時の権力者に水運力を利用されることによってその存在が顕現された。

天正四(一五七六)年石山戦争で織田水軍は安芸毛利氏の水軍に大敗する。強力な水軍を必要とした信長は、塩飽衆を抱え込み毛利水軍に対抗しようとした。翌五年三月、信長は塩飽を支配下に組み込む(塩飽人名共有文書)。これにより信長は東瀬戸内海制海権を掌握することが可能になった。信長の死後、塩飽は秀吉の支配下に収まる。九州攻めには兵船と水主の徴発が、朝鮮出兵には大船の建造が命じられ、肥前名護屋への医師・兵士・軍資の輸送を担った。塩飽衆は軍用船として秀吉の支配下に組み込まれるのである。

このようなことから塩飽水軍として有名になるが、村上水軍のような軍事力は持たない。近世の人名制のもと特権を所持したため、水軍として誇張されて語られてきたのである。

(橋詰　茂)

(8) 元吉合戦

毛利勢と讃岐惣国衆の戦いの舞台となった元吉（櫛梨山）城跡

天正五（一五七七）年七月、安芸の毛利氏が讃岐へ侵入して元吉城で讃岐勢と戦った。この戦いを元吉合戦と呼んでいる。この時期讃岐は阿波三好氏の支配下にあり、反三好勢力であった香川氏は毛利氏を頼っていた。この戦いの状況は讃岐側の史料には現れず、わずかに安芸側の史料に見るだけである。

一連の史料から戦いの状況を復元してみよう。まず冷泉元満が先陣として讃岐へ渡海し、元吉城に入って城を修理した。閏七月に讃岐惣国衆と称する三好氏に率いられた軍勢が城を攻撃した。そこで乃美宗勝と児玉就英が援軍として参陣して、元吉城の西に位置する摺臼山に陣どり、元吉の麓で戦いをくりひろげた。長尾・羽床軍は毛利勢の上陸を阻止しようとして堀江口で戦った。この戦いの状況は毛利元就に報告されたが、「首三百余討ち捕え」といった戦果であった。讃岐惣国衆が反撃の機会をうかがっているため、援軍として湯浅将宗と飯田義武が派遣された。八月には元吉城の修理のため道具を搬入して再襲に備えた。戦いが不利と知った三好氏は、足利義昭に講和の調停を請い、真木昭光・小林家孝が和議の交渉に当たった。そして十一月に長尾・羽床氏から人質を取って和議が成立し、毛利軍は帰国した。だが、粟屋元如は翌年まで駐軍して讃岐惣国衆を監視した（屋代島村上文書・『萩藩閥閲録』所収文書）。

毛利勢の讃岐侵入の背景には、織田信長と石山本願寺との戦いが大きく関連していた。天正四年四月、石山本願寺は籠城して信長との最後の対決をはかる。本願寺は毛利氏へ救援依頼をするが、これに呼応するかのように毛利氏は大阪湾の織田軍を突破して本願寺へ兵糧を搬入した。信長と毛利氏の対決が決定的になるが、これより先信長に追われた足利義昭が毛利氏を頼って鞆へ下向していた。中央の動静に讃岐は巻き込まれるのである。

すでに塩飽は信長の支配下に組み込まれ、東瀬戸内海制海権は信長に掌握されている。毛利氏の本願寺救援には制海権の奪回が必要になる。そのため讃岐へと侵入するのであった。小早川隆景の書状の中に「諸警固の儀明日廿日に讃州に至り乗り渡し、そのまま岩屋へ上着あるべく」と見るが（『萩藩閥閲録』所収文書）、讃岐から淡路岩屋への渡海をめざしている。淡路を経て大坂へのルートは讃岐が拠点となる。

一方、讃岐は三好氏の勢力を押さえるように信長が進出を図っていた。石山戦争で信長を取り巻く状況が悪化するなかで、三好氏が勢力の回復を図ろうとした。このように様々な状況が複雑に絡み合った背景を持つ合戦として考えねばならない。

元吉合戦は、信長と石山本願寺の制海権をめぐる抗争の一部であり、また毛利氏の勢力拡大の表れでもある。元吉城の位置はいくつかの説がある。史料の検証と中世城館跡調査の成果からその位置は、琴平町と善通寺市にまたがる櫛梨山に比定することができよう。まだまだ不明な点が多い合戦である。

（橋詰　茂）

(9) 真宗の流布

讃岐真宗勢力の拠点であった西光寺（宇多津町）

讃岐は空海の誕生地ということもあり、早くから真言宗が盛んであった。この地に浄土真宗が伝播されたのは、禅宗や法華宗に比べて遅く、十四世紀ころからとされる。讃岐で最初の真宗寺院は法蔵寺で、寺伝によるとその創建は暦応四（一三四一）年といわれている。

讃岐への真宗伝播の経路には二つのルートがあるが、四国という地理上、どちらも海がかかわっている。その一つは近畿から紀伊水道を通って阿波の海岸に入り、そこから讃岐山脈を越えて讃岐の山間部に伝わったものと、もう一つは瀬戸内海を経由して、讃岐の海岸部に伝わったものである。前者は興正寺系で、西讃・中讃の農村部を中心に、とりわけ、真言宗寺院の勢力の弱い地域から教線を伸ばしている。後者は主に本願寺系で、山間部への伝播よりは遅れて、沿岸部を中心に展開している。

阿波からの伝播で、その拠点となったのは、美馬郡に創建された興正寺系の安楽寺である。安楽寺は、吉野川中流域に多くの末寺を持ち、その教線を讃岐にも伸ばしていた。時代は下るが、寛永三（一六二六）年の安楽寺の末寺帳には、讃岐において四九ヵ寺の末寺がみられる。永正十二（一五一五）年、火災によって全焼した安楽寺は讃岐へ移り、三野郡財田村の宝光寺を興したとされる。その五年後には、興正寺の仲介により元地への還住が許可されている。

また、東讃における真宗の中心寺院としては安養寺と常光寺がある。香川郡安原村の安養寺は、寛正元（一四六〇）年、安楽寺誓順の弟聞信による創建であり、安楽寺と同時期の創建とされる三木郡氷上の常光寺も安楽寺の末寺である。

安楽寺による教線の拡大により、他宗から真宗へ改宗した寺院もみられる。特に、天文年間（一五三二〜一五五五）に創建された寺院が多く、この時期から目覚ましく発展が進む。

一方、瀬戸内海沿岸に発展した真宗寺院は、本願寺との直接的なつながりが強い。本願寺証如の弟子向専によって、天文十八（一五四九）年に創建されたと伝えられる鵜足郡宇多津の西光寺には、永禄十（一五六七）年六月と元亀二（一五七一）年正月の二通の禁制文書が伝わっている。これらは阿波三好氏の家臣篠原長房とその子長重によるもので、宇多津道場における乱妨狼藉、草木の伐採、矢銭・兵糧米などの徴収を禁止し、違反者は処罰するとして、その地に支配者による保護が与えられた。長房は真宗門徒ではなかったが、本願寺へたびたび赴いており、さらには本願寺と姻戚関係があったことから、石山戦争においては、香川・安富・香西などの讃岐の国人を引き連れて参戦している。

また、証如の日記である『天文日記』には十河一存や香西神五郎・与四郎・五郎左衛門といった香西一族の名前が見える。香西氏の中には真宗門徒が存在しており、讃岐の国人の中には、直接本願寺と結びつく者もあった。

その他、寒川郡長尾の西善寺のように備後の光照寺の教線によるものもみられる。

（芳地智子）

⑽ 禁制

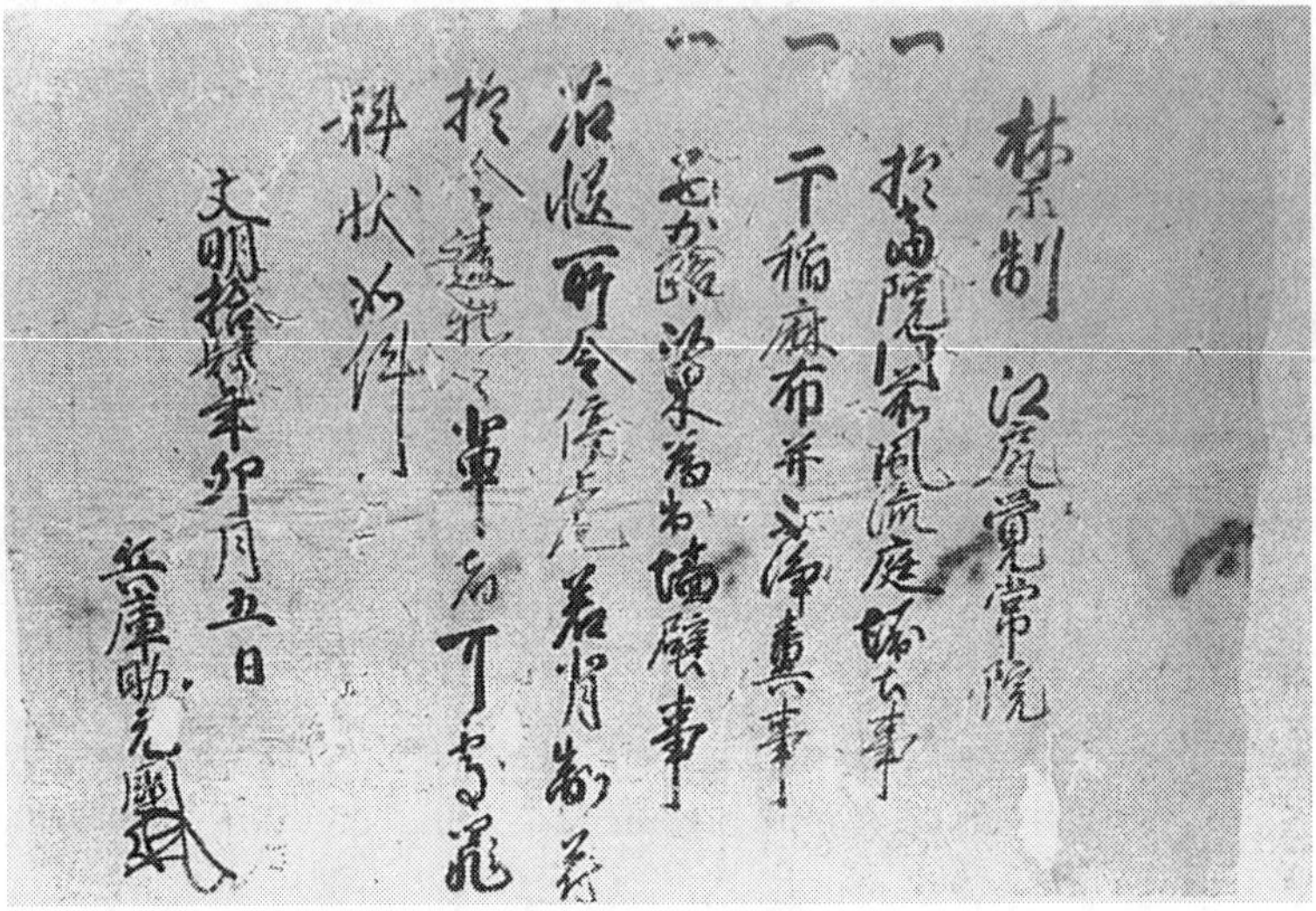

合戦時によく出された禁制は今も全国各所で大切に保管されている
（覚城院文書・香川県立文書館写真提供）

禁制は、きんぜいと呼んで中世の代表的でかつ特徴的な文書である。禁制という文言から始まる場合が多いという内容から名付けられたもので様式としては様々である。制札、制符、禁札なども称して禁止事項を公示するためのもので、一般に周知するため野外に立てられることが多い。また、木札に直接墨書される場合や料紙に書かれたものを貼付する場合もある。

鎌倉時代には、禁制の形式は様々であるが、室町時代になると定型化してくる。特に室町幕府の出した禁制は三ヵ条からなっており、条項が増える場合は「付」とし、あえて三ヵ条に固執している。通例は、「禁制」の下に「充所」を書き、禁止事項を箇条書きに並記し、最後に違反者を処罰する旨の文言で止めている。木質は、桧製が多く原則的に竪板を使用し、字数が多い場合には横板も使われた。

現存する最古の木製禁制は、文治元（一一八五）年十二月、北条時政が河内国薗光寺に与えたものである。香川県内では、中世の禁制は一六点伝存している。内一通は、同文の写（案文）である。

	発始者	充所	年紀	項目数	主な禁則内容
①	右馬頭（細川政国）	讃州志度寺	文明五年八月十一日	七	乱入狼藉・寺中殺生・諸人押買・博奕・附沙汰・院内伯楽市
②	讃岐守源朝臣（細川持隆）	白峯寺	天文八年十月六日	三	濫妨狼藉・伐採山林竹木・寺領中陣所其外申懸非分之儀
③	彦次郎之相（三好義賢）	白峯寺	天文八年十月日	三	濫妨狼藉・伐採山林竹木附放火・寄宿並兵糧米
④	右京進橘（篠原長房）	宇多津鍋屋下之道場（西光寺）	永禄十年六月日	三	濫妨狼藉・剪採前栽附殺生・矢銭兵糧米附放火
⑤	長重（篠原氏）	宇多津西光寺道場	元亀二年正月日	三	乱妨狼藉・剪採前栽附殺生・矢銭兵糧米附放火
⑥	（不明）	讃岐国聖通寺	明応五年四月二十日	三	乱入狼藉並伐採竹木刈払草原寺内繋馬鷹・破戒不法他人綺・院家相続依其器
⑦	源朝臣（細川氏ヵ）	聖通寺	永正八年七月二十五日	二	乱妨狼藉・伐採山林竹木
⑧	右京進橘（篠原長房）	讃岐国聖通寺	永禄十二年六月日	五	濫妨狼藉・剪採山林竹木・矢銭兵糧米・殺生・放飼牛馬
⑨	秀久（仙石氏）	小松内松王寺（松尾寺）	天正十三年八月十日	三	乱妨狼藉・伐採山林竹木・対百姓不謂儀申懸（金比羅宮蔵）
⑩	右京大夫源朝臣（細川勝元）	地蔵院	寛正六年十二月六日	三	山林苅取竹林・乱入狼藉・寺内殺生
⑪	篠原右京進（長房）	地蔵院	永禄七年三月日	三	濫妨狼藉・堂塔伽濫壊取・放火
⑫	長和・為国（長宗我部氏家臣ヵ）	讃岐国地蔵院	天正七年五月十二日	三	乱妨狼藉・剪採竹木・矢銭兵糧米
⑬	秀久（仙石氏）	豊田郡地蔵院	天正十三年八月二十三日	三	寺中社頭家門壊取・対同門前非分・伐採竹木附用所者以直判申出
⑭	兵庫助元国（細川政国）	覚常院（覚城院）	文明十四年四月五日	三	門前風流庭堀土・干稲麻布並不浄糞・西少路以東出壇壁
⑮	陸奥守源朝臣（細川顕氏）	鴨御祖社領讃岐国内海津多嶋供祭所	観応元年十二月十七日	一	濫妨狼藉（仁尾常徳寺蔵）
⑯	⑮の案文				（仁尾賀茂神社蔵）

県下では、⑮の観応元年十二月十七日付讃岐守護細川顕氏禁制で津多（蔦）島供祭所（仁尾賀茂神社）宛てのものが最古である。

（唐木裕志）

⑾ 河野氏と伊予・讃岐

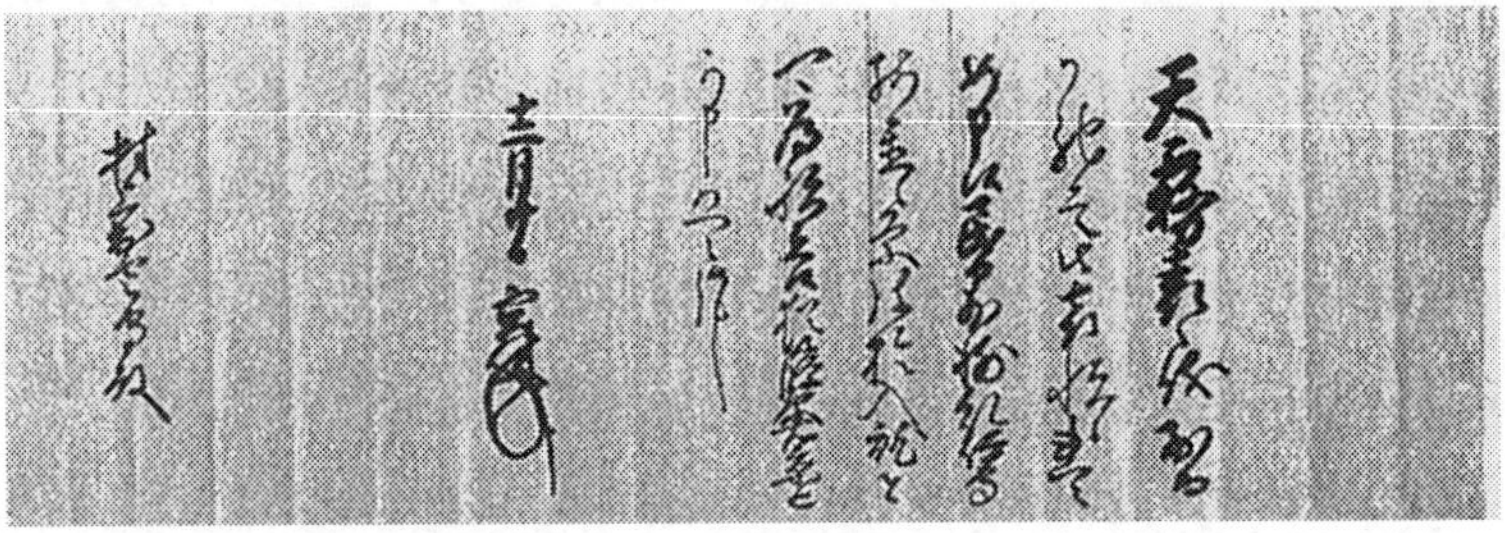

来島村上氏の天霧城攻撃をほめたたえた三好実休（義賢）書状
（村上文書・東京大学史料編纂所写真提供）

河野氏は、室町期以降、ほぼ伊予国の守護職を世襲し、惣領家と庶子家（予州家）との深刻な対立を経て、戦国期には惣領家が権力を確立した。しかし、讃岐に接する宇摩郡ならびに新居郡は、室町期から引き続き細川氏一族の支配に属し、河野氏の支配は及ばなかった。また、このころ、芸予諸島の来島や能島に本拠を置く海賊衆村上氏の勢力が伸張し、能島村上氏は十六世紀前半から讃岐の塩飽諸島を支配していた（屋代島村上文書）。

近世の家譜・軍記類によれば、天文八（一五三九）年、細川持隆率いる阿波・讃岐勢が伊予国へ侵入したという（『予陽河野家譜』・『南海通記』）が、この記事を裏付ける傍証は今のところ確認されていない。伊予の諸勢力と讃岐との具体的な関わりが判明するのは、永禄年間（一五五八〜一五七〇）以降である。

永禄元（一五五八）年頃、十二月二十日付で、三好実休（義賢）は来島の村上通康に宛てて、讃岐の天霧城攻撃を称揚した書状を送っている（東京大学史料編纂所蔵村上文書)。これとは別に、九月二十日付で、三好実休は能島の村上武吉に宛てて、「讃岐表」における合力を感謝する書状を送っており(屋代島村上文書)、永禄元年頃、来島・能島村上氏が三好方に属し、数度にわたり讃岐で合戦したことが判明する。

当時、三好政権は、畿内で反三好勢力と抗争の渦中にあった。このような状況下で反三好の姿勢を崩さない西讃の香川氏を服属させるため、三好政権は篠原長房ら自軍の兵に加えて、強大な水軍力を持つ能島・来島村上氏に軍事的協力を要請し、両者はこれに応えて出陣したものと推定される。

永禄三年頃から六年にかけて、三好長慶らは数度にわたって河野通宣(左京大夫)と書状を取り交わし、今後は互いに申し談ずべきことを申し合わせている(臼杵稲葉河野文書)。このとき河野氏側の窓口となったのは村上通康で、両者が親交を結ぶにあたり彼が仲介したことがうかがえる。

先に通康が三好氏に協力し讃岐で活動した経緯からすれば、この三好氏＝河野氏の提携の目的の一つは、細川氏一族の勢力衰退後、香川氏・石川氏・金子氏ら独立的な動きをみせる西讃・宇摩郡・新居郡の諸勢力に対して、東西からこれを牽制することをねらったものかもしれない。しかし、この時以降、河野氏と三好氏との書状のやりとりは確認できない。

このあと、讃岐の諸勢力と関わりを持つことが史料上明らかになるのは、塩飽諸島に拠点を持つ能島村上氏である。永禄十一年、能島村上氏の島吉利が毛利方として備前児島に在番し、渡海してきた香西氏の軍勢を討ち果たしている(東和町島文書)。また、天正五(一五七七)年閏七月に毛利氏が讃岐元吉城で讃岐惣国衆と合戦した際、村上元吉が毛利方として参戦し、合戦後に警固船を残し置いている(屋代島村上文書)。

(土居聡朋)

⑿　溜池と水利

讃岐古来のため池築造に関東の治水技術を加えて開拓された
高瀬川流域の水田地帯（高瀬町・同町教育委員会写真提供）

俊乗房重源は、平重衡によって焼失した東大寺再建のために諸国を勧進して巡っていた。讃岐にも訪れ飢餓に苦しむ農民を救済したという。和泉国鍛冶屋村の谷山池築造に係る伝承に、中世讃岐と和泉の心温まる農民交流譚がある。それは、重源が同池工事に苦労をしていることを伝え聞いた讃岐の農民らが恩返しにと助っ人に駆けつけたというのである。彼らは、池完成後も近くに住み着いたとも伝えられている。

中世は、こうした溜池築造の盛んな時代でもあった。讃岐の溜池の内、山間部から開析台地や扇状地に出る谷筋を締め切るような場所に立地するのは大小を問わず大概近世以前に築造されたと考えてよい。古代中世の水田の中心は、谷田・谷戸田と呼ばれる谷間にあって良質の米が生産されていた。こうした例を紹介しておこう。

中世の高瀬郷は、高瀬川など中流域から下流域にかけての開発が課題となっていた。もとより下勝間や新名を除く地域は、谷筋の山間部であり古代より谷田が発達していたが、中世に築造された溜池として岩瀬池がある。その由来は、空海の頃に遡るといい、満濃池築造の余剰金を充てたと伝える。また、池堤築造には、人柱伝説があって、池の宮（池八幡神社）、下女塚の縁起として伝えられている。この池も、幾多の決壊を重ね文明二（一四七〇）年以降、放置されたままになっていた（『高瀬町誌』）が、文禄元（一五九二）年までの足掛け三年を費やして完成したという。

国分寺町にも溜池を水源とした用水路が縦横に伸びている。六ツ目池からの水は、伽藍山の裾野が本津川で仕切られた水田群を用水域としている。この用水は、池の直下で中世の南海道である大道が横切っている。六ツ目下池の下から中世大道までの数枚の水田は、池の水を優先的に取得できる権利を持っている。これは、古来の慣行であろう。また、内間筋と呼ばれる用水系の上手の数枚田にも上池から直接引水できる権利がある。これも池の増改築時の事情に関係した権利と思われる。

中世大道と交差した用水系は、内間筋と原中筋に分岐する。伽藍山の裾を巡って帯状に延びる水田を潤す内間筋が優先である。他方の原中筋は、中世大道に沿って下り途中から北に折れて内間筋より下手の水田に導かれる。このあたりまでが中世の開発に係る水利と思われる。

そこから先は田一枚単位の広さが大きくなり、近世以降の開発だと考えられる。それら本津川沿いの水田は、原中筋から分岐した東江地《とうこうじ》筋と呼ばれた用水が届く。さらに、内間筋の北側にも本津川沿の低地部分を帯状に単位面積の広い水田が続くが、これには狭箱《はざこ》筋の用水が流れてくる。この用水は、他筋の余水も集め高松市との境界まで進んで本津川に落としている。このように溜池と用水路の導水経路を辿ることによって、それらの歴史的な変遷を垣間見ることが出来る。

（唐木裕志）

高松市浜ノ町遺跡から出土した土錘（網のおもり）

⒀ 中世の漁業

中世の遺跡から出土する漁具には、イイダコを捕るための飯蛸壺《いいだこ》と、土錘《どすい》と呼ばれる網のおもりがある。いずれもやきものである。

飯蛸壺は、幹縄という太い縄に、ほぼ等間隔に結び付けられた枝縄という細めの縄の先に取り付けられる。つまり一本の幹縄にはいくつもの飯蛸壺が取り付けられることになる。これを海に沈めて、数日後に引き揚げ、うまくいけば飯蛸壺の中にイイダコが入っているという訳である。

この飯蛸壺は、香川県内では古墳時代の終わり頃に出現し、奈良時代～平安時代の初め頃に多く見られるが、中世になると出土数は限られたものとなってしまう。しかし中世になり、飯蛸壺の出土数が減少したからといって単純にイイダコの漁が減ったとは考えにくい。近世の文献には、巻貝の殻を飯蛸壺としている様子が描かれているものもあり、現在の漁でもやきものと巻貝（アカニシ）の殻が併用されていることから推測すれば、やきものの飯蛸壺の代わりに、巻貝の殻などでイイダコ漁を行っていたとみた方がいいだろう。

網は、網の直径が太くなるほど、その網を操業するのに多くの人間が必要となる。網のおもりである土錘には孔を有するものと、溝を持つものがあり、孔は網を通す部分、溝は網を掛ける部分である。この孔の直径、もしくは溝の幅が網の太さとほぼ同じであることからすると、孔径・溝幅の大きさと操業人数の間には相関関係が認められることになる。

現在の高松市浜ノ町、錦町にある浜ノ町遺跡（十三世紀後半～十五世紀）は、当時は瀬戸内海に面していた集落で、多量の土錘が出土している。そしてその土錘の孔径・溝幅は、ほとんどが一四～一九ミリで、最大のものは二四ミリにもなる。

一方、やや内陸に入った高松市六条町の六条・上所遺跡（十一世紀～十三世紀後半）出土土錘の溝幅は、最大のものでも一一ミリに過ぎない。相対的ではあるが、浜ノ町遺跡では、一度の網漁に携わる人間が多く、規模の大きな漁業を行っていたと言えるだろう。

『兵庫北関入船納帳』は、摂津の兵庫北関を通関した船に関する記録である。讃岐に船籍地を置く船の情報も記されており、その中には船籍地「野原」の船が見える。野原とはおおむね現在の高松市旧市街地一帯を指し、この地に湊のあったことがわかる。野原の湊の位置は特定できないものの、海浜部にある浜ノ町遺跡は、野原の湊にかなり近い位置にあったと思われる。

「野原」船は、米などの農作物や塩の他に、イワシの運搬を行っている。イワシが海産物であることからすると、野原湊に近い場所から集荷しているこ
とがほぼ確実であり、浜ノ町遺跡で大規模に展開されていたのはイワシ漁ではなかったかと推測されている。

（乗松真也）

第十一章　城郭豊堯

中世は武士の本質が最もよく体現された時代である。武士は自らの領地を守り広げるために戦を続けた。特に中世末期は中央権力が弱まり全国的に戦闘状態が日常化した。攻めと守りが繰り返されるようになると、屋敷周囲の堀を深くし広げ、その土によって内部に土塁を盛り上げて守りに備えた。土塁の上には更に竹矢来などの柵をめぐらし、攻防の要となる櫓台がその一角に出現した。また最初から周囲を湿地に囲まれた高台に屋敷地を選ぶなど、屋敷はすなわち城館となっていく。

次の段階は館に攻め込まれる前の攻防線として、周囲の山や尾根の上に砦を築いていく。攻防を続けていると最初は平たい足場を整えただけであった砦は、やがて攻め寄せる大軍を少人数で守りきるために複雑な構造となっていった。

最終的に館と砦は合体し、標高数百メートルの山上に大きく広げた砦に居住機能を持たせ、領主やその家臣がその中に住まい、守備兵が常駐することになった。日本列島にはおよそ四万の城郭跡があるといわれる。

天霧城跡　（国指定史跡）

そのほとんどがこの中世という時代に築かれ捨てられていったものである。このような世界から見れば、そのほとんどが現存しながらも数として圧倒的に少ない近世城郭は、天守や高い石垣、深く水をたたえた堀など外観は華やかでありながら、武士の本質を捨て単なるステータスシンボルに成り果てた抜け殻とみることもできる。真に武士が躍動し城郭が豊かであった中世の世界にこそ、豊かな城郭の歴史が存在する。

讃岐における中世前半の城郭として、南北朝期の山城や守護所があげられる。山城の出現は全国的にも南北朝期頃であり、この激動の時代に讃岐も飲み込まれたことを示している。守護所は最近日本各地で本格的に調査が進められている。讃岐では守護不在が常態であったため、守護所の所在地の把握も容易ではない。

讃岐の戦国時代は十五世紀末に幕を開ける。京における応仁の乱の勃発後も国人の成長という要素はあるものの、目立った騒乱は記録されていない。山城の出現が軍事的な緊張を背景としたものであるとすれば、讃岐の山城のほとんどは十六世紀代に築かれたと思われる。

讃岐のこの時期の山城は、守護が戦国大名化することがなかったため、守護代或いは有力国人層の拠点城郭と土豪層の小規模城郭に大きく分かれる。前者は麓との比高差二〇〇メートル以上の山上を広範囲に城郭化する。一部には石垣を用い、最終的には平時の居住も行ったかもしれない。後者は、居館の背後の山に詰めの城として築かれる。その支配領域の範囲によりその規模にも大小が見られる。

ところで讃岐は瀬戸内海に面しているため、島嶼部にも城郭がある。中でも讃岐で最も古い山城である星ヶ城跡を代表とする小豆島の城郭は、その他塩飽以西の島々の城郭とは形態がやや異なる。小豆島では『太平記』が記すように南北朝期の城郭が主であったことを、星ヶ城跡をはじめとして示している。一方で塩飽水軍として戦国時代のひのき舞台に現れた島々の城郭には、コンパクトながら最新の攻撃・防御機能で固められたものが存在する。

讃岐は豊臣政権下に入ることで戦国時代が終わる。その象徴が引田城跡である。総石垣と瓦葺き建物を備えた織豊系城郭が讃岐の城郭の発展を断ち切り、讃岐の城郭豊堯は終わりを告げる。

（古野徳久）

(1) 小豆島の中世城館

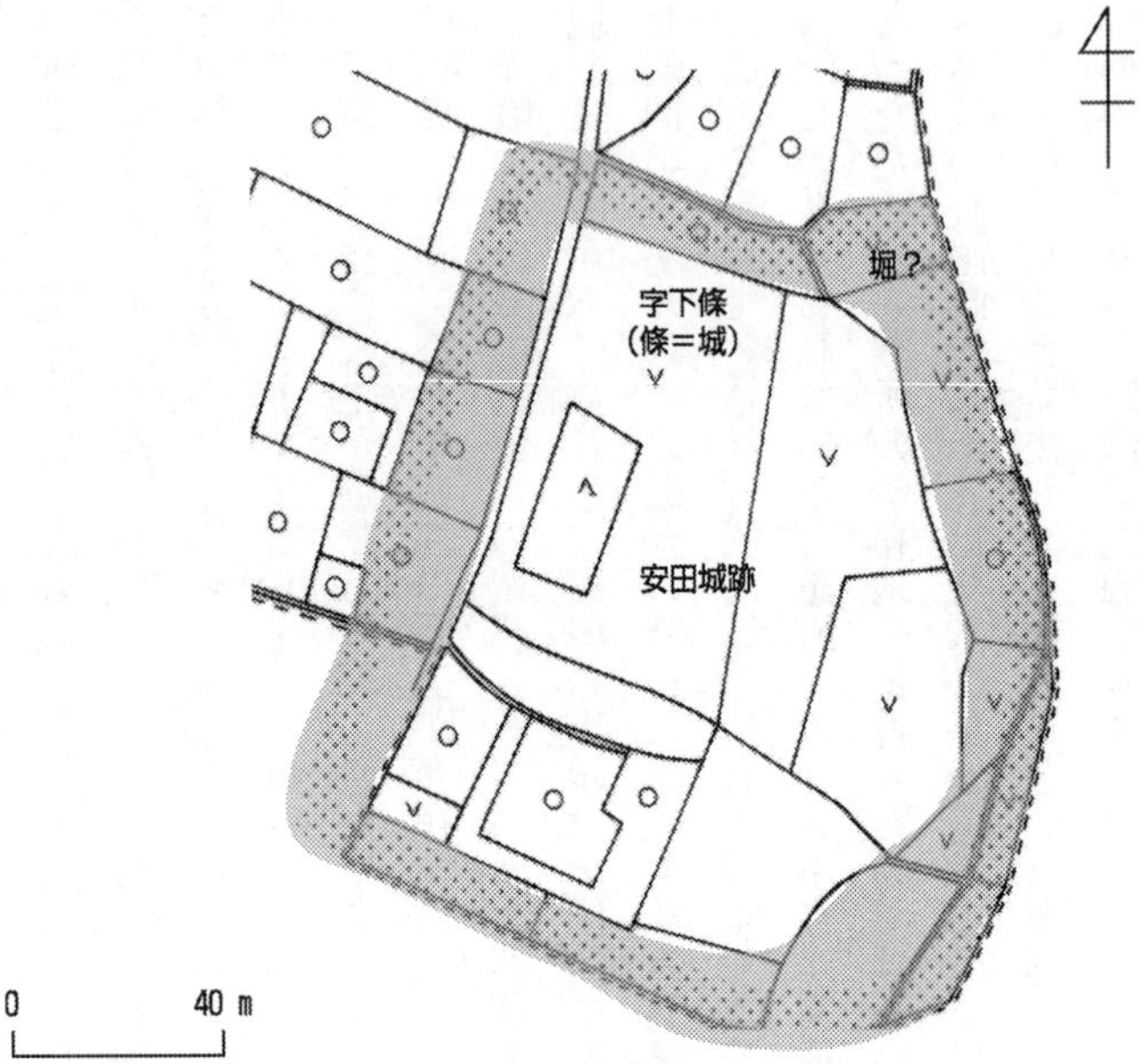

地籍図で推定される安田城跡（小豆島町）

讃岐は瀬戸内海に面した国である。そこには大小多くの島々が浮かんでいる。海は交通の大動脈であり、人々が行きかう。南北朝期の時代も多くの行き来があった。暦応二（延元四・一三三九）年佐々木信胤は小豆島の最高峰標高八一七メートルの地に星ヶ城を構えた。信胤は備前国児島の住人で、当初は足利尊氏の臣細川定禅に従って戦功をあげたが、後同じ尊氏の臣高師秋と対立し南朝方につき、小豆島を領地として与えられた（『太平記』）。

信胤は瀬戸内海に大きく立ちふさがる島の立地を背景に、眺望のよい星ヶ城から内海を航行する船を監視し、制海権を握る。また島民を動員して水軍を編成したと見られている。

その後、貞和三（正平二・一三四七）年小豆島は北朝方の細川師氏の支配地に組み込まれるが、信胤は師氏の配下となり肥土山の領家職を任された。貞治元（正平十七・一三六二）年坂出のいわゆる白峰合戦で細川清氏に属して敗れ、討ち死にしたと思われる。

このように星ヶ城跡は機能した期間が十四世紀中頃に限られる。星ヶ城跡は役割分担がわかりにくい幾つかの曲輪を東峰西峰の頂きにそれぞれ配置している。ただし曲輪はきれいに削り整えられているものではない。その周りの堀や土塁はいずれも防御には不十分で、山麓からはるかに高い場所を選んだから防御しやすいと見たほうがわかりやすい。村落や在地の支配はしにくくても、ともかく敵に対し立てこもるための砦が星ヶ城跡であり、平面配置といい立地といいまさに南北朝期の典型的な城にふさわしい。

佐々木信胤の居館は現在安田城跡と呼ばれる場所にあったといわれる。星ヶ城跡の南麓、内海湾に面した平地にある。残り三方を山に囲まれ、湾に突き出た田浦半島により外海から完全に隠されている。

先年、明治時代の地籍図によりこの場所に居館があったことが認知された。字下條《じょう》（＝城）に含まれ、居館とされる一二〇メートル×一四〇メートルの不整形の土地を堀跡と見られる長方形の細い土地が取り囲んでいる。東が川に接するため、この川から水を引き込んで堀を巡らせたようである。

また田浦半島の付け根にも「大手城《おてしろ》」の地名がある。遺構は確認されていないが、外海から隠れた安田城跡を補う見張り（狼煙）台が置かれていたかもしれない。安田城跡（小豆島町安田）の北の小高い天王山も「城山」と呼ばれる。湾内を見下ろすと同時に、居館・防御施設・見張り台などを中継する役割を果たしていたのだろうか。

小豆島では、この他に池田湾岸や土庄を中心として小規模城郭が点在する。いずれも構造は単純で、山頂の主郭を中心にいくつかの曲輪がその前後に作られる程度である。南北朝期を中心に使われ、その後放棄されたか、大規模な戦闘がないために防御機能も改良されなかったようで、この点が小豆島の城郭の特徴ではないだろうか。

（古野徳久）

(2) 守護所の遺跡

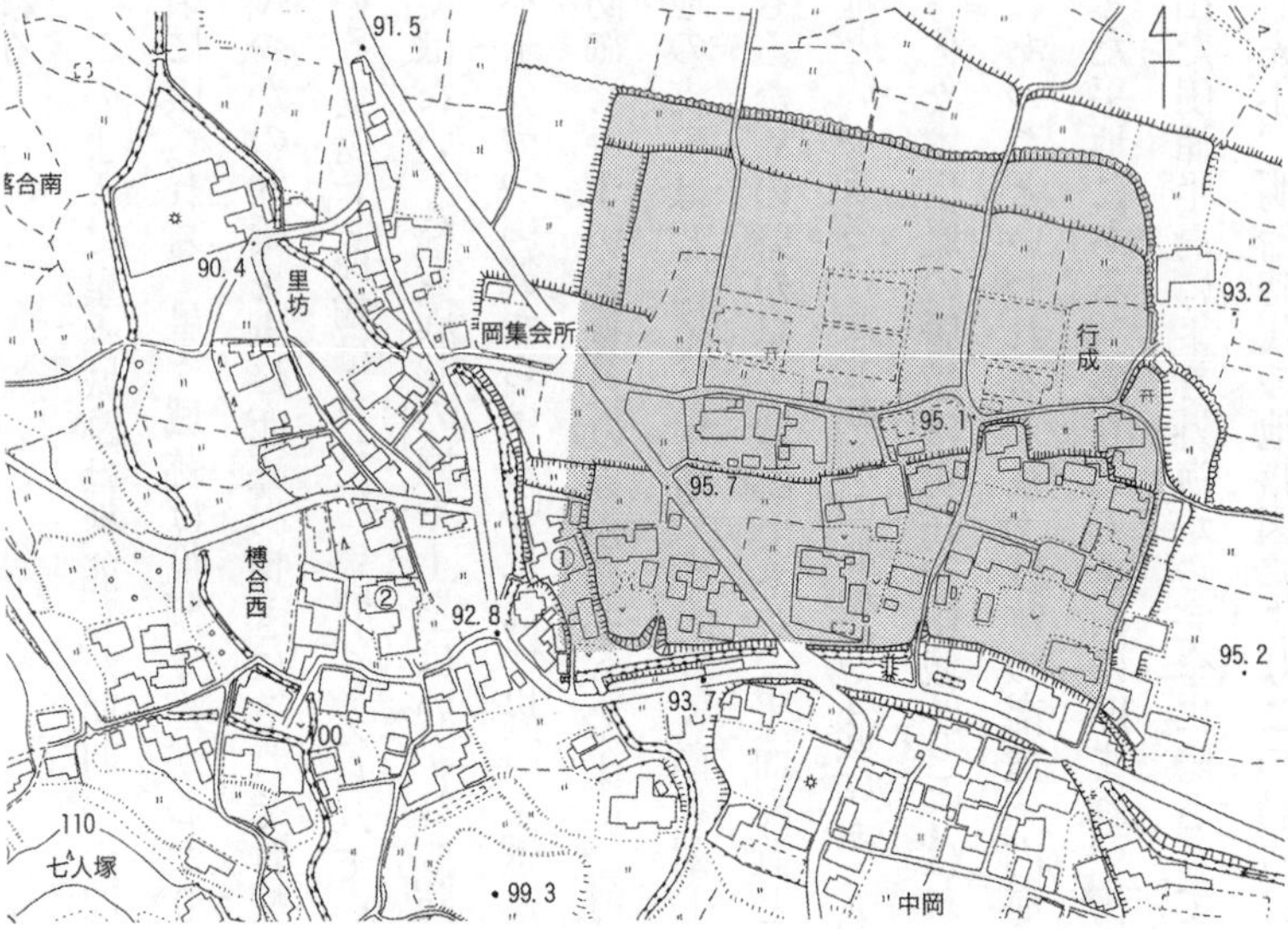

岡館跡と推定される土地区画
（『香川県中世城館跡詳細分布調査』松田英治氏作図に網かけ）

讃岐では守護所の移動や阿波守護の守護出張所が置かれた結果、守護所の遺跡が少なくとも三ヵ所に存在することになったと思われる。鎌倉時代以降基本的に守護所は宇多津にあった。しかし、建武政権期に守護であった可能性のある高松頼重は高松市高松町一帯を本拠地にしていた。頼重は南朝方として活躍したが最終的に敗れ、その後守護細川氏の下で、高松氏は在地領主として戦国時代末まで生き延びていく。

その居城とされる喜岡城跡（高松市高松町）は周囲よりやや高い台地の上が中心の曲輪となり、周囲を空堀が巡る。その南に接して堀を含めて一辺約一〇〇メートルの居館があったことが明治時代の地籍図から読み取れる。居館と曲輪のある高台とは規則的に並び、一つながりのものと判断できる。また高台の北東にも五〇メートル×八〇メートルの長方形の居館跡が認められ、一族もしくは重要な家来の館があったようである。またこれに接して細い土地が続いており、用水路を兼ねた堀が巡っていたのかもしれない。

当時居館のすぐ北と西に海が入り込んでおり、「地頭名」「公文」「堀江」の地名も残る。頼重は鎌倉時代に伊勢から移ってきたとされるが、住むに当たって海運に利のある当地を選んだのだろう。

喜岡城はこの後戦国時代末期に再び記録に現れる。天正十三（一五八五）年豊臣軍による猛攻の前に落城し、その死者の菩提を弔うために城跡に建てられた寺が現存する喜岡寺である。

宇多津の守護所は現在の円通寺の場所に想定されている。現地で地形の凹凸を読み取っていくと、円通寺を中心としたいくつかの曲輪群とそれを囲む堀が見えてくる。細川氏のような管領を兼ねた守護の居館の場合一辺約二〇〇メートルの規模になるのが標準であったようであるが、円通寺はその四分の一の面積もない。背後の竪堀状の遺構も戦国時代に下ると見られる。

守護細川氏はほとんど在国しなかったため、仮守護所としてこの程度の規模で十分であったと見ることもでき、一方で宇多津の管理に当たる細川氏家臣の城館跡との推測も行われている（『香川県中世城館跡詳細分布調査』）。円通寺より北西にかけて寺院群が連なる。この中にも居館跡の可能性のある平坦地形が認められるものがある。

香南町岡にも守護所が存在したとされる。この岡館は延文年間（一三五六～一三六一）に細川頼之が居したとされる。また、明応年間（一四九二～一五〇一）、阿波守護が香東郡南の井原荘を中心として讃岐国内で守護権限を行使した場所とされる。

従来岡城（行業城《ゆきなり》）があったとされる高台は近年現地踏査が行われ、堀、谷、堀切に囲まれた一辺二五〇メートルの方形区画の存在が浮かび上がってきている。この大規模な区画が守護所である岡館の可能性があり、また、岡城は西に四〇〇メートル行った近年堀地形の確認された天福寺の辺りにあったとの位置づけが試みられている。　（古野徳久）

(3) 東かがわ市の中世城館

虎丸城櫓台跡から見た東讃の平野部と瀬戸内海

引田城跡（東かがわ市引田）は現在生駒親正が築いた総石垣の城としての姿を見せている。しかしそれ以前より引田城は讃岐東端における攻防の地であった。十六世紀初め寒川氏配下の四宮右近が城を構えたのが引田城の始まりとされる。

一時は阿波から三好氏が軍船で攻め寄せ、白鳥城（東かがわ市白鳥）の白鳥玄蕃とともに防ぐなどしたが、寒川氏が大内郡を三好氏に譲渡したことにより、元亀元（一五七〇）年引田城は三好氏配下の矢野三武に引き継がれた。

天正五（一五七七）年矢野三武は阿波に引き上げ、引田城は城主がいなくなる。この後天正十一年東讃で長宗我部元親対仙石秀久の戦いが行われた。その中で敗走した秀久が一時的に無城主の引田城に逃げ込む一場面も見られた。

天正十五年生駒親正が讃岐に入部し、最初の入城先に引田城を選んだ。これにより引田城の無城主期は終わりを告げた。四方を海と湿地に囲まれた要害の地形は戦国時代の初めより常に重要視されたように、この時も最初の城を構える要因になったのだろう。

残念ながら総石垣が築かれる以前であることが確実な遺構は確認されていない。将来的に引田城跡が整備されることがあれば、石垣の下により古い時代の遺構が埋もれていることが期待される。

讃岐東端で最も重要な城であったのは虎丸城（東かがわ市与田山）である。虎丸城跡はやや内陸に位置するが、標高四〇〇メートルの山頂からは瀬戸内海まで遠く視界に入る。南北朝時代の築城ともいわれ、正確な築城時期は不明である。

文献に現れるのは十六世紀後半である。元亀三年虎丸城主であった寒川元隣《もとちか》は、阿波の三好長治の所望により城を明け渡し昼寝城（さぬき市前山）へ移り、虎丸城は三好方の安富盛方の預かりとなった。

天正十年長宗我部元親に敗れ阿波勝瑞城から落ち延びた十河存保《まさやす》が虎丸城に入った。阿波平定を終えた元親はその後を追い東讃目指して進撃してきたが、同時期海路確保のため軍勢を催していた仙石秀久と右記の合戦となり、秀久を破った。これにより虎丸城内の三好（十河）氏は孤立化し、最後は長宗我部軍により天正十一年落城し廃城となった。

虎丸城跡は戦国時代末期の三好氏による改修の結果、径四〇〇メートルの城域の各尾根に曲輪や堀切を配して、どの方面に対しても山頂の主郭を守り抜く難攻不落の形態となっている。北麓の「城ノ内」に居館があったと考えられ、虎丸城跡まで城道でつながる。途中城域北端に、切岸で四角く整え更に土塁を構えた櫓台状の平坦地がある。

石田城跡（さぬき市寒川町）は尾根末端の高台に位置する。堀切によって隔てられた「城屋敷」の地名の残る方形区画と光明寺のある高台を城域としたと見られ、尾根背後にも堀切を配していた雰囲気が認められる。城主は安富元綱で、天正十一年落城した。

（古野徳久）

(4)　さぬき市の中世城館

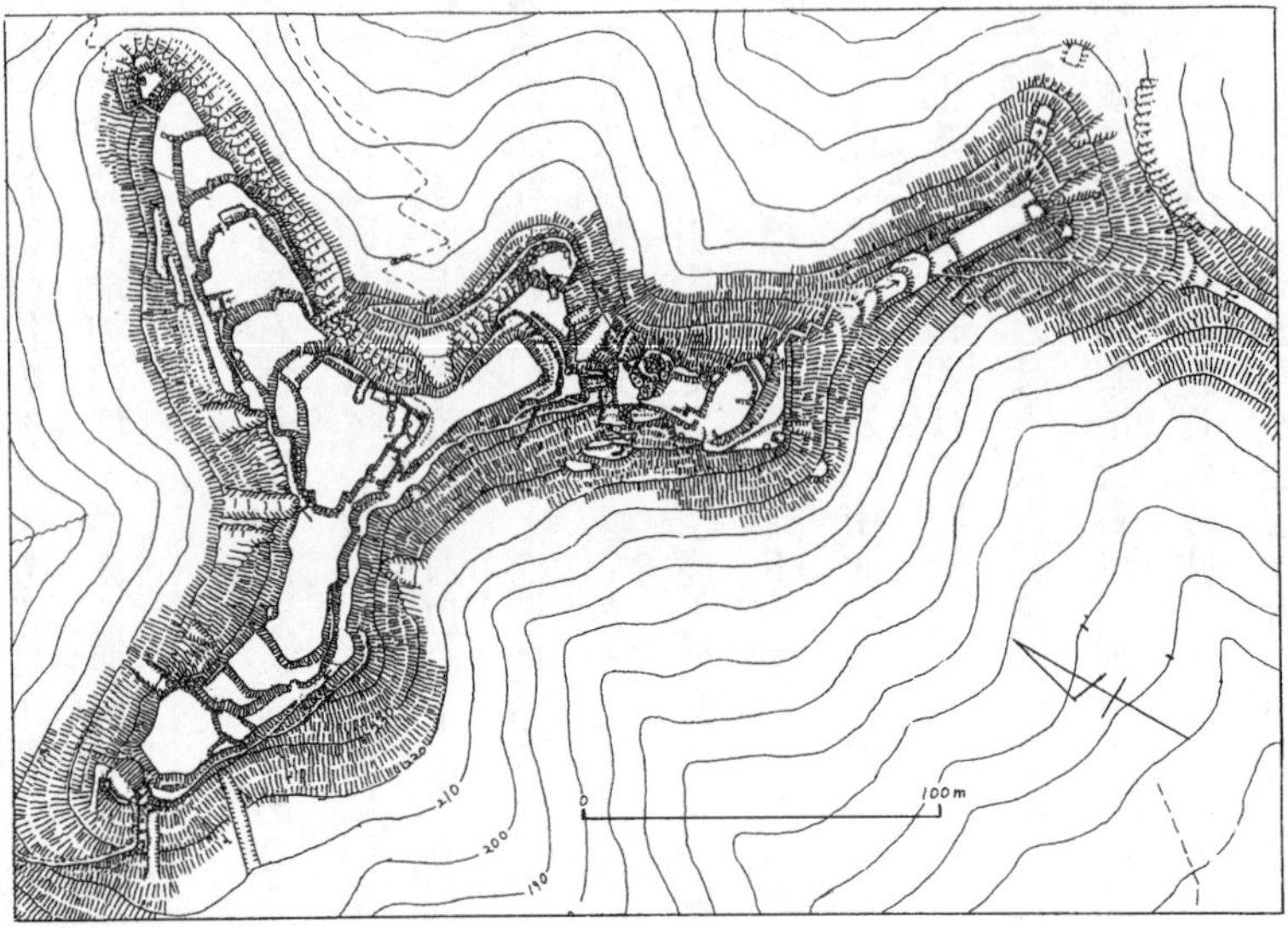

雨滝城跡縄張り図
（『香川県中世城館跡詳細分布調査』松田英治氏・池田誠氏作図）

室町時代の讃岐は守護である細川氏が在京のため、二人の守護代が讃岐十三郡を東西に分割して治めていた。東の七郡の守護代であった安富氏の本城が雨滝城（さぬき市）である。

雨滝城跡は十五世紀中頃の安富盛長が築いたとされる。元亀三（一五七二）年安富盛方は三好氏の指示により虎丸城に移り、雨滝城は家臣の六車宗湛に守らせることとした。しかし三好政康（十河存保）が阿波を追われ虎丸城に逃げ込むと、盛方はそこを出て雨滝城に戻った。阿波平定を終えた長宗我部元親は三好氏を追うように東讃に攻め込み、天正十一（一五八三）年雨滝城は元親の大軍の前に落城した。盛方はこれにより讃岐を追われ、六車宗湛が元親の命で城を預かることになった。石田城・雨滝城の落城の後仙石秀久の敗退があり、虎丸城は孤立し前項で述べたように落城するに至ったのである。

雨滝城跡は雨滝山頂を主郭とし、三方に張り出す尾根上に曲輪・堀切等を配し東西長は六〇〇メートルにも及ぶ東讃一の規模を誇る城である。縄張り調査により天正期の大改修が認められ、石垣も各所に認められる。また発掘調査により主郭を中心とした多くの曲輪で礎石建物跡が見つかっている。瓦の出土から一部は瓦葺きであった可能性があり、焼けた壁土も出土している。以上の様相から織豊系城郭と評価されている。土器・陶磁器は十六世紀後半を中心とした時期のもので、鉄滓や銭貨も出土しており、山中城内に兵が常駐するなどしていたと見られる。

六車城跡（さぬき市大川町）は六車宗湛が雨滝城に移る前に居を定めていた本拠地である。雨滝城跡の南麓二キロに位置する。小丘上に三つの曲輪があり、その中央の最も広い曲輪に居館を構えていたと見られる。周囲は堀に囲まれ、更に南は津田川に接し、対岸には「市場」地名がある。雨滝城主安富氏の居館が雨滝山南麓に推定され、六車城から一キロの距離であることから、城下の一角で水運の中継地点を押さえるという役目を担っていたのかもしれない。

昼寝城（さぬき市前山）と池内城（さぬき市長尾）は国人領主寒川氏の居城である。寒川氏の最盛期の版図は前項の引田・虎丸城も支配下に置き、東讃全域に及んだ。寒川氏とのつながりの深い長尾にある池内城跡が本城と見られる。永正三（一五〇六）年寒川左馬之允は細川政元に大窪越の警備強化を命じられており、昼寝城の築城もこの際に行われたのかもしれない。昼寝城はその後阿波細川氏・安富氏・三好氏が次々と攻め寄せ、天正三年阿波の海部氏に攻められ落城したと伝えられる。

昼寝城跡は築城の経緯からいっても境目の城であり、城域もその役割によってか狭い。城内には礎石建物跡や十六世紀後半の陶磁器なども見つかっており、一方で城の北西山裾には館跡と言われる緩斜面地がある。版図の縮小とともに寒川氏は池内城を捨て昼寝城跡周辺に居住を行うようになったのであろう。

（古野徳久）

発掘された佐藤城堀跡（高松市教育委員会写真提供）

(5) 高松市の中世城館

高松南部を勢力範囲とした十河氏も寒川氏同様国人領主である。神内氏・三谷氏とともに植田氏の一族であったが、三好長慶の子一存を養子に迎えたことにより、三好氏の讃岐における拠点として活躍する。居館は十河城（高松市十川東町）であり、貞治元（正平十七・一三六二）年以来十河氏が住んでいたとされる。天正十（一五八二）年東讃に侵攻した長宗我部元親は十河城攻略を開始した。猛攻後は平木城を付城として兵糧攻めにし、東讃平定後の天正十二年再度十河城攻めにかかった。飢餓状態にあった十河城勢はたまらず降参、遂に落城した。

十河城跡は舌状の微高地末端に築かれている。現在称念寺がある一辺約一〇〇メートルの方形居館に、その後北の副郭が付け加えられたと思われる。方形居館と副郭は深い堀切で隔てられ、土橋でつながっている。長宗我部元親に攻められた頃は、三方を深田で囲まれ、残る一方が大手口となり、空堀は深く土壁は屏風のように立っていたと記録されている（『阿州古戦記』）。

戸田城（高松市東植田町）は植田氏の本城である。植田氏は文治年間（一一八五～一一九〇）植田信則が源平合戦の際源氏方に与して戦功をあげたとされる。元亀から天正年間（一五七〇～一五九二）植田安信以下の一族が城主として文献上に現れ、天正年間に長宗我部元親により落城した。その後長宗我部親吉が城主となり、豊臣秀吉軍を迎え撃ったが、敗れて廃城になった。

居館のあった戸田城と尾根続きで詰め城のある戸田山城に分かれる。戸田山城跡は山頂の狭い曲輪以外に明瞭な曲輪がない。元親軍がこの城に拠ったにしてはそのための改修の跡もなく、戸田山城でなく上佐山城がこの際の攻防地ではなかったのか、との疑問の余地が残る。

神内氏は戸田城より三キロ西の神内城（高松市西植田町）に拠った。文治元年神内広忠が源平合戦に出陣し、貞治元（一三六二）年には神内景成がいたとされる。天文から天正年間にかけて神内氏は、現在の高松市木太町にも城を構えた。こちらも神内城といい、一部で発掘調査が行われ、堀や柱跡が見つかっている。

佐藤城（高松市伏石町）の佐藤孫七郎は香西氏の属将で、天正十一年勝賀城で戦死した。発掘調査が行われ、幅四メートルの堀の両側で二段の石垣が見つかった。堀は江戸時代前半に自然埋没している。神内城跡・佐藤城跡は周囲の条里地形に組み込まれた一辺約一〇〇メートルの方形居館で、平地で発掘調査により構造が確認された例として貴重である。

残る三谷氏の居館が三谷城（高松市三谷町）で、その詰め城が上佐山城（高松市西植田町）である。文明十二（一四八〇）年寒川氏に攻められ逃げ込んだ際の記録（『南海治乱記』）に、山城内の構築物が具体的に描かれ、当時より堅城であったことがわかる。

城域は上佐山の南北両峰にまたがり南北六〇〇メートルに及ぶ。一帯では最大規模の山城であり、戦国末期の改修をもの語る遺構も認められる。

勝賀城跡と周囲の山上の砦群（高松市）

香川県東半分、そして瀬戸内海対岸の児島から、標高四〇〇メートルに満たないながらそれとわかる台形の山がある。高松の市街地から西に向かうと目の前に堂々とそびえる台形の山は、まさに山頂に勝賀城（高松市香西西町）が築かれた跡である。

勝賀城は有力国人香西氏の詰めの城である。香西氏は古代の綾氏以来阿野・香川両郡を領有した豪族で、守護細川氏の家臣として在京し、また丹波守護代になるなど讃岐以外での活躍により両守護代に次ぐ地位を獲得し、讃岐に不在の守護代安富氏の隙を突いて勢力範囲を広げていった。

勝賀城の築城時期は不明である。承久三（一二二一）年の承久の乱で北条氏に従い戦功をあげた香西資村が勝賀山に城を築き、その麓の佐料に居館を営んだとも言われる。

勝賀城跡の城域は南北四〇〇メートルで、山頂に六〇メートル×四〇メートルの主郭を置き、周囲を腰曲輪で囲む。主郭は土塁で囲まれ、土塁の一部は広げられて櫓台となった。この土塁の残存状況は県内一良好で、ここに城が存在したことが実によくわかる。土塁・土塁の折れ・櫓台・枡形虎口・方形曲輪など戦国末期の改修が全体に及ぶ。主郭から十五世紀後半～十六世紀前半の土器や銭貨が出土している。

香西氏の中世城館は本城と支城による防御隊形がよくわかる点でも注目される。

佐料城（高松市鬼無町）は香西氏の居館で、背後は勝賀城を中心とした山並みで完全に守られる。前面は本津川の氾濫する湿地帯である。北から佐料城を攻めようとすると瀬戸内海から来ることになるが、勝賀城からの眺望がきくうえに、亀水《たるみ》城が狼煙場となる。また亀水城の南には黄峰《おみね》城を築き、この方面に睨みを利かせている。黄峰城は主郭を中心に帯曲輪を配する構成といい、主郭を囲む土塁のまわし方といい勝賀城に酷似する。また城を全周する石塁も有名である。この他付近に西畠城という要害があったとされる。

岸に近づき上陸を果たそうとすると、海に臨んだ芝山城に阻まれる。芝山城跡（高松市香西北町）は曲輪三つよりなる単純な構成である。ここを突破し山と川の低地に挟まれた地帯を南に向かうと次は小砦の作山城の裾を通らねばならない。作山城（高松市香西南町）には中継の狼煙場があったとも言われる。この他香西一門の居館も点在し、容易には通過できなくしている。

一方南から攻めれば、南北を山に挟まれた隘路を通らねばならない。この地点の北を押さえる袋山山頂には砦（袋山城跡、高松市鬼無町）があり、尾根裾の隘路際には未確認の衣掛《こかけ》城があったとされる。四方を守られた佐料城跡は二重の堀に囲まれた一辺六五メートルの居館で、堀跡は一部現存する。

しかしこのような防御隊形にもかかわらず、香西氏最後の佳清は海寄りに新たに藤尾城（高松市香西本町）を築き移転する。瀬戸内海からの助勢を求めて戦うことへの戦略の転換によるものとされる。（古野徳久）

（6）香川郡の中世城館

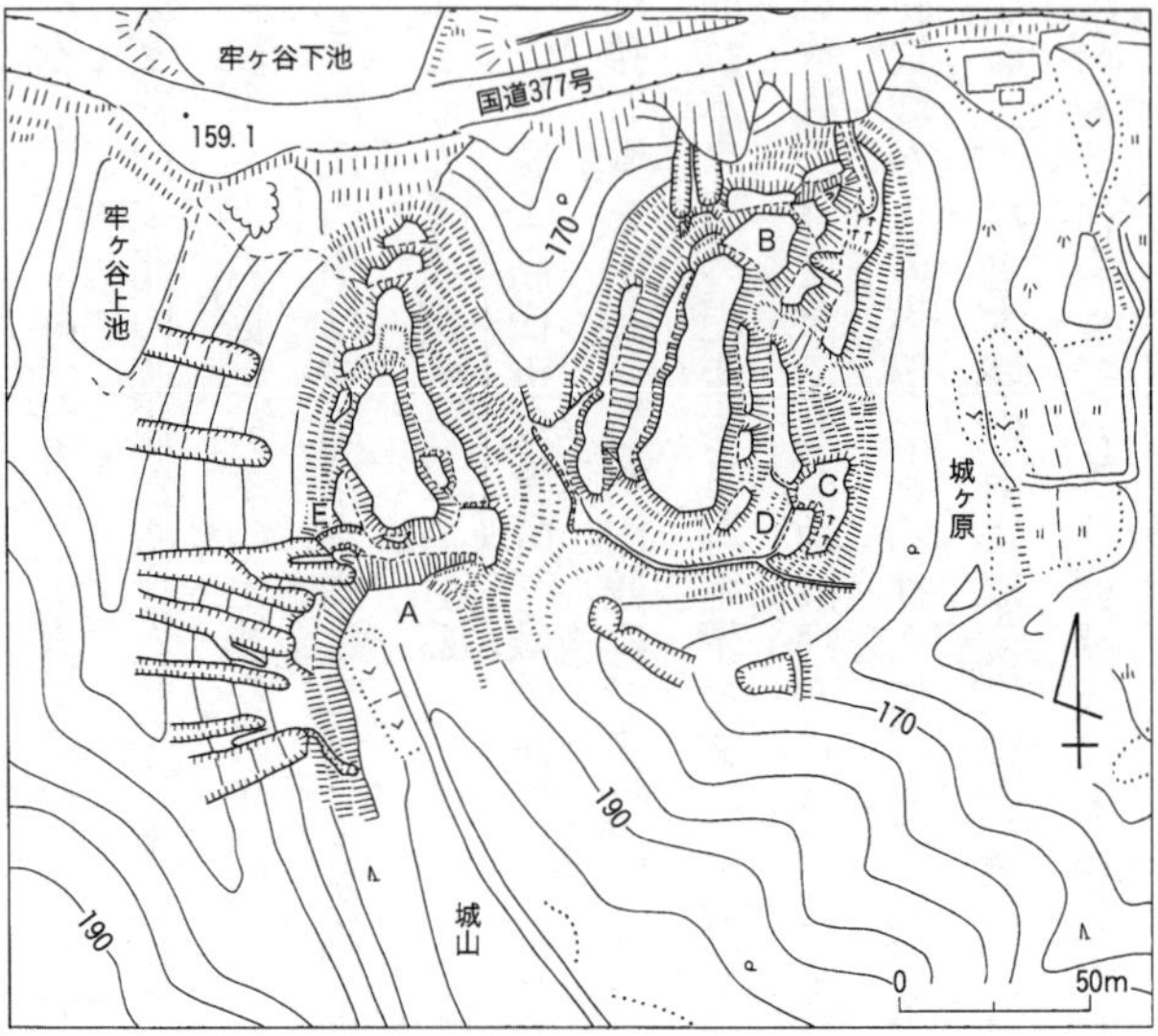

屋城跡縄張り図（塩江町）
（『香川県中世城館跡詳細分布調査』松田英治氏作図）

香川郡は高松平野の南に接し、また香川郡の南端を区切る阿讃山脈は阿波との国境となる。観応二（一三五一）年にはこの地に「安原鳥屋岡要害」が存在し戦略上重要な地域であることが文献にも記されている（由佐家文書）。室町時代前半、岡館（香南町岡）を拠点として井原郷中心に阿波守護が守護権限を保持したこともこの地域性を無視しては考えにくい。天正十（一五八二）年に始まる長宗我部氏の讃岐侵攻もこの地域を侵入口に選んでいる。鳥屋城跡や音川《おんがわ》城跡には戦国末期の改修も認められ、戦国時代の終わりまで常に軍事的緊張下にあった。

この地域の阿波との主要交通路は現在国道一九三号が走り長宗我部軍も通った曽江山越であるが、その西に相栗峠がある。山中の険しい峠で、それを越え讃岐に入っても深い谷を通ることになる。その谷を見下ろす位置に内場城（塩江町）が築かれている。狭い尾根筋を利用して南北七〇〇メートルにわたって曲輪や堀を配し、この方面の押さえとなっている。

文献上は十五世紀中頃川田景秀がこの城に拠ったとされ、また長宗我部軍の前に音川城主川田景信がここで戦い落城したとされる（『安原記』）。

曽江山越を阿波より侵入し讃岐側で最初に出会う山城で存在が確認されているのは、音川城跡（塩江町）である。城の規模は小さいが主郭を半周する横堀は讃岐では貴重な存在である。音川城跡の下は谷が急で狭く、谷間を主要河川である香東川が流れる。対岸には関城跡（塩江町）があり、二つの砦で敵の侵入を阻むようになっている。関城跡は畑化で曲輪遺構を読み取りにくくなっているが、「関」の現存地名は江戸時代の関所の存在と共に、『古今讃岐名勝図絵』に長宗我部元親が攻め寄せてきた際に「関」を構えたと記された場所と考えられる。

鳥屋城（香川町）はこの地域の中心となる山城である。音川城より一キロ下流に位置する。東西二つの尾根先端を利用し、両尾根上に曲輪群を展開する。東尾根上を主郭とし、城周囲には連続竪堀を斜面に掘っている。堀切も多用し、枡形虎口状の曲輪配置もいくつか認められ、戦国末期に大がかりな改修が施されたことがわかる。鳥屋城の構えられた地点は善通寺方面に行く谷が分かれる要衝であり、南北朝期より鳥屋城が構えられていたとしても不思議ではない。

中世井原郷を本拠とした由佐氏は、南北朝期に関東から来讃した。由佐氏の居館である由佐城（香南町）のある場所は「お城」と呼ばれ、土塁が一部現存する。現在郷土館が建てられ、その際の調査で柱穴やごみ穴、江戸時代初期に埋められた堀跡などが見つかっている。文献によると「沼之城」とも呼ばれ（『由佐氏由緒臨本』）、低湿で防御に有利な場所が選ばれているようである。周囲一六町方形の館で、四周に幅五間の堀がめぐり、その内に土塁があった。由佐氏の「根城」が鳥屋城で、また由佐城の周辺に「東砦城」「西砦城」を構えた。

（古野徳久）

(7) 綾歌郡の中世城館

麓に新名氏の館があった鷲の山城跡

綾歌郡は山並みによりいくつかの小地域に分かれる。その東端は鷲の山、火ノ山、堂山、国分台に囲まれた国分寺町一帯である。このうち東を画す堂山と西を画す鷲の山山上に山城が築かれた。

これらの城砦群には、讃岐藤原氏の総領香西氏と同族関係にあった福家氏・新名氏らが拠っていた。香西氏は承久の乱で幕府方に参じたことにより羽床氏から讃岐藤原氏の総領の地位を奪っており、この因縁もあってか後に羽床盆地に勢力を持つ羽床氏は南朝方についた。この時期羽床氏に対する備えとしても働いたとみられる。

永正四（一五〇七）年の管領讃岐守護細川政元の死後香西氏が凋落したことにより福家氏は阿波勢に寝返り、天正七（一五七九）年三月には福家城主父子が香西氏に謀殺される。その後は羽床伊豆守と香西氏が反目しあうことになり、福家氏の勢力範囲は羽床方に取り込まれた。

福家氏の居館は堂山南西麓の現在の長然寺にあっ

たとされる。居館に伴う遺構は未確認である。この福家館（国分寺町）の背後の尾根末端には福家城が構えられている。尾根末端を幅一〇メートルの大きな堀切で断ち切り、その土で尾根の下手に土塁を築き、土塁の背後に曲輪群を配置している。

福家城跡は城域が五〇メートルと規模が小さく砦的な位置にあると考えられ、それに対して福家城跡の尾根を登りついた堂山城（高松市西山崎町・国分寺町）が詰めの城の関係にある。堂山城跡は三角点のある山を中心とした三つのピーク上に展開する。主郭は北の標高三〇四メートルの山上にあり、三〇メートル×四〇メートルの主郭下に四段に帯曲輪を連ねる。南の二つのピークは小曲輪で構成され、主郭周辺とは時期差が認められる。天正七年春西讃を支配下に収めた長宗我部軍は中讃攻略に転じ、十一月羽床氏と和議を結ぶ。主郭周辺の縄張りは堂山城が長宗我部氏の勢力下に入って以降に改変された可能性がある。

国分寺町域の北西半分を拠点とした新名氏の居館が存在したと考えられている場所は、現在「土居の宮」（新名氏居館跡、国分寺町）と呼ばれている。鷲の山の尾根末端から続く微高地上にあり、堀状地形や古い川跡に囲まれ、居館の防御性を高めるに効果的な土地を選んでいる。「西方に二重堀」があったとされる。

鷲の山城（坂出市府中町・国分寺町・綾川町）は新名氏の詰め城である。尾根斜面は峻険で防御は固い。北峰を中心として南北五〇〇メートルの尾根上に小さな曲輪群と堀切を配している。特に北端には両谷に竪堀となって落ちる深い堀切を掘り込んでいる。また北峰と居館のある微高地筋をつなぐ尾根上には切岸を持つ小平坦地が多数ある。

羽床氏と和議を結んだ長宗我部氏は新名氏との和平に応じたが、四年後の天正十一年新名氏を殺害し入《いり》交孫右衛門《まじり》を入城させた。更に二年後豊臣軍に追われ入交氏は退去、新名氏遺族が再び鷲の山城に入った。

頂上が平たく切り整えられた西長尾城跡主郭

天正七（一五七九）年春、西讃を支配下に収めた長宗我部元親は軍勢を中讃に向ける。向かう先には香西氏や阿波三好氏に属す十河氏・安富氏が待ち構えている。軍勢は高松方面への直進経路である現在の綾歌郡南部を通るため、この地域も戦国の嵐に巻き込まれていく。

守る阿野郡勢を西側から支えるのがこの地域最大にして讃岐有数の山城である西長尾城である。西長尾城は東は阿野郡、南は阿波よりの進入口である三頭越方面を睨み、善通寺を眼下にする戦略上極めて重要な位置にある。

西長尾城（綾歌町、まんのう町）を詰め城とした長尾氏は、もとは荘内半島の筥御崎《はこみさき》を領し海崎《みさき》氏と称していたが、細川頼之に参陣し細川清氏討伐に軍功をあげて、西長尾の土地を恩賞として預けられた。長尾氏の居館は西長尾城跡南麓の超勝寺付近にあったとされる。天正七年長尾氏は羽床氏に倣って長宗我部軍に降伏し、翌年長宗我部氏の重臣である国吉甚左衛門に西長尾城を譲った。

現在の西長尾城跡は国吉期の大規模な改修が施され、長尾氏時代の様子は窺いにくい。それだけこの城が長宗我部氏にとって讃岐攻略の重要な拠点となったのである。城山山頂から北東への二つの尾根に、きれいに整地し土塁囲みとした曲輪群を展開し、尾根先端は深い堀切で厳重に防御している。尾根の間の谷は水の手となり、大規模な軍勢の常駐を可能としている。また国吉期には東の小ピークに主郭が移動しており、これを指して国吉城とも言う。

阿野郡勢の中心となって長宗我部軍に向かったのが羽床氏である。羽床氏は承久の乱で讃岐藤原氏の嫡流は香西氏に奪われたものの、依然としてこの地域で勢力を保っていた。羽床盆地と綾川を前面にした小丘に羽床城を築き、その西麓に居館を構えていたようである。またその周辺で市も開かれていたようで、「市の庵」という地名も残る。

羽床城跡（綾川町）は三〇メートル×七〇メートルの広い主郭を中心に土塁や横堀を組み合わせた曲輪群を持ち、櫓台や枡形など戦国時代末期の改修も認められる。城域は丘全体の広さ三〇〇メートルに及び、羽床氏にふさわしい規模と内容を持つ。

羽床城跡から鳥屋城跡のある香川郡方面と高松方面に谷が分かれる。前者には綾川沿いに伊賀城跡・後藤城跡が点在する。いずれも綾川を天然の堀と意識した小丘上に位置している。

伊賀城跡（綾川町）は丘の中腹を居館とし、背後の丘上に城を築く。城は方形の曲輪二つと背後の堀切、その土をかき揚げた土塁という単純な構成をとり、このような形態が讃岐の小領主層の館と城の組み合わせの典型である。

後藤城跡（綾川町）も「門屋敷」等の地名が残り、麓に居館があったことを示しているが、一〇〇メートルの城域に櫓台・帯曲輪・畝状竪堀群を組み込むなど戦国時代に防御性が高められ、羽床城跡と鳥屋城跡の間の重要拠点となっていた。

（古野徳久）

(8) 坂出市・丸亀市の中世城館

丸亀城石垣下から見つかった古い石垣跡（丸亀市教育委員会写真提供）

丸亀城跡は現在見る近世城郭の姿以外に、かつて中世城館がそこに存在したという歴史も持っている。

中世城館の終わりを元和元（一六一五）年の一国一城令によって、戦国時代の無数の城が廃城に追い込まれた時点に求めるなら、中世城館としての丸亀城の歴史は、応仁年間（一四六七～一四六九）奈良元安が亀山に支城を築いたといわれるあたりから、生駒親正が築いた城が同令により取り壊されるまでとすることができる。

現在丸亀城跡では、保存修理事業が一〇年以上継続している。外にふくらんだ石垣を取り外して元通りに積みなおす際、その石垣の下がどのようになっているかの調査も同時に行われ、現在の石垣にいたるまでの歴史が解き明かされつつある。

石垣を取り外すと、その裏に半壊した生駒氏時代の石垣が現れることがある。一方で今も残る石垣の裾部にだけ古い慶長期の面影を残す場所もある。確かに外見的にも徹底した石垣の取り壊しが行われたものの、その後入部した山崎氏は廃城で残された石垣を、うまく再利用したようである。

さらに平成十一年度の三の丸石垣修理工事により石垣内部から野面積み石垣が見つかった。この章最後の項で取り上げる和田城跡にも同様の石積みが存在する。丸亀城跡の整然とした高石垣以前、讃岐独自の技術によって城郭に石垣を積むことがあったのであろう。

ところで奈良氏は戦国初期には細川氏の四天王とされた有力な武士で、本城が聖通寺山城（坂出市坂出町・宇多津町）である。奈良氏が文献にほとんど登場しないことや一帯の開発により遺構は消滅したと考えられていたこともあり、その姿は長年不明であった。しかし最近の踏査によると、各尾根には連郭式の曲輪群が残り、要所には竪堀が認められる。平山・聖通寺山二峰にまたがる南北九〇〇メートルの広大な範囲に、城に関わる遺構を確認できたことは、この山が讃岐において重要な位置を占めていたことを示している。

高屋城（坂出市高屋町）は細川清氏が南北朝期に拠った城である。清氏は室町幕府内の紛争に破れ四国に落ち延び、当初白山城（三木町）に入り、後この地に至った。貞治元（正平十七・一三六二）年『太平記』にも記された白峰合戦で、讃岐守護細川頼之と戦い敗れた。遍照院のある小山に城があったとされるが、遺構は未確認である。

西庄城跡（坂出市西庄町）は平地の居館である。地名や水田の並びから、三方を川に囲まれた湿地の中に「ヤグラ」を持つ「ヤシキ」があったようである。永正四（一五〇七）年香川氏の一族である香川民部少輔がこの地に居を構えて以来、西庄城は三好、毛利、長宗我部氏との関わりを持ち、この地域の攻防の中心として数度の敵方への明け渡しも経験している。民部少輔は最後は豊臣配下となって他国へ出陣し戦死した。

（古野徳久）

笠島城跡（右奥の高所）と古い町並みを残す笠島集落（丸亀市本島）

(9) 島嶼部の中世城館

畿内・中国・四国・九州、そして海外をつなぐルートである瀬戸内海には島が無数に点在する。南北朝期にも小豆島における星ヶ城のように城が構えられた例があるが、星ヶ城跡の場合形態や立地はこの時期の典型的な城のものであり、島の城という特性は認められない。

島の城の特性とは海を縄張りに取り込み、またその一角に出撃可能な船着場をもつ一方で、城が持ち堪えられないならば、最後は海に逃れればよいという意識が読み取れるものとされる。当初は削平された高台程度の簡易な造りであったものが、その特性に加えて、陸と同じ複雑な防御構造を持つようになる。文献上も貞和四（正平三年・一三四七）年には「塩飽の島」に「城槨」が存在したことが記されている（忽那家文書）。

隣国の伊予にも村上氏という有力な海賊衆が存在し、数百メートルの大きさの小島全体を城郭化した例が多く認められる。また海岸には岩礁に穿たれた穴に柱を立てて船を係留する施設が一列に並んで残されている。これらの城は発掘調査例により、十六世紀を中心とした時期のものが多いと見られる。

讃岐では島全体を城郭化した例は未確認であるが、島の地形を利用した城が存在する。それは港湾に隣接する城館と港湾から離れた城館に、大きく二つに分かれるとされる。

港湾に隣接する城館の代表例は、笠島城（丸亀市本島）である。本島の東端にあって海に突き出した小丘を利用して築かれている。小規模ながら主郭を中心に曲輪や土塁・堀切・竪堀を組み合わせ、讃岐の城館中でも堅固な防御構造となっている。西麓には伝統的建造物群保存地区に指定された笠島集落の古い町並みが残る。この町並みも厳密には城館の時期である織豊期以前とそれ以後のものが重なり、更に前者には城館の付属施設も含まれるという。類似の立地を持つ城館に高原城跡（直島町直島）、櫃石城跡（坂出市櫃石）、与島城山城跡（坂出市与島町）がある。

港湾から離れた城館の代表例は、手島城山城跡（丸亀市手島）である。手島西縁の小頂上に築かれ、主郭の周りに帯曲輪や竪堀を配している。直下の海浜部には城に付随する施設や城下を何ら持たない。類似の立地を持つ城館に沙弥城山城跡（坂出市沙弥島）、粟島城跡（詫間町粟島）、志々島城跡（同志々島）がある。

その構造から、港湾に隣接する城館の機能は港湾周辺の海上監視と、港湾の持つ軍事機能の管理と防衛にあり、港湾から離れた城館は周辺海域の監視のみ担い、二種の連携により塩飽周辺の制海権を確保していたと考えられている。

塩飽の支配は鎌倉中期以降香西氏、細川氏、大内氏、能島村上氏らが絡み、最終的には織豊政権が掌握し、生駒氏の讃岐支配の軍事力の一部を担っていくようになるのである。

（古野徳久）

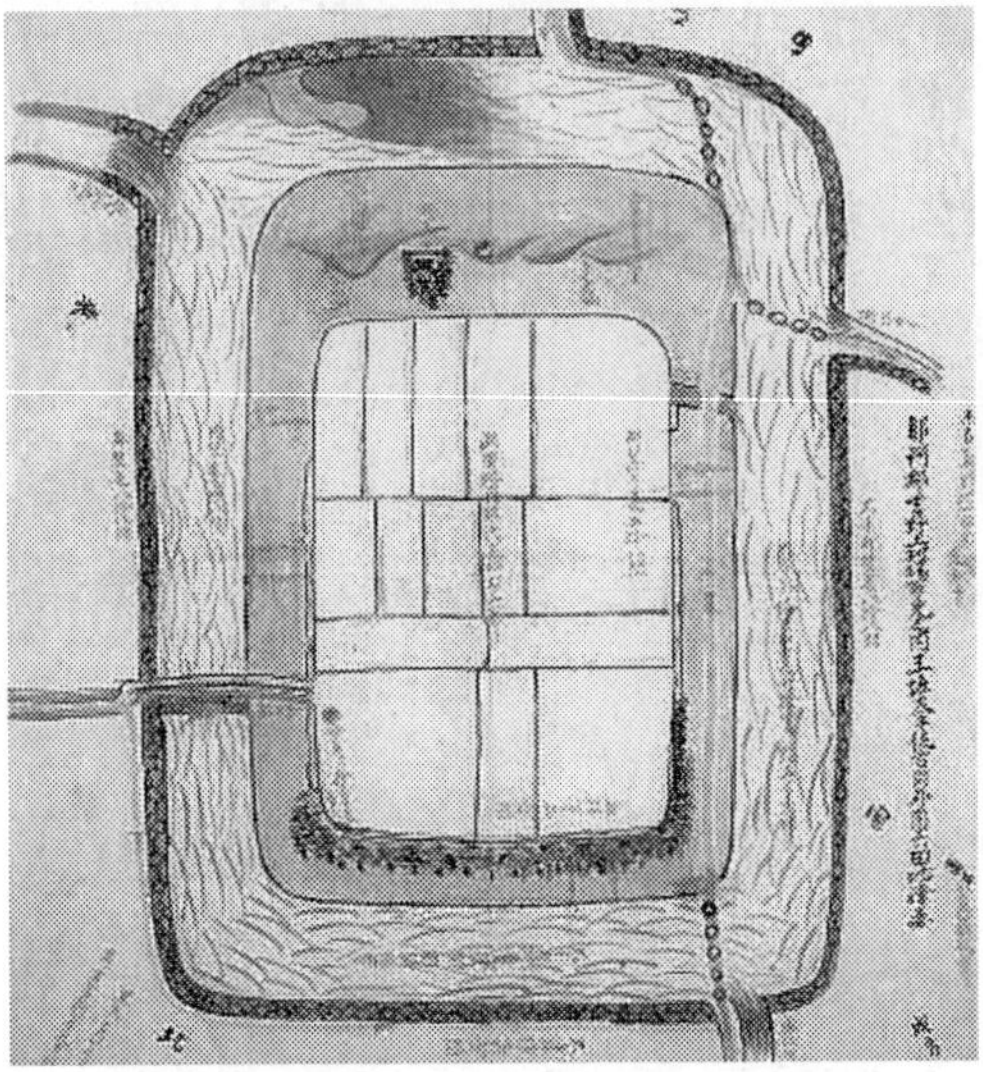

大堀城跡が描かれた絵図
（岸本家文書・香川県立文書館写真提供）

⑽　善通寺市・仲多度郡の中世城館

天正五（一五七七）年元吉城を巡って毛利氏と讃岐物国衆を主力とする三好勢との合戦が行われた。毛利氏は讃岐を支配下に収め、瀬戸内海の制海権を確保しようとの目論見から讃岐に進出したのであるが、元吉合戦には勝ったものの、その後の和議により讃岐より撤退した。

従来元吉城は櫛梨山城（琴平町、善通寺市櫛梨町）と西庄城（坂出市西庄町）の間で定説を見ていなかった。縄張り図が発表され、櫛梨山城跡が天霧城跡と西長尾城跡の間にあって規模が大きく高度な縄張りを持つ城と判明し、築城の背景として元吉合戦が再検討されるようになった。大きな合戦にふさわしい城であり、文献に記された地名が周辺に現存する点で、櫛梨山城跡は元吉城である可能性が高い。櫛梨山の西向いにあり文献にも記される磨臼山にも、遺構は確認されていないが、城があったと伝えられる（『萩藩閥閲録』所収文書外）。

櫛梨山城跡には毛利氏配下の冷泉元満が元吉城に

入って修理をしたという文献の記載（浦家文書・屋代島村上文書）に対応する修復の跡が顕著には認められず、東の尾根筋に厚い防御が凝らされながら、合戦が行われたのは西麓の磨臼山との間の平野になるなど、完全な決着にはまだ幾つか課題が残る。

なお、櫛梨山城跡は広い主郭を直線を意識した土塁囲みとし、その周囲は二重の帯曲輪をめぐらすなど戦国期のものであり、東端には長宗我部氏の改修による二重堀切が残る。元吉合戦直後の長宗我部氏の西讃平定の際のものであろう。

平地の居館はその後の開発等により土地割りにその痕跡を留めるのみとなるものが多い。

中村城跡（善通寺市中村町）は、一辺一〇〇メートルの主郭に一辺五〇メートルの副郭が連なる。珍しく幅数mの大きな土塁が残り、それを取り巻く堀も幅八メートルほどあったと推測されている。堀には出水の場所があり、これより堀を用水路として周囲の田に水が配られている。城主の仲行司貞房は永禄六（一五六三）年阿波の三好実休が西讃に攻め寄せ金倉寺に陣を敷いた際にその支配下に加わった。城内に景政神社として祀られる鎌倉権五郎景政は、香川氏の祖とされる人物である。

大堀城跡（まんのう町）は名のとおり大きな堀が残る。江戸時代には水田となり、堀は中村城跡同様周辺の用水路の中心に組み込まれていた。一七〇メートル×一一〇メートルの長方形の居館跡で、平成十六年に一部発掘調査が行われた。

それによると最初鎌倉時代（十三世紀前半）に、南北に区切る堀とその周囲に建物が築かれ、その後しばらくして、堀に石垣が張られている。建物は何度か建替えがあり、堀は十四世紀後半に埋まりその役割を終えたようである。

一方外周の現存する堀は形状から十六世紀ごろのものという指摘もある。調査結果と堀の形状の二つの時期差の矛盾は、大堀城跡の歴史に対する大きな問題提起となった。

（古野徳久）

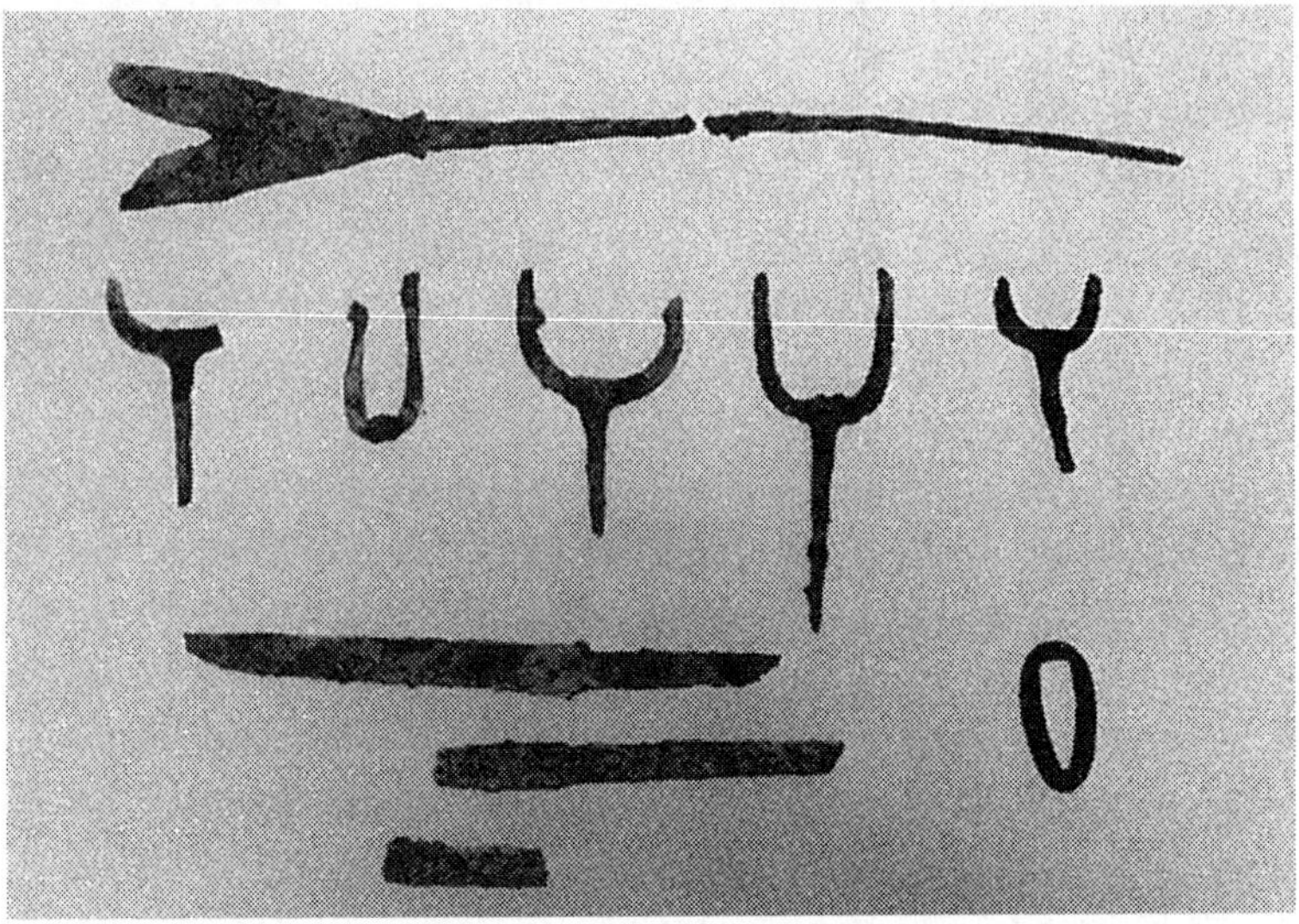
天霧城跡で見つかった鉄製の鏃や刀子（香川県教育委員会写真提供）

(11) 西讃の中世城館

採石でえぐられた大きな白い姿を見せる天霧山の山頂に天霧城は築かれている。西讃の守護代香川氏は天霧城を拠点城郭とし、通常の居館は多度津に置いた。

多度津は守護館があった宇多津の西隣の港として、中世大いに栄えた。多度津城（多度津町）はその港を見下ろす高台に築かれ、その存在を示す「本台」という地名も残されているが、公園化のため当時の遺構は確認されていない。

天霧城（善通寺市・多度津町・三野町）の築城時期は明らかでないが、香川氏が来讃した南北朝期ころと考えられている。城に関わる記録の残るのは、下って永禄六（一五六三）年阿波の三好勢が香川氏を攻めた際のことである。城主香川之景は籠城の末に、毛利氏を頼って落ち延びた。これにより讃岐全域が三好氏の支配下に入った。香川氏帰国後、天正七（一五七九）年西讃の要城を次々と落とし続ける長宗我部元親の前に屈し、最後は天正十三年元親が土佐に退くに同道し、天霧城は廃城となった。

天霧城跡は一二〇〇メートル×五六〇メートルの県内最大の城域を持つ。尾根筋はすべて幅が狭く山腹斜面は急峻で、これ自体が要害といえるが、主郭周辺は枡形を連続させまた間に櫓台を効果的に配置し、戦国末期の一級の縄張りとなっている。城内からは十五、十六世紀代の土器や武器が多く見つかり、特に輸入陶磁器は香川氏の財力を示す県内有数の豊かな内容を誇っている。

江甫草《つくも》山城（観音寺市室本町）は観音寺の外港として古くから栄えた室本港を守るように、海上に突き出す江甫草山に築かれている。室本はその城下町としても栄え、細川氏の居館も城下町に面して山麓に存在したと想像される。頂上の主郭から尾根筋を曲輪が段状に連なるだけの単純な構造であるが、上部は戦国末期の大改修により主郭縁辺は直線と折れを繰り返し、それを広い帯曲輪が取り巻く。斜面には石垣が多く認められ、総石垣の城を思わせる縄張りとなっている。

城主の細川氏は十五世紀半ばにはこの一帯を支配していた。天正六年藤目城・本條城落城後、長宗我部元親に攻められ落城し、廃城となった。

藤目城（観音寺市・大野原町）から見下ろす谷を遡ると、阿波の池田方面は間近である。このため長宗我部元親が讃岐攻略の第一歩としたのがこの藤目城であった。壮絶な攻防が繰り返された末、天正六年藤目城が落城すると、元親はこの城を足がかりにして攻略を推し進めた。豊臣軍に押され土佐へ撤退する際も最後まで土佐勢が残り、同十三年冬落城した。

藤目城跡は八〇メートル×二〇メートルの長方形で広い主郭を持ち、その回りを帯曲輪が囲むが、縄張り上の工夫は薄い。背後の尾根を断ち切る大きな堀切とそれより落ちる竪堀は長宗我部軍の在城を強く示している。

本篠城（財田町）の築城時期は不明である。南北

和田城跡の獅子ヶ鼻で見つかった石垣跡（豊浜町）

朝期阿波から箸蔵を越えてきた小笠原義盛が南朝方の拠点とした。北朝方の香西氏により落城した財田城と同じ時期ともされるが、天王城跡とする説もあり一致を見ない。

天正六年藤目城を落とした長宗我部元親は、本篠城を圧倒的な軍勢差で一気に落とした。その後長宗我部勢の中内藤左衛門が入城し、藤目城と共に讃岐攻略の拠点となる。だが豊臣軍に押され同十三年落城し、最後まで藤目城同様の経緯をたどった。

本篠城跡の縄張りも戦国時代末期の改修の痕を色濃く留める。特に谷に臨む城正面と背後の尾根に残る大堀切・竪堀の連続、また二重堀切は長宗我部氏の築城技法の特徴である。主郭は二〇メートル×六〇メートルの長方形に切り整えられる。東斜面に曲輪を連続させる厚い防御から、猪ノ鼻峠に近いこの方面が重視されていたことがわかる。

天王城跡（財田町）は本篠城跡から北へ二キロの位置にある。城のある丘の裾を巡るように財田川が流れ、天然の堀となっている。山頂の主郭は六〇メートル×四〇メートルと広く、今は八幡神社が建っている。平成元年の試掘調査ではここで建物跡を示す柱穴他多数の遺構が確認され、また十五、十六世紀の遺物も見つかった。この城でも大堀切・竪堀他、長宗我部氏の改修が大規模に行われている。

藤目城跡、本篠城跡、天王城跡に残された長宗我部氏による改修の痕は、長宗我部元親がこの地域を讃岐攻略の足がかりとして重要視していたことを再認識させるものである。

元親入城前の城主は大平国秀で、城跡の南東二〇〇メートルの鉾八幡に天正六年、付近の神社を合祀させている。国秀の兄国祐は大平城主、弟近藤邦久は麻城主である。大平氏はもと近藤氏で、国平は正治元（一一九九）年讃岐守護に任じられ、その子国盛より大平姓となり、源頼朝より土佐に所領を賜ったとされる。国祐の時、永禄五（一五六二）年長宗我部元親に攻められ、香川氏を頼って来讃した。

大平城は現在の和田城跡であり、また尾根先の要害部のみを指して獅子ヶ鼻城ともいう。台山の北麓に尾根に囲まれるように国祐寺がある。天正三（一五七五）年国祐自身が建立したもので、また国祐の墓もこの寺にある。立地的にも恐らく国祐の居館もここにあったと思われる。また和田城跡の城域も、台山を中心とし国祐寺を囲む尾根末端の獅子ヶ鼻、台山公園までとなる。大平城も天正六年長宗我部元親により落城した。

台山山頂には曲輪らしき平坦地があり、台山公園にも古墳の盛り土を利用した曲輪や堀切らしき遺構がある。獅子ヶ鼻には大堀切とその土をかき揚げた土塁が残り、その規模は県下有数である。ここで見つかった石垣は丸亀城の整備調査で見つかった最も古い石垣とよく似ている。

（古野徳久）

⑿ 中世末期の城館

引田城跡の石垣には廃城となった際崩された痕跡が残る

戦国時代は讃岐の武士たちと、三好氏、毛利氏、長宗我部元親、豊臣秀吉などが、それぞれの思惑を持って離合集散を繰り返したが、最後は豊臣秀吉によって平定された。織田信長と豊臣秀吉が創り上げた城郭は織豊系城郭と呼ばれる。本丸を中心とする縄張り、城郭内部から城下町末端に至る身分階層別の住居、総石垣、瓦葺き建物、天守などによる周辺への誇示象徴を特徴とし、これが近世城郭へとつながっていく。讃岐の城郭発達を断ち切った織豊系城郭の築城は、まさに戦国時代が終わり、讃岐が秀吉の全国統一に飲み込まれてしまったことを示す。

讃岐にはじめて現れた総石垣を特徴とする織豊系城郭は引田城である。秀吉配下の生駒親正が天正十五（一五八七）年築いたとされる引田城跡は、平成十六年に試掘調査が行われ、多大な成果を挙げた。場所は通称東の曲輪と北の曲輪付近である。

東の曲輪では石垣を再確認したうえ、その高さが推定二メートルあったことが明らかになった。曲輪内では櫓台らしい石材の高まりや建物用の礎石を検出した。また瓦が多量出土し、鯱《しゃち》瓦も乗せた本格的な瓦葺き建物が建てられていたことが確実になってきた。

一方北の曲輪付近では東面の化粧池側の斜面に石垣で虎口を築いていた。全容が未だ不明ながらも、この試掘調査は、引田城が総石垣の城であることを再認識させた。

更に引田市街は城下町として整備された可能性が高いことが指摘されている。親正が去った後も番城となり、元和元（一六一五）年廃城となった。

高松城（高松市玉藻町）は生駒親正が引田城の次に本格的に構えた城である。内堀より中は公園として整備され、築城期の縄張りを留める。天守もはじめて築かれた。周辺の数地点で発掘調査が行われ、海に突き出した砂洲状の微高地の上に築かれたことが明らかになった。また高松駅前の区画整備による発掘調査では、親正が築いた石垣が地中より見つかった。

砂洲状の微高地は、築城以前は船着場であったようでまさに海ぎわにあり、満潮時にはこの城は海に浮かぶように見えたかもしれない。

丸亀城跡も現在は丸亀港の奥になったが、江戸時代にはかつての入り江の名残で、城の北五〇〇メートルの地点まで掘割により海面が引き込まれていた点や、築城の際海岸部に水夫の集落を移住させてきたことに、海の近くに城を築こうとしたことがうかがえる。

このような海に臨んだ城の占地は、戦時の軍勢移動の容易さを考慮したものであろう。

この他、前田東城跡（高松市前田東町）も織豊系城郭の形態を持っている。石垣は認められないものの、櫓台の張り出しを持つ方形の曲輪二つと、城下町を整備しようとしたものと考えられる西に続く微高地を谷と川を堀とし取り囲み、一種の総構えとなっている。十河氏が秀吉の配下に入ったことを、讃岐の国人が織豊系城郭を築くことで示した例と見られる。

（古野徳久）

第十二章　近世黎明

十五世紀後半から十六世紀、日本が戦国の動乱であった時代に、ヨーロッパでは近代社会へ移行しつつあった。ヨーロッパ諸国は、海外各地へ進出する大航海時代を迎えるようになる。十六世紀中頃、初めてヨーロッパと日本は接触する。それが鉄砲の伝来であり、キリスト教の伝来である。この二つの異国からの贈り物がその後の日本を大きく変えるとは、当時の人は誰も予想していなかったであろう。いち早くその二つの物を取り入れたのが織田信長である。信長の出現が近世の幕開けとなるのである。

永禄三（一五六〇）年六月、信長は桶狭間で今川義元を破り、歴史上に大きく登場する。以後信長をめぐる争乱が、戦国の世を終焉へと導くのであった。名高い長篠の戦いで、鉄砲という近世的武器の活用により中世権力の象徴ともいえる武田軍は敗れる。近世権力の勝利である。一方、西国へと勢力を伸ばそうとする信長の前に立ちふさがったのが石山本願寺である。信長にとって石山戦争の勝利こそ、天下統一が可能になるため、そこへ費やす労力はすさまじいものがあった。

大坂城石垣石切丁場跡　内海町岩谷（国指定史跡）

やがて信長は瀬戸内海への進出を図る。平穏な時には波穏やかな瀬戸の海も、ひとたび嵐がやってくれば怒濤のように荒れ狂う海へと変身を遂げる。まさに信長の進出は、嵐のようなものであった。そこに住する人たちにとれば、中世という枠の中で平穏に日々を過ごしていたのが、突如として近世という嵐に巻き込まれるのである。海を舞台に活動した海辺の人々には、荒れ狂う海は社会の変革を覚悟しなければならなかった。だが、これは海だけでなく次には山からの来襲が待ち受ける。四国の山並みを越えて、新たな勢力が讃岐へと伸びてくるのである。

土佐の一領主から一国の主に成長しながらも、それだけでは飽きたらず、四国の覇者を目指した長宗我部元親であった。一領具足の貧しき農民的武士を主体とした長宗我部軍が、厳しい日々の生活の中から戦いを通して豊かさを求め、豊かな平地と穏やかな瀬戸内海を抱く地へと進出を果たすのである。だが、その労苦も新しい近世の覇者によって、もろくも打ち砕かれていく。長宗我部氏と同様に足軽出身から大成を夢見てそれを実現し、ついに天下人となった豊臣秀吉の出現である。

信長の後継者争いに勝利を得て、戦国大名が夢見た全国統一を完成させた。その人生は強運を実力に替えることにより、完遂できたといっても過言ではない。そこには緻密な計算と、大胆な行動があった。その秀吉もまた瀬戸内海を掌中に収めようとする。

「海の時代」と呼ばれた室町時代から、瀬戸内海を舞台に様々な人々が登場する。その最後の役者が秀吉であった。瀬戸内海の中央、そこには塩飽が存在する。信長が塩飽に目を付けたのと同様秀吉も塩飽へと触手を伸ばす。中世以来の塩飽の持つ魅力は権力者にとって何物にも代え難い宝であった。塩飽に残る朱印状が如実にそれを示す。海に携わる人々にとって、秀吉の登場は「船つかひ候もの」と称された海辺の民が持つ従来の自由な活動が制限され、新たな社会の体制へ組み込まれるのである。これは塩飽だけでなく、瀬戸内の島々にも共通することであった。

近世の幕を開いた信長、開かれた幕に颯爽と登場し一人舞台を演じた秀吉、それは中世世界に染まっていた讃岐人に近世黎明を体感させるに充分な舞台であった。

瀬戸内海は「海の時代」から「新たな海の時代」を迎えようとするのである。

（橋詰　茂）

(1) 石山戦争と讃岐寺院

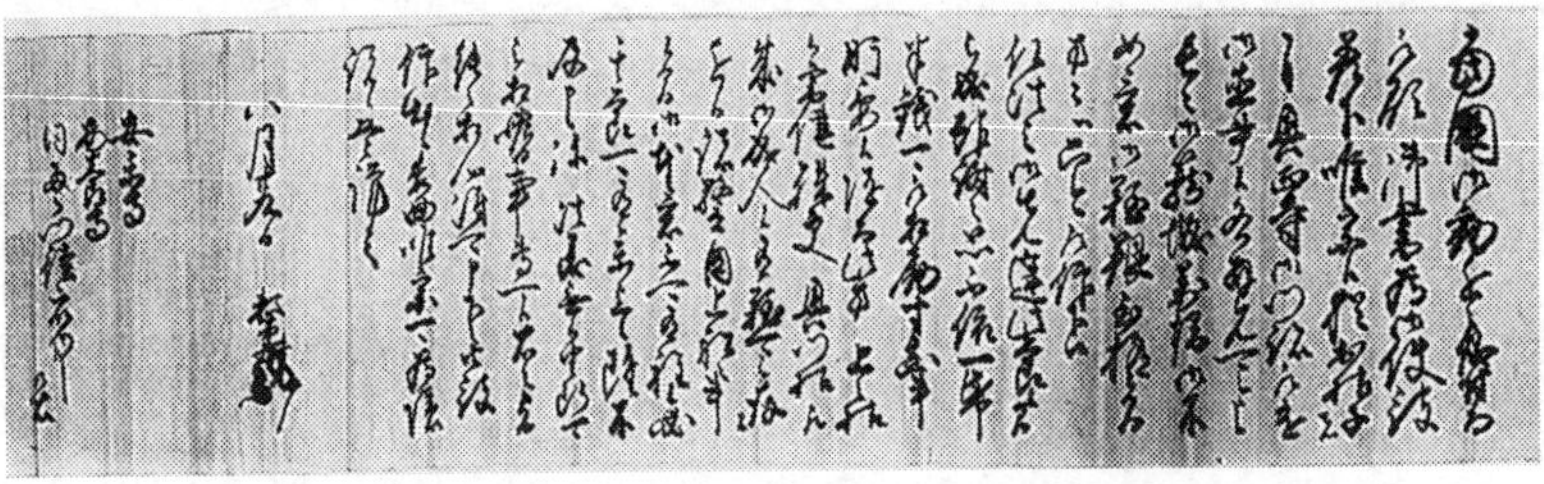

山本願寺籠城への救援を求め安楽寺・安養寺門徒衆中に出された下間頼亮書状（安楽寺文書・香川県立文書館写真提供）

元亀元（一五七〇）年から天正八（一五八〇）年の一〇年間に及ぶ石山戦争は、織田信長が、天下統一に向けて最もエネルギーをそそいだ戦いの一つといえる。永禄十一（一五六八）年、足利義昭を奉じて上洛を果たした信長は、本願寺に対して五〇〇〇貫の矢銭を要求し、本願寺側もこれを上納した。しかし、信長はさらに石山の寺地譲渡を要求したともいわれている。

元亀元年九月、信長に対して挙兵した石山本願寺法主顕如は、十月七日、各地の門徒に対し檄を飛ばしている。讃岐でも「讃岐坊主衆・門徒中」宛に、「門下の輩寸志励むにおいては仏法興隆たるべく候」と奮起を促している（大谷派本願寺文書）。この檄に対して、讃岐の真宗門徒がすぐさま何らかの行動を起こしたかどうかは定かではないが、その可能性は十分に考えられる。

このころ西讃地域を支配していた篠原氏は、本願寺とも結びつきがあり、宇多津の真宗寺院である西光寺に対して、禁制を下している。その西光寺の専念は天正三年に、「青銅七百貫、俵米五十斛、大麦小麦拾斛弐斗」の軍資金や兵糧を本願寺に搬入している(西光寺文書)。宇多津は早くから海運業が発達していた地域で、その経済的基盤や水運力によって、西光寺門徒による本願寺への搬入が可能であったといえる。

翌四年四月、石山での籠城が開始されると、七月には毛利水軍が木津川口で信長の警固船を焼き払い、兵糧を搬入している。このとき毛利軍は、村上水軍・小早川水軍・安芸門徒・紀伊の雑賀衆などの連合軍であった。安芸門徒は、真宗門徒としての本願寺とのつながりと、さらには、毛利氏の家臣団としてもその軍事力を持って活躍した。

また、本願寺は同六年、紀州門徒に淡路岩屋の警固や信長方の九鬼嘉隆の水軍の討伐を依頼し、各地の門徒には檄を発した。西光寺には八月二十九日、顕如と本願寺の坊官であった下間頼廉からそれぞれ「久しき籠城」により兵糧が不足し、「一紙半銭」でもとの救援を求める書状が出されている(西光寺文書)。同じく香川郡安養寺にも依頼が出された(安楽寺文書)。これに対して、西光寺や讃岐の門徒がどのような行動を起こしたのかは分からない。

しかし、すでに九鬼水軍によって本願寺への海上交通は遮断されており、海運業にかかわる者の集団であった宇多津の門徒は水軍とはいえず、また西光寺と塩飽水軍とのかかわりや、元吉合戦後の毛利水軍との密接なかかわりもみられないことから、この要求に対しては、具体的な行動は取れなかったであろう。実際、本願寺からも紀伊門徒のように、軍事力による具体的な活動は依頼されていない。

毛利氏と安芸門徒のようなつながりは、讃岐の寺院にはなかった。讃岐において、有力な支配者と圧倒的影響力を持つ有力寺院とその下のいくつかの末寺といった関係はみられず、この組織力の希薄が軍事力の弱さにもつながっていた。

(芳地智子)

(2) 塩飽の朱印状

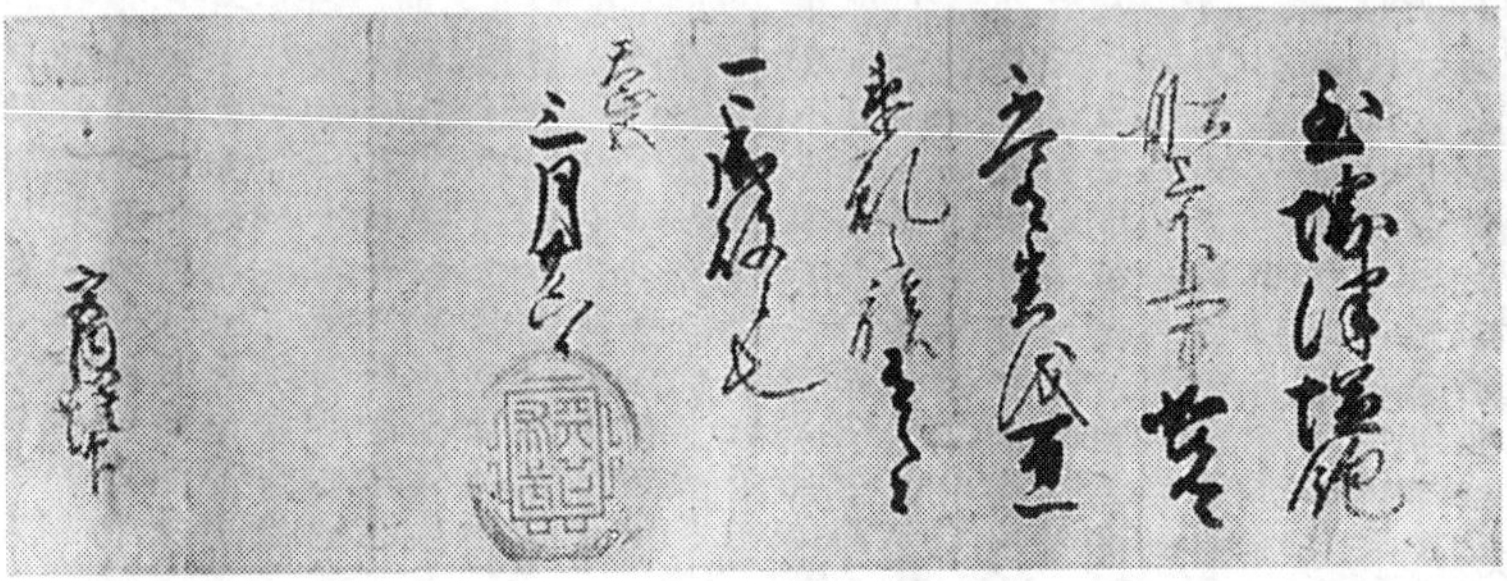
塩飽船の航行を許容した織田信長朱印状（塩飽人名共有文書）

瀬戸内海の中央部備讃瀬戸に浮かぶ島々がある。これらの島々を塩飽諸島と称する。その中心に位置する本島は、古代から瀬戸内海を往来する船が風待ち・潮待ちのため寄港する港として存在していた。本島に建てられている塩飽勤番所には中世から近世にかけての権力者の朱印状が保管されている。

勤番所は寛政四（一七九二）年の塩飽島の島治改革に伴い、同十年島中船方領の政治の場として建てられたものである。昭和四十五（一九七〇）年に国の史跡に指定され、往時の建物が復元されたが、その本館の中庭の西角に三段石積みをした朱印庫がある。朱印庫の中の石櫃に信長・秀吉・家康など七通の朱印状が収められている。これらの朱印状は塩飽人名共有文書として、数百年にわたって大切に保管されてきたが、これは近世の人名制を形成する源となるものであった。塩飽にとっては他に代え難い貴重な史料である。

七通の朱印状は以下のものである。天正五年織田

信長朱印状、（天正十四年）豊臣秀吉朱印状、（文禄元年）豊臣秀次朱印状、文禄二年豊臣秀次朱印状二通、慶長五年徳川家康朱印状、慶長七年徳川秀忠朱印状である。

県下でこのように一括して朱印状が残っているのは塩飽だけである。ではなぜ塩飽に残されているのか。それは塩飽が中央権力者と政治的に大きく関与するからである。中世という時代は塩飽にとって最も華やかな時代であった。だが、織田信長の出現で塩飽は大きく転換する。

天正五（一五七七）年の信長朱印状は、大坂石山本願寺との抗争を繰り返していた信長が、塩飽を自己支配下に組み込みを図ったものである。この朱印状は縦一四・九センチ、横四〇・三センチの大きさで、朱印は馬蹄形の信長の代表的なもので、堺の代官松井友閑に宛てたものである。従来、塩飽船に与えられていた「触れ掛かり」という海上特権を侵すものは処分するように命じたものといわれているが、そうではなく、非本願寺勢力として信長の支配下に組み込むことを命じたものである。信長は塩飽を用いて東瀬戸内海制海権を掌握しようとしたのである。

以後、塩飽は時の権力者から支配を受けるようになる。一連の朱印状がそれを物語る。天正十四年に発給された秀吉朱印状は塩飽の命運を決定づけた。九州島津氏討伐のため、四国の兵を豊後へ派遣する際に塩飽へ軍用船を出すことを命じたものである。秀次の三通の朱印状は、朝鮮出兵に係るもので、塩飽での兵船の建造と兵・軍資の輸送を塩飽衆に命じたものである。また家康・秀忠朱印状は、従来より認められていた塩飽への本領安堵状である。

このように統一権力者からの朱印状は、瀬戸内海における塩飽の中世以来の船による活動を認めつつも、それを新たな支配の原理の中に取り入れをはかるものであった。以後塩飽は、近世という「新たな海の時代」へ活動の場を移すのである。

（橋詰　茂）

(3) 宣教師の見た塩飽

宣教師が度々寄港した塩飽島を望む（丸亀市本島）

永禄七（一五六四）年という年は、塩飽の人々にとって驚愕の年であったろう。突如目の前に現れた南蛮人の姿に、人々は驚きと感嘆の声をあげたに違いない。それは、豊後から都へと旅する宣教師フロイスと修道士アルメイダの一行であった。彼らは、伊予の堀江港から瀬戸内海を航行し、塩飽の港へ立ち寄ったのである。天文十八（一五四九）年フランシスコ・ザビエルにより初めて我が国にキリスト教が伝えられてから、わずか一五年後のことである。

宣教師の本国へ送った書簡の中に「著名なる港」として塩飽の名が記されている。すでに宣教師たちは塩飽の存在を知っており、都へ上る途中の寄港地として度々訪れた。天正二（一五七四）年船旅の途中病に襲われた副管区長カブラルは塩飽に到着して、療養のため八日間滞在した。滞在中に同行のジョアンは島民に布教を行った。宿の主人は入信する勇気が無かったが、その妻はキリスト教に帰依した。これが塩飽における最初のキリスト教徒である。これを契機として、宣教師たちは塩飽に寄港するたびに布教活動を行い、その結果何人かが信徒になっていく。

その宿が宣教師たちの定宿になったようである。何回か宿泊するに伴い、塩飽の人々も、異国人に心を開いたであろう。それを示すのが、天正五年のできごとである。京都から豊後へ下る途中、フロイスは塩飽へ立ち寄った。その時に身分ある婦人が臨終に近づいており、宿の主人が薬を所望した。そこで所持していた「ベゾアル」と称する薬を投与したところたちまち婦人は回復した。このことは島民のあいだに知れわたり、「医師の評判忽ち拡がりて眼病其他の病ある小児を連れ来り、又男女の病人来りて薬剤を与へ又彼等の脈を取らんことを切願せり」といった有様であった（『耶蘇会士日本通信』）。塩飽の人たちには宣教師であるより医者としての存在を認めるのである。

しかし、織田・毛利氏の対立が激化するにともない、塩飽を巡る抗争が宣教師たちにも影響を与え、危険な寄港地となる。だが、信長の死によりこの問題は解消する。その後塩飽はキリシタン大名小西行長の統治下になる。宣教師にとって塩飽は安息の地であった。それが秀吉によるバテレン追放令により状況は激変した。やがて行長が肥後へ転封になり、有力な庇護者を失ったため、離島したり改宗するキリシタンも現れた。

塩飽は宣教師の瀬戸内海航行の寄港地として重要な地であった。そこでの布教はもう一つの目的があった。オルガンティノの報告書に「塩を買ふ時は歓待されてゐた」とあるように（『イエズス会日本年報』）、宣教師は塩の入手可能な場所を確保しなければならなかった。塩飽は早くから塩の産地として知られている。この地を寄港地としたのはそのためでもある。宣教師の布教ルートは、塩の入手ルートでもあった。

（橋詰　茂）

(4) 塩飽検地

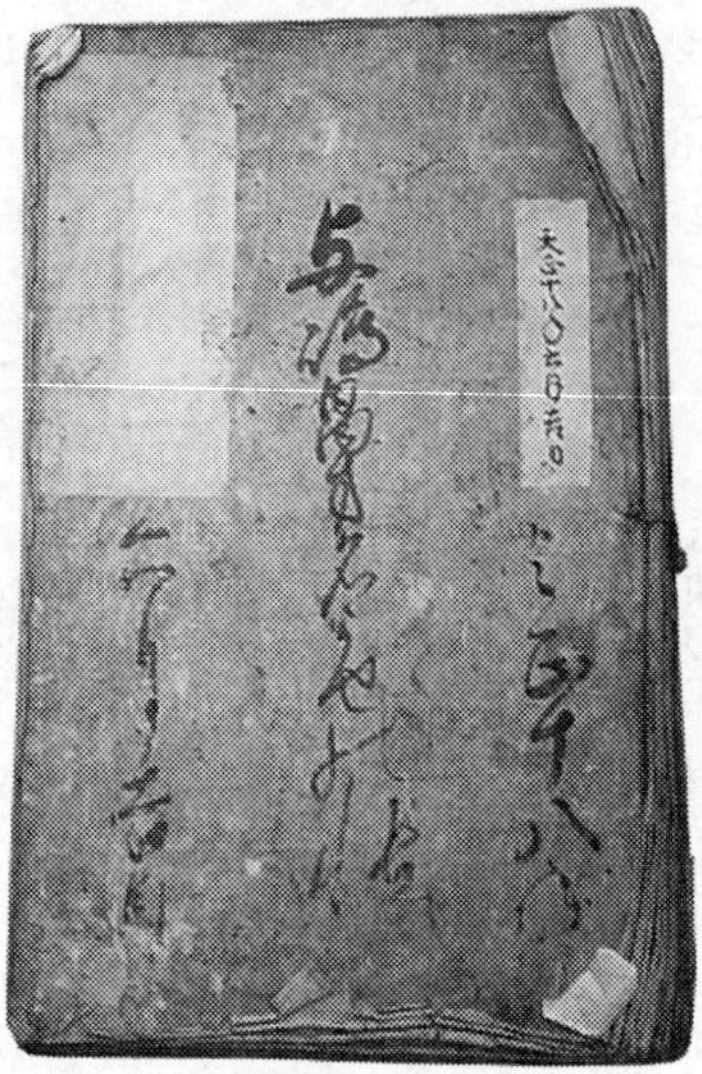
塩飽における太閤検地を徴す与島畠方名寄帳
(岡崎家文書)

天正十(一五八二)年から秀吉は山城国を手始めに、同基準で全国的に検地を実施した。これがいわゆる太閤検地である。同十八年に塩飽でも検地が実施され、田方屋敷方二二〇石と山畠一〇三〇石合わせて一二五〇石が島中船方六五〇人に宛われた。

塩飽で検地が施行される二年前、三ヵ条からなる海賊停止令が出された。「いつれも船つかひ候もの」と見るように、海の民の掌握の強化を図るものであり、従来のような自由な活動が制限された。豊臣政権の拡大強化が海にまで及ぼされてくるのである。塩飽衆も当然この停止令により自由な活動ができなくなるのである。

天正十八年六月の「与島畠方名よせの帳」と同年と推定される「吉(与)島田方名よせの事」の二冊が現存している(岡崎家文書)。「いつれも船つかひ候もの」の調査が検地で明らかにされ、塩飽は完全に豊臣政権に掌握されるのである。海の民から陸の民へと転換をはかろうとするものであった。

「与島畠方名よせの帳」には四三九筆の記載があり、作人は四三人を数える。一二町八反余の畠地だが、圧倒的に中下畠が多く、土地はやせていたことがわかる。斗代は上畠一石、中畠八斗、下畠五斗である。総石高は八五石三斗九升九合、反あたり六斗七合である。作人は、与島だけでなく笠島・櫃石島・本島の農民が出作地を所有していたことがわかる。ここで注目するのは、やへ・千・まん・まきといった女性と思える名前が記載されていることである。塩飽では女性の土地所有が認められていた。

一方、「吉島田方名よせの事」では、筆数は二三四筆で作人は六〇人を数えるが、同一人と思える人名を検証すれば五五人となる。ここには石高と作人名のみが記載されており、田の面積の記載はない。総石高は二八石九斗五升四合で、一人あたり一斗二升四合となる。零細な土地所有であったことが、この二冊の帳簿から明らかになる。

寛文九（一六六九）年の塩飽島中納方并配分之覚によれば（『塩飽島諸事覚』）、惣高一三七八石九斗余（内畑高一一四〇石六斗四升余、田高二三八石二斗六升余）で、うち与島は畑高八八石五斗五升余、田高二八石八斗五升余である。江戸時代の内容と名寄帳に記載された高とはそれほどの違いはない。秀吉の検地で一二五〇石検出されたが、この数値は塩飽諸島全域から検出されたものである。

秀吉の朱印状に記載された石高は、船方六五〇人に宛われたが、これは塩飽の船方の総数を示すものではない。六五〇という数値は塩飽に対する軍役負担として命じられたものである。このような大量の人数を必要とするのは、朝鮮出兵動員のためである。朝鮮出兵の時に、多数の水主の動員があったが、一二五〇石はその扶持米として与えられたものであろう。朝鮮出兵に対する豊臣政権の統制が、塩飽へも顕著な例として現れたものといえる。

（橋詰　茂）

讃岐・織田軍と長宗我部軍の攻防の舞台となった引田城

(5) 長宗我部氏の讃岐侵攻

長宗我部氏は、十六世紀半ばの国親の時代に頭角を現した。永禄三(一五六〇)年その家督を継いだ元親は、永禄末期に本山・安芸氏を破り、天正二(一五七四)年には中村の一条氏を滅ぼし土佐を統一した。元親が織田信長と親交を開始するのはこの頃からであった(香宗我部家伝証文)。

元親は、信長との関係を拠り所として伊予・阿波・讃岐へと侵攻する。その両腕となったのが、吉良氏を継承した親貞と、同じく香宗我部氏の娘婿となった親泰という二人の弟であった。このうち親貞は、一条氏から摂取した中村城を基地として伊予に侵攻し、親泰は阿波へ攻め入り、天正三年に海部氏から海部城を奪って阿波・讃岐攻めの拠点とした。そして元親は、本拠岡豊城から山越えルートで北上し、土佐・阿波・讃岐の結節点にある阿波白地城を大西氏から奪取すると、ここを阿波・讃岐攻めの基地とした(『元親記』)。

元親は短期にして阿波西部を制圧すると、天正六

（一五七八）年讃岐制圧に乗りだし、翌七年には信長と毛利氏との狭間に立つ天霧城の香川氏を従え、その娘婿として次男の親和を送り込み、長宗我部氏の傘下へ繋ぎ止めたのであった。これを機に元親の西讃制圧が一挙に進展し、天正七〜八年の間に中讃の羽床氏や長尾氏らが、つぎつぎと長宗我部氏に従属した（木村家文書）。

その頃、親泰は阿波南部の領主たちを従えて（浜文書）吉野川下流域へ迫り、讃岐をうかがっていた。これより先、吉野川下流域の勝瑞城には、阿波守護代の三好氏がおり、永禄三（一五六〇）年以降、讃岐を支配下に置いていたが、三好長治が重臣の篠原長房と対立してこれを討つと、讃岐の国人たちは三好氏から離反し、抗争を開始した。その過程で長治は戦死し、天正六年に讃岐の十河存保（長治の弟で十河氏を継ぐ）が勝瑞に入って三好氏の家督を継承し、東讃と併せて支配下に置いていた。親泰の使命は、この三好・十河勢力に南から攻勢をかけることにあった。このとき元親が西から東讃へ進軍中であったが、親泰が元親と呼応して動いていたことはいうまでもない。

長宗我部氏の動きは、信長に警戒心を抱かせ、存保らの求めに応じて織田軍が四国へ派遣されたため（寺尾菊子氏所蔵文書）、元親の讃岐侵攻は完全に停滞を余儀なくされた。しかし天正十年六月、信長が本能寺の変で横死すると、元親は直ちに勝瑞城へ攻勢をかけてこれを制圧した。存保は讃岐の虎丸城へ逃れ、羽柴秀吉に元親を訴えると、仙石秀久が元親追討のために派遣され、東讃の要の引田城に入った。元親はこれを迎え撃ち、翌十一年春に再度、虎丸城を攻め、引田城では久秀を撃破した。翌十二年、元親は、小牧・長久手の合戦で釘付け状態の秀吉を横目に一挙に十河・虎丸城を攻略し、引田城を陥れて（香宗我部家伝証文）、念願の讃岐制圧を成し遂げたのである。

（市村高男）

土佐から興り讃岐を統治した長宗我部元親画像
(秦神社蔵・高知県立歴史民俗資料館写真提供)

(6) 香川氏の降伏

天正六(一五七八)年夏、土佐の長宗我部氏が讃岐へと侵攻を開始する。西讃地方の藤目・本篠城は土佐勢の攻撃を受けたが、香川信景は援軍を派遣しなかった。これを見た元親は、信景の舎弟観音寺景全の家老である香川備前守へ使者を遣わし、信景に和親の申し出をした。信景はこれを受け入れ、香川山城守・河田七郎兵衛・同弥太郎・三野菊右衛門の四人の家老を二人ずつ土佐へと赴かし、元親の次男親和を女婿に迎え和睦を結ぶ。そして信景も岡豊城へ出仕して元親に拝謁するのである。ここにおいて信景は元親の支配下に収まり、以後西讃地方は長宗我部氏により統治される。

香川氏にとって三好氏に対抗するには長宗我部氏の協力が必要であった。一方、元親にとっても香川氏の協力なくしては、阿波・讃岐進出が不可能であり、ここで両者の利害が一致するのである。信景には男子がなく、いずれ後継者が必要になる。そこで元親の申し出に、次男を婿として迎え入れ香川家を継がせることにした。香川氏は元親に降伏というより、姻戚関係を結ぶことによって、家の存続が図られるのであった。

信景が岡豊城へ赴いた際には「元親卿の馳走自余に越えたり、振る舞も式正の膳部なり。乱舞、座敷能などあり。五日の逗留にて帰られけり。国分の表に茶屋を立て送り坂迎あり」という盛大な饗応であった（『元親記』）。この歓待ぶりは、元親と信景との関係は征服者と服属者の関係とはいえない。次男親和を婿入りさせることにより、同盟者としての関係を持つものといえよう。親和は五郎次郎と称したが、この名称は香川氏の家督相続者が代々名乗った名称である。これは信景を当主にして、西讃を統治していこうとした長宗我部氏の意志の表れである。

天正十年六月に西衆と称される東伊予・西讃の軍勢が西長尾城に集結した。西衆の総大将は、香川親和だが、その後見役として香川信景が務めるのである。とくに西讃勢は元来香川氏の家臣であった。信景なくして西讃を統治することはできず、元親が同盟を締結した最大の要因がここにあった。

翌十一年の十河城攻めの際に、信景に逐一戦勝の報告をする旨を元親が差配しているが（秋山家文書）、西衆の統括は信景の権限であったことを示す。西讃は元親の支配下に収まったというが、実質的には信景による統治が依然と変わらぬ形で行われていたのである。

親和が天霧城に入城した時期だが、讃岐の平定をほぼなしとげた天正十一年に比定することができる（金子文書）。まだ長宗我部氏に服属していない国人が多数存在し、それに費やす戦闘を続けるため入城する機会はなかった。西長尾城が中・東讃攻めの拠点であったため、その地に居住したと考えられる。親和は安定時期を迎えはじめて入城した。以後、天霧城は伊予攻めの拠点となるのである。

（橋詰　茂）

(7) 秀吉の制覇と讃岐

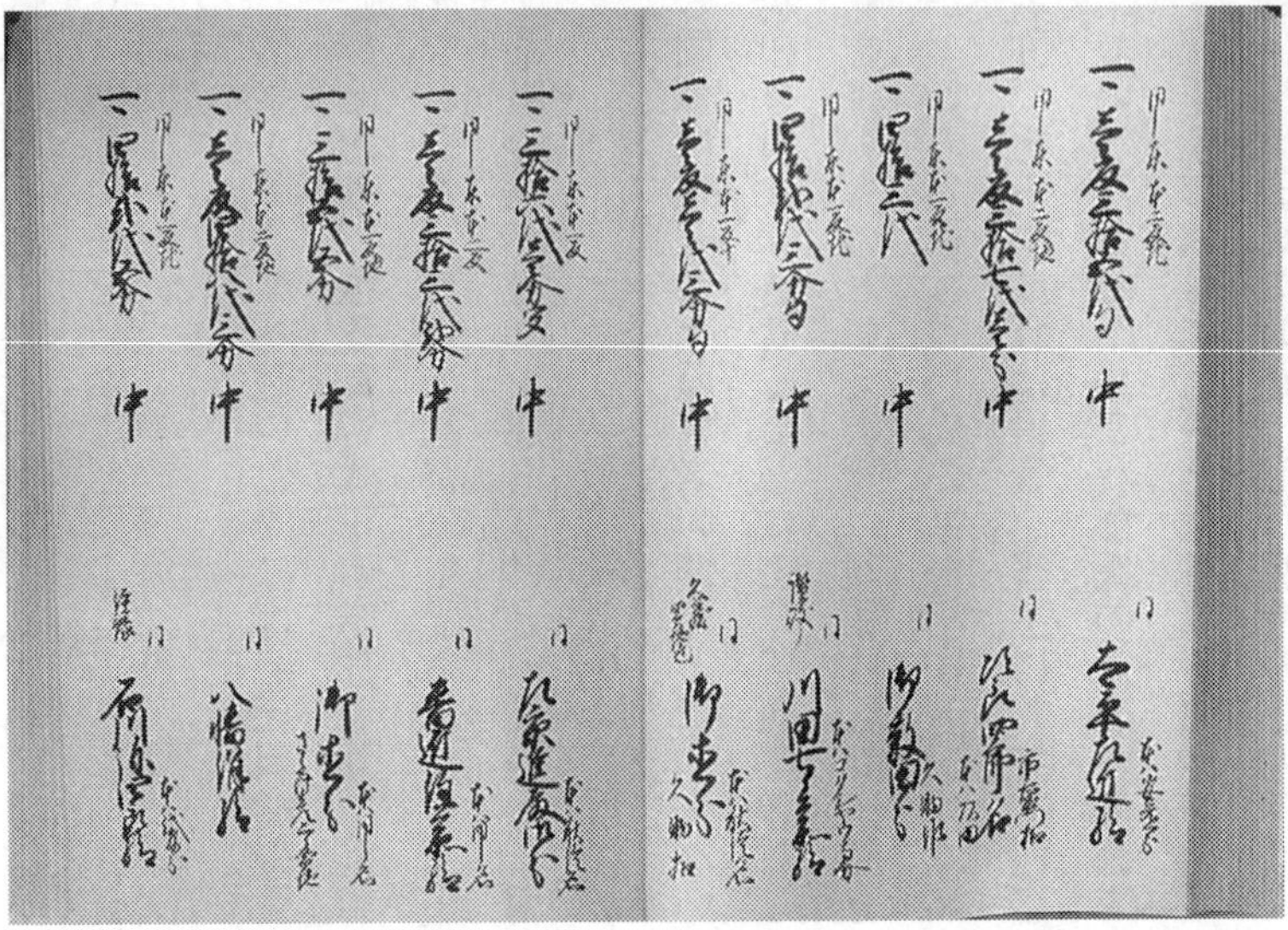

土佐へ移住した讃岐武士名（川田七郎兵衛）を見る長宗我部地検帳
（高知県立図書館蔵・高瀬町教育委員会写真提供）

天正十（一五八二）年六月、京都本能寺で織田信長が明智光秀に攻められ自害する。本能寺の変を知った羽柴秀吉は京都山科で光秀を討ち、さらに賤ヶ岳の戦いで信長の重臣であった柴田勝家を討つことにより信長の後継者となった。

同十三年秀吉は長宗我部元親を討つために四国遠征にとりかかった。この年の春、讃岐を平定した元親は伊予河野氏を降してほぼ四国を掌中に収めていた。元親は秀吉を迎え撃つため、阿波白地に陣どり、阿波・讃岐・伊予三国の要所に軍を配置した。六月十六日、遠征軍は秀吉の弟秀長を大将として出陣、秀長軍は淡路に渡り、羽柴秀次軍と合流して阿波土佐泊へ上陸した。また宇喜多秀家は蜂須賀正勝・黒田孝高軍とともに播磨から讃岐屋島へと上陸、毛利元就・小早川隆景・吉川元長軍は伊予新間へ上陸し、三方から一斉に攻撃を開始した。

讃岐に上陸した宇喜多軍は、牟礼・高松・香西の諸城を陥落させ、長宗我部親武の立て籠もる植田城を攻めた。だが城が容易に落ちないため、阿波へ入り秀次軍に合流した。阿波へ上陸した秀長軍の侵攻に対して、牛岐城の香宗我部親泰と渭山城の吉田孫左衛門は土佐へ退却したため、海岸線の防備が崩壊した。秀次は岩倉城を、秀長が一宮城を陥落させ、美馬郡の脇城へと遠征軍は迫った。

伊予では小早川軍に新居郡金子城の金子元春、桑村郡高尾城の金子元宅が討たれ、殆どの城が攻略された（金子文書）。川之江から元親の本拠白地へと迫る勢いであった。この状況を見た元親は、秀長に和議を申し入れ、七月二十五日和議が成立した。元親は三男親忠を人質として差し出し、土佐へと退却した。元親の降伏により、植田城の長宗我部親武を始め讃岐に居城していた有力武将は土佐へと帰国し、多くの城は廃城となった。

天霧城の香川信景・親和父子も土佐へと移ったため、天霧城は廃城となり、讃岐香川氏は滅亡した。また香川氏に多くの家臣が同道したため、讃岐で長く続いた名族のいくつかは没落していった。土佐へ移った香川氏は岡豊城の北西にある東小野に屋敷を構えて居住した。『長宗我部地検帳』を見ると、そこに「香川殿様」「香五様」などと注記されている土地がある。これは香川氏が土佐へ移住した後、長宗我部氏から給付された知行地である。また同じく地検帳に讃岐出身者と思える武士名を見る。三野菊右衛門・河田七郎兵衛・観音寺備前守などである。いずれも香川氏の家臣だが、信景に同道して土佐へやってきたのである。その地で長宗我部氏に仕える者、土着して農民に帰する者、様々な生活をおくるのであった。

四国を支配下に収めた秀吉は、阿波を蜂須賀家政、伊予を小早川隆景に分与した。讃岐は仙石秀久に与えられ、内二万石は十河存保が領した（『多聞院日記』天正十三年八月二十三日条）。これにより長かった四国の戦国の世は終止符をうち、新しい時代を迎えるのである。

（橋詰　茂）

十河存保二万石の築城を物語る大きな横堀遺構（高松市前田東町）

(8) 十河氏と前田東城跡

近世讃岐の黎明を象徴する城跡が確認された（『香川県中世城館跡詳細分布調査』）。それは、豊臣秀吉から大名に取り立てられた十河存保の居城と思われる。讃岐国山田郡内に二万石の領地を安堵されたというものの、戦国期十河氏の本拠で同じく山田郡にある十河城跡には近世的な改変が見られず、新城の可能性や所在を含め不明であった。

高松市前田東町にある遺構は、近世城郭特有の大きな横堀と方形に付き出した櫓台状の景観を見せている。報告によると、周囲は完全に堀と川及び谷で独立した地形を形成しており、城跡中央北側は一段下がって枡形状になっており、その両端に櫓状遺構が存在するという。織豊系城郭の特徴をもっているともいう。また、西側横堀からさらに西に続く谷は、城下の形成が図られた可能性があると指摘している。

さて、天正十三（一五八五）年夏の長宗我部氏敗退によって豊臣氏の大名となった十河存保は、まもなく、翌十四年の九州島津攻めにおいてあえなく戦死する。右の城築城期間はわずか一年足らずであったこと、また、存保遺児の急死により十河氏の断絶という事態もあって工事未完のまま取り壊しになったものと思われる。

近世大名十河存保の事績を追ってみる。天正十四年夏、豊臣秀吉は諸大名へ九州出陣の命を発した。島津氏平定戦であった。まず毛利氏の大軍を筑前方面に進出させた。大友氏の本国豊後方面には、四国混成軍を派遣した。仙石秀久を総大将とし先鋒には十河存保以下五百余が任じ、それに与する讃岐の武将には香西縫之介・香川民部少輔・寒川七郎・安富肥後守・佐藤志摩介・羽床弥三郎らがいた（『南海通記』外）。また、四国制覇の夢破れた長宗我部元親・信親親子らも参陣した。

この合戦で徳川家康と対決していた秀吉は、主力部隊を動かせないため家康帰順までの間、派遣軍に持久戦を命じていた。しかし、同年十二月大友氏の本拠府内城の南にある鶴賀城を島津家久が攻めかけたが、まもなく戸次川南まで退却した。それをみた仙石秀久は、決戦を挑む。逸る秀久に存保や元親らは制止するが、戸次川まで進み対陣した。秀久隊は、強引に渡河するが、渡りきるところへ島津の伏兵に急襲されて壊滅状態に陥った。続いて渡っていた十河隊や長宗我部隊も先陣の混乱に煽られ苦戦を強いられた。そして、四国混成軍は、完敗を喫した。存保と信親も討死にしてしまった。

合戦の最中に存保は、家臣に一子千松丸継嗣のことを託して敵陣にとって返し信親と共に壮烈な戦死を遂げたという。秀久は、敗走し戦線を離脱して生き延びた。戦後、秀吉から讃岐の領地を召し上げられるも家名を保った。千松丸は、仙石氏に代わって讃岐に入部した生駒氏によって養育されていたが、毒殺されたという。十河氏の系譜は途絶えてしまった。

（唐木裕志）

(9) 香五様の隠居

香川五郎次郎の隠居料所があった豊かな水田地帯
（高知県宿毛市・高瀬町教育委員会写真提供）

讃岐西方守護代であった香川氏は、景の名を通字として名乗りとし、嫡男は代々五郎次郎を幼名に用いた。この項で登場するのは最後の香川五郎次郎ではないかと思われる人物である。戦国時代の香川氏当主であった信景の代に婿養子に迎えられ、五郎次郎を称した長宗我部元親の次男親和である。

元親の長男信親は、豊後戸次川の合戦で奮戦の末討ち死にを遂げたのは前項で述べたとおりである。しかし、親和のことは、養子縁組の前後から土佐勢の讃岐方面軍の総大将としての事績を残すが、豊臣秀吉によって長宗我部氏が土佐へ退去以後のことは不分明であった。

高瀬町史の編纂に関わって天正十八（一五九〇）年作成の『長宗我部地検帳』を検索していたときのことである。幡多郡内に「香五様参分」「香五様御直分」「香川殿様参分」「香五良様分」と脇注された一反前後の土地が一九ヵ所あることを検出した。香川五郎次郎の隠居料所ではないかと理解した。

「香川殿様」の記載は五郎次郎つまり親和ではなく養父信景の可能性もあるが確定は出来ない。

天正十三年の退隠から五年後の検地であるが、現在の高知県宿毛市山奈町を流れる山田川の流域に右の土地は散在する。ほとんどが現状では一枚田である。この地点は土佐中村と宿毛とを結ぶ街道沿いに立地する。そして、これらの土地は、要所にあることも重要なことである。

旧天神村の中枢部にある山田八幡宮の近傍にあったり、川の合流地点である落合、街道筋に面した帳場といわれる交通の要衝にも位置するなどが判明している。さらに、小高い丘の立地上から「ヤシキ」地もあってこれらの土地を管理する施設か香川氏親子の隠居屋敷があった可能性も否定できない。いずれにしても両者の最期のことは不詳であり、ただ、香五こと親和は、まもなく病没したという伝承もある。

ところで、親和の香川氏との養子縁組による天霧城入城のことについては、従来『南海通記』等によれば天正七（一五七九）年のこととされてきた。長宗我部氏の讃岐侵入は、天正六年に開始される。その年の讃岐西部への攻撃に対して日和見を続ける香川氏に対して長宗我部元親から養子縁組を条件に和議を申し入れたということであった。

さて、伊予国では早期に土佐方に通じていた東予の武将金子氏へ届けられた香川信景と同五郎次郎の年未詳十二月付書状が各一通伝来されている（金子文書）。これら二通の書状は、金子氏から五郎次郎の天霧入城に対する祝儀のことがあって、それへの礼状であった。これらの記事によると本能寺の変（天正十年六月）の出来を知らない備中高松城主清水宗治の自刃以後における備前・備中国境の諸城仕置きのことが書かれている。したがってこれらから親和の天霧城入城のことは同年暮れ以降のことと思われる。

（唐木裕志）

鵜足郡岡田下郷の地を木村又二郎に与えた仙石秀久知行宛行状
（木村家文書・香川県立文書館写真提供）

(10) 仙石秀久の入部

秀吉が四国平定した後の讃岐は、仙石秀久が領し、内二万石は十河存保に与えられた。秀久は十河存保が元親に攻められた際、救援のため派遣されて引田で戦った経験があり、讃岐の状況をよく知った適任者として統治を任されたのであろう。秀久はまず宇多津聖通寺山城に入城し、森石見守村吉を家老として仙石筑後守と名乗らせ、一万石を与え讃岐の統治をはかっていった。

讃岐では「土佐元親競望ヲナシ数年戦ノ街ト成テ国中馬蹄ニカカリ荒所トナリ、民庶困窮シテ年貢ヲ闕如ス」と記されているように（『南海通記』）、まだ戦禍の傷跡がなまなましく、不安定な社会情勢であった。荒廃した地で一揆が起こり、年貢未納の農民一三人を宇多津聖通寺山麓で釜ゆでの刑に処した。また秀久と戦った香西佳清の子女が隠れていた香東郡安原山の山主安原甚太郎と小頭一二人を磔に処し、その配下一〇〇余人を獄門にした（『南海通記』）。新領地における徹底した厳罰主義による支配を示すものである。

一方、寺社には入部直後の混乱を防ぐために、保護政策を行った。まず八月に那珂郡松尾寺・豊田郡地蔵院に禁制を発布、十月には金毘羅宮へ一〇石寄進し、地蔵院には年貢免除を行った（金刀比羅宮文書・地蔵院文書）。翌十四年にも金毘羅宮・白峯寺・一宮神社に寄進している（金刀比羅宮文書・白峯寺文書・田村神社文書）。

また在地の武将の家臣団への組み込みを図った。十三年十一月、平尾弥四郎に長宗我部元親との戦いの感状を発給し（平尾家文書）、翌年正月には金倉顕忠の跡職として金蔵寺村一五〇石を宛行った（『新撰讃岐風土記』所収文書）。八月には鵜足郡岡田下郷を木村又二郎へ、香東郡井原庄内二ヵ村と阿野郡新居郷内国分村を由佐長盛に、山田郡木太郷内六ヵ村を由佐家盛に宛行った（木村家文書・由佐家文書）。木村・由佐氏は元親の下で十河攻めに参陣した武将である。元親の土佐退却後、在地に留まった武士の旧領地を安堵して召し抱えた。これは九州攻めを目前にひかえ、讃岐での家臣団編成が急務なためであった。

十四年四月、秀吉の命により薩摩の島津義久を討つため秀久は四国勢を率いて豊後へ出陣した。この時秀久に率いられたのは十河存保・長宗我部元親軍らであった。秀久が豊後へ派遣されるにあたり、塩飽へ五〇人乗りの船一〇艘の軍用船を出すことが秀吉から命じられた（塩飽人名共有文書）。豊後へ侵入した島津軍は大友氏の属城鶴ヶ城を包囲、これを救援しようとして戸次川《へつぎ》で戦うが敗戦する。長宗我部信親・十河存保は戦死し、秀久は敗走した。この敗戦により、秀久は領地の讃岐を没収された。

翌十五年正月、秀久の後を受けて尾藤知宣が新たな領主となる。知宣も九州へ出陣するが、消極的な戦いをしたとして秀吉の怒りに触れて讃岐を没収された。わずか四ヵ月の領主であった。

（橋詰　茂）

第十三章　近世転変

慶長五（一六〇〇）年九月十五日早朝、朝靄の中から馬のいななきが聞こえるや、一気に蹄の音が大地を揺るがし始めた。ここ関ヶ原に集う東西の大軍、一方の将は徳川家康、それに対するもう一方は石田三成である。世に言う関ヶ原の戦いの開戦であった。「天下分け目の戦い」といわれる戦いの結果は云うまでもなかろう。これ以後徳川家康の天下へと移るのである。

これより先、文禄年間（一五九二〜一五九六）に日本から海外へ向けて大軍が出立した。豊臣秀吉の命を受け、各地の大名がこぞって朝鮮半島目指し出兵するのである。国内での戦乱が終止符をうち、久々の平和な社会が訪れたと誰しも思い、しばしの安らぎに浸っていた。だが、それもつかの間でしかなかった。日本から海外への出兵は、倭国と称されていた四世紀末、高句麗への侵略以来一二〇〇年ぶりのことである。二度にわたる朝鮮出兵は侵略戦争以外の何物でもない。この侵略戦争は、秀吉による全国支配体制をより強固にしようとしたものであった。ここで完全に中世から

覚城院鐘楼
（重要文化財　桃山時代）

近世へと転換するのである。それに追い打ちをかけたのが関ヶ原の戦いである。新たな近世の主役が登場したのである。徳川家康、その人である。関ヶ原の合戦の二年後、家康は江戸に幕府を開いた。関ヶ原の戦いは、徳川氏に天下をもたらしたという以上に、その後二百数十年にわたる江戸時代が続き、平和な日本をもたらしたという意味を持つ。朝鮮出兵により断絶していた国交を回復させ、二度と海外に出兵せず、平和の維持に努めたのである。

讃岐では新しい統治者によって近世的世界が作り出され始めたばかりである。それが突如としての海外出兵は、讃岐でも大きな混乱を招いた。ここに動員された戦国武士、近世武士の盛衰が現れる。また、関ヶ原の戦いでさらなる転換が訪れるのである。

さて、秀吉から家康へと天下が移るに伴い、近世の二幕目は一幕目とは異なり、中世の様相はどこにも見ることが出来ない舞台である。戦国の動乱期に生き延びてきた讃岐武士たちは、この二回の戦いにいかに対応したのであろうか。新たな領主のもと、ただ命に従わなければならない弱小武士にとっては、生死をかけるだけでなく、自己の所領の安定と確保のため、必至にならざるを得ないのであった。その結果生み出されたものは、没落と存続であった。わずかに命脈を保った者は、新しい時代の中でその生き方を転換させねばならないのであり、古い時代の生き方は否定されていく。それに伴い領民もその生き方を見つけ出すため苦慮するのである。

従来の讃岐の歴史では、生駒氏の入部からが近世と考え、幕藩体制下の讃岐を中心として語られてきた。そこには中世から近世への過渡期は空白部分が多分にあると云わざるを得ない。歴史は常に流れを持つにもかかわらず、流れをせき止めるかのように突如とぎれてしまっている。その中世と近世の谷間にあって触れられていない時期に焦点をあて、空白を埋める必要が今まさに急がれる。中世側から近世を見るという視点に再度立ち、讃岐の歴史を振り返るならば、今まで見えていなかったことが目の前に現れる。それらを今一度、歴史の表舞台に登場させてみたい。

（橋詰　茂）

近世讃岐の開幕者として入部した生駒親正画像（弘憲寺蔵）

(1) 生駒氏の入部

天正十五（一五八七）年八月十日、尾藤知宣の後を受けて生駒親正が讃岐の新しい領主として封ぜられた。当初引田城へ入ったが、東端であり西讃の統治が不便なため、宇多津聖通寺山城への移動を計画する。だが城域が狭いため那珂郡津森庄の亀山に、次いで山田郡の上田井村に築城を計画した。その後、香東郡野原庄の海浜に新城の築城を開始した。これが現在の高松城の前身である。

親正は、美濃の出身で木下藤吉郎（後の豊臣秀吉）に仕え、天正六（一五七八）年近江で二〇〇〇石を与えられ、同十二年には北伊勢の神戸城に居し、同十四年に播磨の赤穂へ移り六万石を領した。秀吉子飼いの武将として活躍し、中老に任じられている。

親正の入部に対し、抵抗する農民たちがいた。これは目まぐるしく変遷する領主に在地の人々は翻弄され、安住の地を得ることができなかったからである。「国民貢物進納せず、其の張本人百余人、香東郡西浜の海辺において、これを焙る」（『讃岐国大日記』天正十七年条）と、いった状況であった。ここでいう国民は農民を指すものではない。兵農分離がまだ不十分で、農民的要素を持つ土豪層であった。検地により兵農分離が完徹するまでまだ時間を待たねばならない。

そこで反抗しようとする土豪たちを家臣に取り立てることにより、その不満をそらそうとした。また讃岐入部にあたり、有力な家臣を同道していなかったため、早急な家臣団編成に迫られ、旧来の武士を多く登用していった。香東郡由佐の由佐平右衛門に二四〇石、大内郡水主の大山入蔵に一五〇石を与えた（由佐家文書・大山家文書）。また香西氏の一族である香西加藤兵衛を始め、武士三〇人足軽数百人が召し出されたという（『南海通記』）。「東讃岐郡司ハ志摩允、西讃岐郡司ハ三野四郎左衛門」と、東西に郡司を置いて統治していった（『羽綴遺録』）。この三野四郎左衛門は香川氏の重臣であった菊右衛門の息子である。菊右衛門は香川氏と土佐へ移住したが、四郎左衛門は讃岐に残っていたのであろう。また土佐へ移住した武士の中には讃岐へ帰国するものもいた。

讃岐を領した親正は、慶長の初め頃に検地を施行した。また、那珂郡郡家村に大池、阿野南条郡国分村に関ノ池、香西郡笠居村に苔掛《こかげ》（衣掛）池などのため池を築造した（『生駒記』）。雨の少ない讃岐での農村の統治のため苦慮していることを知ろう。

秀吉からの知行宛行状に「讃岐国宛行いおわんぬ、但し御料所として壱万石代官せしめ運上すべし、其の外一円全く領知すべく候なり」とあるように、領地の内から一万石を収めることになっている（生駒家文書）。讃岐に秀吉の蔵入地が置かれたが、これを除く全ては親正の領分として認められた。

こうして生駒氏の入部により、讃岐の新しい時代の幕開けが始まるのである。

（橋詰　茂）

(2)　朝鮮出兵と讃岐

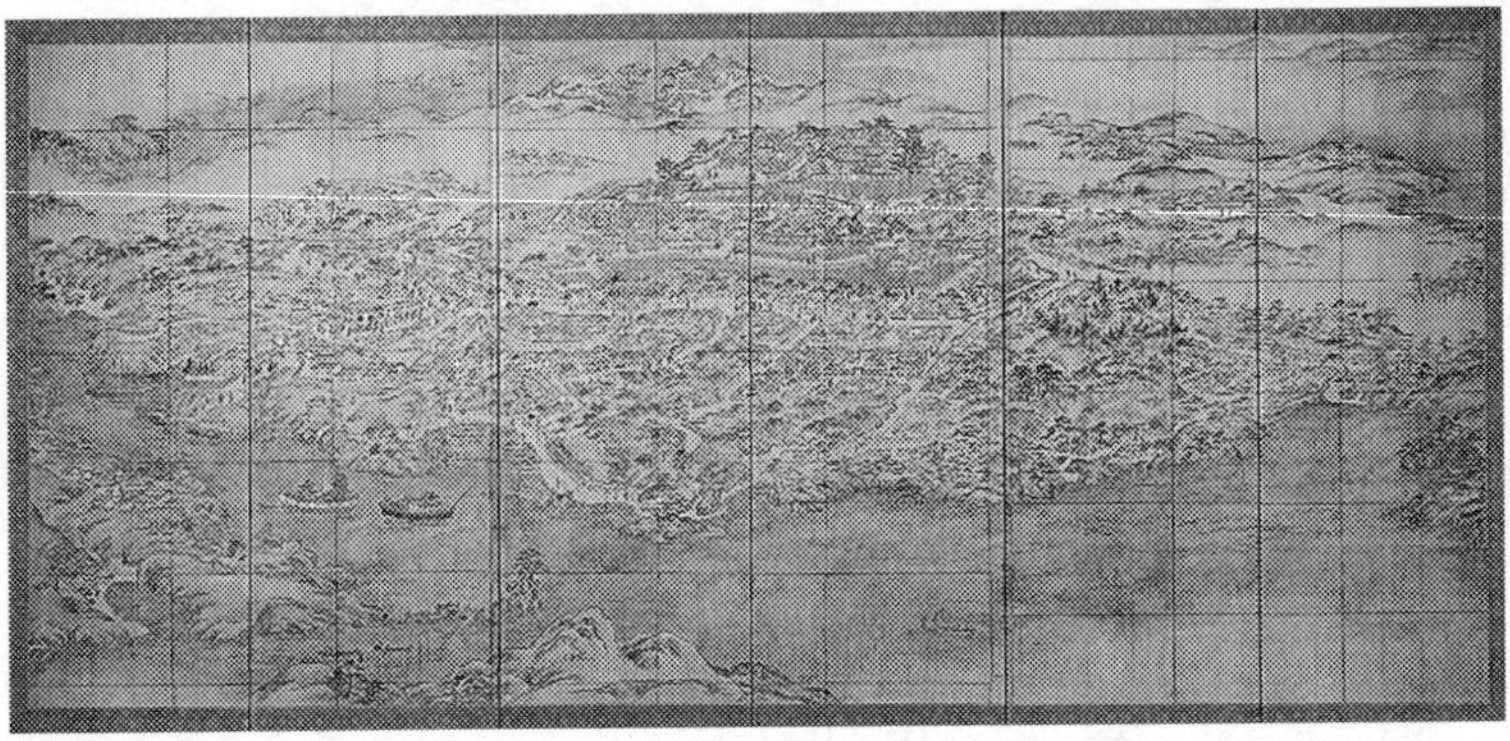
朝鮮出兵の拠点となった肥前名護屋城の図（佐賀県立博物館蔵）

全国統一を完成させた秀吉は、目を海外へ向けていく。そして唐入りと称す朝鮮への出兵を決定し、肥前名護屋に築城して基地とすることを定めた。文禄元（一五九二）年正月、秀吉は朝鮮へ出兵する旨を全国の大名に命じた。それを受けて各地から多くの大名が動員され名護屋へ集結、そこから朝鮮へと出兵していくのである。これがいわゆる文禄の役である。

朝鮮出兵は、讃岐も例外ではなかった。塩飽では朝鮮へ渡海のための船の建造が行われた（塩飽人名共有文書）。船の建造だけでなく、「文禄元年高麗御陣の時、七ヶ年の間、御手船御用の節、豊臣秀次様御朱印をもって、御用仰せ付けなされ、塩飽船残らず、水主五百七十余人高麗ならびに肥前国名護屋両所に相詰、御帰陣まで御奉仕候」とあるように（『塩飽島諸事覚』）、塩飽船と水主が動員される。塩飽船は船奉行の支配のもと、大坂・名護屋間の物資・軍兵輸送を担った。

また小豆島でも船五〇余艘と水主六五一人が徴発された（小豆島船加子旧記之写）。船頭・水主をはじめとする一般民衆に及ぼされた人夫徴発は多かった。四国・中国の大名の軍役は四人役（一〇〇石につき四人）と決められ、石高に応じて軍役が課せられるのである。当然讃岐領主であった生駒親正にも動員がかかった。

親正は息子一正とともに五五〇〇の兵を率いて朝鮮へ渡海、内二二〇〇人は一正の軍勢であった。渡海の際に、暴風により船に張った陣幕が半分水に浸かり、沈没の危機に陥りながらそれにも屈せず舳先に立ち兵士に檄を発し、無事に朝鮮へと渡った。これを吉祥として、以後三つ亀甲と丸車の家紋を波引車にしたと伝える（『讃羽綴遺録』）。親正の出兵に徳川家康は労をねぎらう書状を与えたが（秋山家文書）、異国への出陣の労苦は並大抵のものではなかった。

同三年には大坂城にて留守役をする親正に替わって一正が二回目の渡海をする。当初有利な戦況であったが朝鮮軍の抵抗はすさまじく、李舜臣《イスンシン》率いる水軍に渡海船が攻撃をうけ補給路が遮断されるなど、徐々に日本軍が不利な戦況になった。和平交渉がもたれるが、うまく進行せず最終的には決裂した。

慶長元（一五九六）年九月、秀吉は再び朝鮮出兵を命じた。出兵の準備が急速に進められるが、一正は水主と船を用意しておくよう五大老から命じられる（生駒家文書）。そして同二年二月二十一日、一正は三度目の渡海をする。蜂須賀家政・脇坂安治とともに七番手に属し、二七〇〇の兵をもって渡海して、昌原という所に在陣した。浅野長慶が在城する蔚山が敵勢に包囲されたとき、後巻をして敵兵を多数討ち取る活躍をした（『讃羽綴遺録』）。

異国の地で戦死する者、渡海の途中で海の藻屑と消えた者が数多くいた。この朝鮮出兵は讃岐だけでなく、日本にとっても益のない悲惨な戦いであった。

（橋詰　茂）

(3) 関ヶ原合戦と生駒氏

関ヶ原合戦屏風に描かれた生駒軍（福岡市博物館蔵）

豊臣秀吉の死後、徳川家康は勢力を強め政治の実権を握る振る舞いであった。これをこころよく感じなかった上杉景勝は家康と対立し、会津へと隠遁する。慶長五（一六〇〇）年六月、家康は景勝を討つため大坂から関東へと下る。その隙に乗じてかねてから家康と対立していた石田三成が挙兵した。家康はただちに軍勢を引き返し、三成方の岐阜城を攻め落とし、関ヶ原へと軍を進めた。そして九月、家康を大将とする東軍と三成の西軍が天下を二分する戦いを開始した。いわゆる関ヶ原の合戦である。

この合戦に生駒氏は親子で東西に分かれて戦うのである。家康の上杉討伐の時に親正は病気であったため、一正が子正俊とともに従軍した。一正は岐阜城攻撃にも参加し、手柄をたて家康から感状を与えられた（『讃羽綴遺録』）。一方親正は、七月に豊臣秀頼の命により丹後田辺城の細川藤孝攻めに、家臣大塚采女をもって参陣した。一正とは異なり、三成方に与したのである。これは秀吉子飼いの武将として出世し、大名にまで取り立てられた恩顧のためであったろう。親子が敵味方に分かれて戦わねばならない武士社会の宿命を背負ったものである。

九月十五日早朝、ついに決戦の火ぶたが切られた。一正は徳川軍の先鋒として戦う。一正に従った家臣は脇坂孫右衛門・黒田久六・三野四郎左衛門・奥村宇右衛門・松村庄大夫らで、戦場を駆けめぐり活躍した。とくに三野四郎左衛門は、大谷刑部吉継の重臣大谷源左衛門の首を取る殊勲をあげた。図版は関ヶ原合戦を描いた屏風だが、そこに生駒氏の参陣の様子を見ることができる。この合戦は徳川軍の勝利で終わったが、敗軍に与した親正は高野山へ逃れて出家した（『讃羽綴遺録』）。

親子に分かれ戦ったのは生駒氏だけでなく、真田昌幸・信之父子もいた。どちらか一方に属して敗れれば家名が断絶する。勝者の側についたものは存続する。家の存続を図るため互いに分かれる苦肉の策を取らざるを得なかった。親正が石田方についたが生駒氏に処分は科せられなかった。だが藩主は親正から一正に交替し、六年五月讃岐一七万一八〇〇石余を一正は与えられるのである。

関ヶ原の戦いで、西軍についた大名の多くは領地没収となる。土佐の長宗我部氏もその一人である。土佐は長宗我部氏に替わって山内一豊が領主となるが、讃岐から土佐へ移住していた者のなかには帰国する者がいた。一正が藩主になるに伴い、新たな家臣を必要としたため、有力者が帰国して仕えたのであろう。その一人に河田七郎兵衛がいる。香川氏の家臣として活動した人物だが、一正の重臣として仕えるとともに、一族も召し出されたのである。『生駒家分限帳』に河田八郎左衛門・川田善左衛門の名を見るが、七郎左衛門の一族であろう。

関ヶ原の合戦は、新しい領主を生むだけでなく、藩士の出入りもあり、藩内の再編成が行われるのであった。

（橋詰　茂）

(4) 家康と塩飽

塩飽勤番所人名の墓

関ヶ原の戦いで勝利を得た家康は、慶長八（一六〇三）年に江戸に幕府を開く。家康の天下になり、讃岐も大きく変動を遂げるようになる。

関ヶ原の戦いがあった九月十五日のわずか十三日後の二十八日、家康は塩飽に朱印状を出した（塩飽人名共有文書）。そこには、「先判のごとく」とあるように、秀吉の朱印状と同様に、田畠屋敷地一二五〇石を船方六五〇人に与えることが記されている。関ヶ原合戦に塩飽は徳川方に属した。これに対しての本領安堵の形をとるものである。家康は秀吉同様に塩飽を支配下に置くことにより、その水運力を掌握しようとしたのである。その手始めとして、元和元（一六一五）年の大坂夏の陣の時に、塩飽船は備中から堺へ兵糧米を輸送する任務をおびた（『塩飽島諸事覚』）。

また、大坂の陣後、大坂城の再建のための石材が塩飽の島々から切り出された。本島の笠島浦、広島の江ノ浦・青木浦、与島、櫃石島などである（『塩飽島諸事覚』)。笠島は豊前小倉藩、江ノ浦と青木浦は生駒藩、櫃石島は越前福井藩の石丁場であった。これらの島々は今も石材の産地として知られているが、この当時から重要な産出地であった。船での輸送が容易なためであろう。

寛永七(一六三〇)年秀忠からも一二五〇石が安堵された。寛永七年は三代家光の代になっているが、これは秀忠が将軍在職中に朱印状が下付されなかったため、六年に願い出てその結果出されたものである。家光以後の朱印状が下付されていないため度々下付を願い出るが、家康・秀忠の朱印状があるため差し支えない旨の達書が貞享元(一六八四)年に老中から出されている(塩飽人名共有文書)。このように江戸時代を通じて一二五〇石は塩飽の本領として継承して安堵された。

船方六五〇人は、土地の領有権を持つところから「人名」と称された。塩飽は幕府の天領となり大坂船奉行の支配をうける。江戸時代に塩飽は人名制という全国的にも例を見ない新たな制度で統治が行われるのであった。

いつごろから船方六五〇人を人名というようになったかは不明だが、六五〇人の人名は塩飽の御用水主の動員数であり、それを各浦ごとに配分した。人名の中から年寄・年番・庄屋が選ばれ政治に携わった。年寄は政治の中心で、信長のころは宮本・吉田・真木《さなぎ》・入江の四氏が務めた。だが慶長年間(一五九六〜一六一五)には真木・入江氏に替わり宮本一族がそれにあたった。公儀の御用や島中の万事は全て年寄の差配で処理していった。宮本氏は中世以来の系譜を引く家筋で、在地領主の性格を持つ。塩飽は中世的支配体制をそのまま近世へ継続する独自の体制で島の統治が行われていったのである。

ただ、「船つかひ候もの」と称された中世の水運に従事した人々は、江戸時代には自由を奪われ、権力者のもとに再編成されるのであった。

(橋詰　茂)

引田港から引田城跡を望む

(5) 引田から丸亀移城

天正十五（一五八七）年に播磨国赤穂から豊臣秀吉の家臣生駒親正が讃岐国に入部した。入部した親正が最初に拠ったのが引田城である。

引田城は讃岐国東端に位置し、引田港の北、港を囲むように岬状に突き出した城山（標高八二メートル）の山頂に築かれている。讃岐国の東端であることは政治・経済の中心であった畿内に近い立地であり、またこの山頂からは淡路島から小豆島までの播磨灘が一望できる。この城は『南海通記』や『元親一代記』などの歴史書で知られるように、阿波三好氏や長宗我部元親らと讃岐国支配を巡って、その攻防の地となった城である。また、この歴史書には引田城の湊へ軍船で攻め入ったことや、引田湊の商人たちにより町家が形成されていたことが記されている。つまり湊と一体化した城であったといえる。

引田城の次に拠ったのが聖通寺山城である。ここも引田城と同様、備讃瀬戸を遠望できる聖通寺山にある。さらにその眼下には、宇多津湊を擁している。

最終的に香東郡野原庄に築かれ、居城となった高松城も水城と知られており、加えて近年の発掘調査により、高松城築城以前においても港湾施設が存在していたことが明らかとなっている。引田と宇多津、そして高松城が築かれた野原も『兵庫北関入船納帳』にその名が見える湊町である。

高松城築城後、慶長二（一五九七）年親正は西讃統治の支城を築く。以前築城計画があった那珂郡津森庄亀山に築城した。これが現在の丸亀城である。ここに嫡子一正を配置し、同六年には宇多津御供所浦や平山浦から水主を移住させて城下町の形成も進められた。

領主が城館を築くのに安定した支配を行うために、軍事的な要衝、交通上の重要地点、そして経済の中心となる場所を選ぶことが必要となる。特に湊では海が他の地域からの侵入を遮る役割を持つとともに、他の地域を海路で結ぶ利点がある。

それぞれの地が築城場所となる下地があり、豊臣政権によって瀬戸内海東部支配のための拠点と位置づけられていたと理解できよう。

また、家臣団にとって生活の場となる城下町の整備は重要課題である。現在でも、それぞれの地で市場や職人町の名残を地名に留めている。ここに住んでいた商工業者たちは、経済的な役割を担っており、彼らの存在は城下町形成の証でもある。

城跡からもその重要性を確認することができる。なかでも引田城は讃岐国で初めて総石垣を巡らせた城であり、讃岐国の築城史を捉える上で貴重なものである。この技術は、織田信長の安土城築城より始まり、信長・秀吉方勢力によって築かれた、いわゆる織豊系城郭と呼ばれるものの特徴である。この総石垣は、その後高松城や丸亀城へと引き継がれて行く。

こうした城下町や総石垣の整備から、讃岐国における近世城郭の登場を見ることができる。

（萩野憲司）

(6) 消えゆく古武士たち

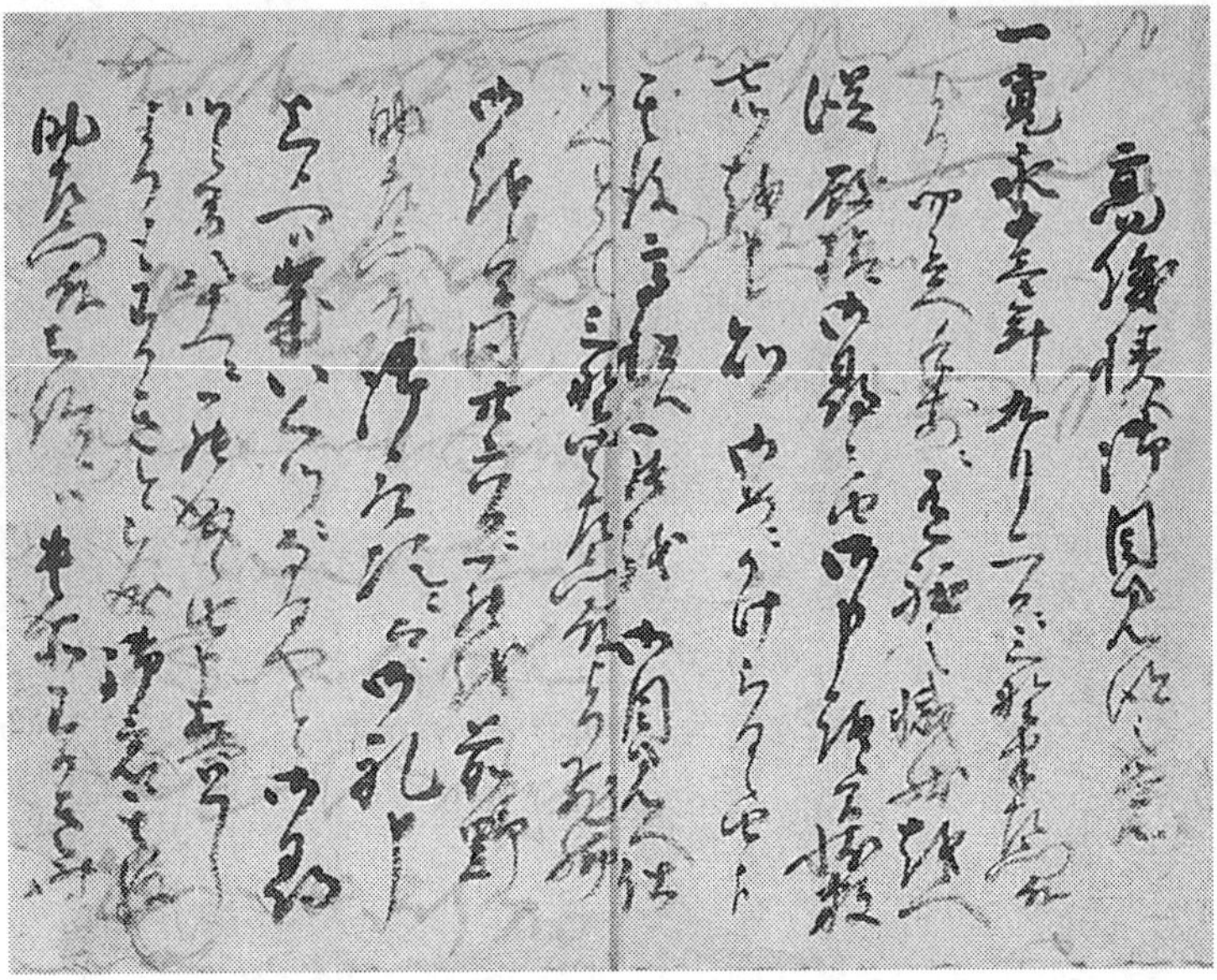

秋山一忠が藩主生駒高俊に謁見した際の情況を記した覚書
(秋山家文書・高瀬町教育委員会写真提供)

戦国期に各地で活躍した国人・土豪たちは、時代の変遷と共に消長していく。まず豊臣秀吉の四国遠征により、敗退していく者が現れる。その後仙石秀久が入部し、九州攻めに多くの武士が動員されるが、この戦いで十河存保・香川民部少輔・安富肥前守・羽床弥三郎が討ち死にし、古来の名族が多く滅亡する。

やがて朝鮮出兵に伴う動員により、朝鮮で戦死するものもいた。無事に帰国してもそのまま家が存続するとは限らなかった。ここで命脈を保ったものの関ヶ原の合戦で、またも没落していく。わずかに残った武士だけが、生駒氏のもとでその家を存続させるのである。江戸時代まで存続する戦国武士は数えるほどしかいなかった。

戦国期に名をなした香川・安富氏はもちろんのこと、奈良・羽床・寒川氏も早い段階で消滅していく。「香西備前一家、三谷伊豆守一家ハ雲州へ行ク、各大身ノ由聞ル、香西縫助ハ池田輝政へ行三千石賜ル、宮脇長門ハ幼少ヨリ故郷ヲ出テ信長へ仕へ、其後秀吉公ニ仕テ三千石賜フ。猶諸家ニ行キ立身ノ衆多カルベシ。又零落スル者万々也」とあるように（『南海通記』）、多くの者が分散離脱した。戦国の乱世を生き延びてきた武士は、近世という新しい時代の波に翻弄されながら歴史上から姿を消していくのである。このような中で、生駒氏に仕えて命脈を保った三野氏と河田氏は特異な例と云わざるを得ない。

さて、何とか江戸時代に家を存続させるために必死にもがいた戦国期の武士の様子を見てみよう。秋山家文書の中に「高俊様御目見得之覚」と称する文書があるが、そこには必死になって仕官を試みようとする秋山氏の状況が克明に浮かび上がってくる。秋山氏は仙石秀久が入部した時に領地を没収された。生駒氏の代に没収された領地を何とか回復しようと図るのである。

寛永十一（一六三四）年九月、三野半左衛門より秋山一忠に対して、古来より伝存所持している書状を藩主高俊が所望している旨が伝えられ、七通を提出した。その後三野四郎左衛門より飛脚が来て、藩主に拝謁するために高松へと赴く。高俊から「歳いくつになるや」と尋ねられ「八十一に罷り成り」と応える。高齢にもかかわらず、かくしゃくとした態度で藩主に接した姿は、まさに戦国武士の気骨ぶりを発揮したものである。藩主から盃を授けられ歓待された。

三野四郎左衛門は一忠と懇意な関係であった。一忠は仕官の口添えを依頼したであろう。秋山氏が藩主の求めに応じて先祖伝来の書状を提出したのは、仕官のきっかけをつかみたい一心からであった。

この結果、一忠の子光忠は仕官が叶った。だが、生駒騒動により高俊の出羽矢島への転封にともない、光忠の子光泰は高瀬郷へ帰る。中世以来の系譜を持つ秋山氏は、武士としての活動に終止符を打つのである。

（橋詰　茂）

(7) 大坂城残石と小豆島石材

肥後熊本藩主加藤忠弘の丁場跡と加藤家の代表刻印（土庄町小瀬）

古くから大坂城築城に際しては、小豆島から採石されたとよくいわれる。大坂城は、豊臣秀吉により築城されたものと、大坂の陣で焼失した後徳川氏によって再建されたものがある。小豆島から採石された石材は、豊臣時代の大坂城に使われたという伝承がある。『小豆郡誌』によれば、加藤清正は島の西部、片桐且元は島の東部、黒田孝高は島の北部から採石したといわれている。

しかしその後の調査で、島に残る残石は徳川氏により破壊された大坂城を、二代将軍秀忠・三代家光の命で、西国大名によって大規模な改築がなされた時のものであることが明らかになった。その工期は、元和六（一六二〇）年～寛永六（一六二九）年の三期、十年間にわたる工役によって完工した。この改築には厖大な石垣石を要した。当時この島が幕府の直轄領であり、急峻な山麓には多数の花崗岩残が散在し、海上輸送の利もあって、九州や伊勢の諸藩の大名が採石した。それに関した古文書が土庄町の笠井家や三宅家、小豆島町の広瀬家に残っている。また石につけられた刻印も大坂城のものと一致する。

当時小豆島で採石した藩と大名、採石地区・丁場及び藩の代表刻印はつぎの通りである。
①肥後熊本藩主加藤肥後守忠弘、土庄町の千軒・小瀬地区、「◎」(蛇の目紋)
②豊前小倉藩主細川越中守忠興・忠利、同町小海地区の各丁場、「」
③豊後竹田藩主中川内膳正久盛、同町大部地区片桐と小海地区めぶろ丁場、「」
④伊勢津藩主藤堂和泉守高虎、小豆島町福田・当浜地区の丁場
⑤筑前福岡藩主黒田筑前守長政・忠之、同町岩谷地区の各丁場、「の」
⑥筑後久留米藩主田中筑後守忠政、小豆島町石場丁場、「田ちくこ」などである。
いずれも国・県・町が史跡指定している。各大名は各地で石を切出し、搬送し、大坂城では割普請等苛酷な普請役を課せられて築いたであろう。

これらの丁場でどれ程の石を切出したかは明らかではないが、小海地区から元和八(一六二二)年に八四九個出した記録(細川家文書)がある。

大坂城改築完了後各地区に残されたものが残石で、四角な石垣石(縦横約三尺・長さ約九尺、隅石は縦横約五尺・長さ約一丈五尺)やくず石・種石があり、それらには石を割る時に彫った矢穴や刻印が記されている。残石の最も多い岩谷地区で一六〇〇個余りある。また刻印は藩の代表刻印の他に棟梁、作業組など多種多様があり、岩谷丁場では三〇種程ある。

この残石についてはその後幕府の厳重な管理下におかれ、番人を置いて監視し、公儀御普請等の場合などでも統治者を通さなければ搬出できなかった。

小豆島からの石材搬出は、中世以来の採石技術をもつ石工の存在と良質の石材産地であったことを示す。


(石井信雄)

参考文献

真木信夫『瀬戸内海に於ける塩飽海賊史』香川県教育図書　一九三四
小川信『足利一門守護発展史の研究』吉川弘文館　一九六七
『新編香川叢書』史料篇㈠　香川県教育委員会　一九七九
『日本城郭大系』15香川・徳島・高知　新人物往来社　一九七九
網野善彦他編『日本塩業体系』原始・古代・中世（稿）日本専売公社　一九八〇
『新編香川叢書』史料篇㈡　香川県教育委員会　一九八一
林屋辰三郎編『兵庫北関入船納帳』中央公論美術出版　一九八一
唐木裕志／橋詰　茂外『新香川風土記』創土社　一九八二
『讃岐国府跡（国庫補助による国府跡確認調査概報）』香川県教育委員会　一九八二
石井謙治『図説和船史話』至誠堂　一九八三
『香川県地名大辞典』角川書店　一九八五
『香川県史』8古代・中世史料　香川県　一九八六
『城』週刊朝日百科日本の歴史21　朝日新聞社　一九八六
『香川県史』1原始・古代　香川県　一九八八
山本大『長宗我部元親』吉川弘文館　一九八八
『瀬戸大橋建設に伴う埋蔵文化財発掘調査報告Ⅴ　大浦浜遺跡』香川県教育委員会　一九八八
棚橋光男『王朝の社会』大系日本の歴史4　小学館　一九八八
『香川県史』2中世　香川県　一九八九
『香川県史』3近世1　香川県　一九八九
佐藤進一『室町幕府守護制度の研究』東京大学出版会　一九八九
若松和三郎『篠原長房』原田印刷出版　一九八九
『香川県の地名』平凡社　一九八九
『香川県風土記』旺文社　一九八九
『四国横断自動車道建設に伴う埋蔵文化財発掘調査報告第八冊　延命遺跡』㈶香川県埋蔵文化財調査センター　一九九〇
『香川県埋蔵文化財調査年報　平成元年度』香川県教育委員会　一九九〇

『瀬戸大橋建設に伴う埋蔵文化財発掘調査報告Ⅶ　下川津遺跡』香川県教育委員会　一九九〇
片桐孝浩外『中近世土器の基礎研究Ⅵ』日本中世土器研究会　一九九〇
大林太良編『瀬戸内の海人文化』海と列島文化9　小学館　一九九一
『中小河川大束川改修工事に伴う埋蔵文化財発掘調査報告　川津元結木遺跡』㈶香川県埋蔵文化財調査センター　一九九二
片桐孝浩外『中近世土器の基礎研究Ⅷ』日本中世土器研究会　一九九二
唐木裕志『他火と歴史的景観―讃岐の古道―』他火の会　一九九三
森田恭二『戦国期歴代細川氏の研究』和泉書院　一九九四
片桐孝浩外『財団法人香川県埋蔵文化財センター研究紀要Ⅱ』㈶香川県埋蔵文化財調査センター　一九九四
『新編丸亀市史』1自然～中世編　丸亀市　一九九五
『引田町史』自然～文化財編　引田町　一九九五
網野善彦／石井進編『内海を躍動する海の民』中世の風景を読む6　新人物往来社　一九九五
『四国横断自動車道建設に伴う埋蔵文化財発掘調査報告第十五冊　龍川四条遺跡』㈶香川県埋蔵文化財調査センター　一九九五
『高松東道路建設に伴う埋蔵文化財発掘調査報告第五冊　六条上所遺跡』㈶香川県埋蔵文化財調査センター　一九九五
『香川県埋蔵文化財調査年報　平成六年度』香川県教育委員会　一九九五
『町史ことひら』原始・古代・中世編　琴平町　一九九六
川合康『源平合戦の虚像を剥ぐ　～治承・寿永内乱史研究～』講談社選書メチエ　一九九六
『由佐城跡』香南町教育委員会　一九九七
山内譲『海賊と海城』平凡社　一九九七
田中健二／木原溥幸外『香川県の歴史』山川出版社　一九九七
『日本荘園大辞典』東京堂出版　一九九七
『講座蓮如』第5巻　平凡社　一九九七
『綾南町史』綾南町　一九九八
『日本荘園資料』吉川弘文館　一九九八

『本山寺総合資料調査報告書』香川県教育委員会　一九九九
唐木裕志／橋詰茂『中世の高瀬を読む』①　高瀬町教育委員会　二〇〇〇
若松和三郎『中世阿波細川氏考』原田印刷出版　二〇〇〇
千田嘉博『織豊系城郭の形成』東京大学出版会　二〇〇〇
『空港跡地整備事業に伴う埋蔵文化財発掘調査報告第四冊　空港跡地遺跡Ⅳ』㈶香川県埋蔵文化財調査センター　二〇〇〇
小川信『中世都市「府中」の展開』思文閣　二〇〇一
木下博之／藤好史郎外『財団法人香川県埋蔵文化財センター研究紀要Ⅸ』㈶香川県埋蔵文化財調査センター　二〇〇一
坂上康俊『律令国家の転換と「日本」』日本の歴史05　講談社　二〇〇一
下向井龍彦『武士の成長と院政』日本の歴史07　講談社　二〇〇一
『高瀬町史』史料編　高瀬町　二〇〇二
唐木裕志／橋詰茂『中世の高瀬を読む』②　高瀬町教育委員会　二〇〇二
唐木裕志／橋詰茂『中世の高瀬を読む』③　高瀬町教育委員会　二〇〇二
松田朝由外『財団法人香川県埋蔵文化財センター研究紀要Ⅹ』㈶香川県埋蔵文化財調査センター　二〇〇二
元木泰雄編『院政の展開と内乱』日本の時代史7　吉川弘文館　二〇〇二
『香川県中世城館跡詳細分布調査報告』香川県教育委員会　二〇〇三
『県道関係埋蔵文化財発掘調査報告　積浦遺跡』香川県教育委員会　二〇〇三
大山真充外『考古学に学ぶ』同志社大学考古学シリーズⅧ　二〇〇三
『サンポート高松総合整備事業に伴う埋蔵文化財発掘調査報告第四冊　高松城跡（西の丸地区）Ⅱ』㈶香川県埋蔵文化財調査センター　二〇〇三
『サンポート高松総合整備事業に伴う埋蔵文化財発掘調査報告第五冊　高松城跡（西の丸地区）Ⅲ』㈶香川県埋蔵文化財調査センター　二〇〇三
『大内町史補遺』大内町　二〇〇三
『かがわ今昔　～香川の歴史と文化～』香川県歴史博物館

二〇〇三
『源平合戦とその時代』　香川県歴史博物館　二〇〇三
『サンポート高松総合整備事業に伴う埋蔵文化財発掘調査報告第六冊　浜ノ町遺跡』㈶香川県埋蔵文化財調査センター　二〇〇四
乗松真也外『財団法人香川県埋蔵文化財センター研究紀要Ⅺ』　二〇〇四
『中世の形成』日本史講座　第3巻　東京大学出版会　二〇〇四
元木泰雄『保元・平治の乱を読みなおす』ＮＨＫブックス　二〇〇四
『高瀬町史』通史編　高瀬町　二〇〇五
『講座日本荘園史』10　吉川弘文館　二〇〇五
唐木裕志／橋詰茂外『三野町の中世文書』三野町　二〇〇五
唐木裕志／橋詰茂外『三野町の聖教類』三野町　二〇〇五
荻野憲司外『水主神社所蔵大般若波羅蜜多経調査報告書』東かがわ市歴史民俗資料館　二〇〇五
『大堀城跡』香川県埋蔵文化財センター　二〇〇五
『中寺廃寺跡』（琴南町内遺跡発掘調査報告第一集）琴南町教育委員会　二〇〇五

※『中世の讃岐』に関する雑誌類
『香川史学』一号～三一号　香川歴史学会
『四国中世史研究』一号～七号　四国中世史研究会
『香川の歴史』一号～一〇号　香川県
『香川県立文書館紀要』一号～九号　香川県立文書館
『瀬戸内海歴史民俗資料館紀要』一号～一七号　瀬戸内海歴史民俗資料館
『文化財協会報』特別号　一号～平成一六年度号　香川県文化財保護協会
（以上、県内の図書館等で閲覧しやすいものを掲出した。）

あとがき

平成十五年十二月に第一回編集会議が開かれた。それから数えること九回にわたる編集会議は、時に深夜に及ぶこともあった。それは少しでもいいものにしたい、多くの読者に本書を活用してもらいたい、との編集委員の願望からでもあった。『中世の讃岐』の刊行の構想から十余年、紆余曲折のなか、本書はやっと日の目を見ることができた。

『香川県史』が刊行されてから早十七年が経過した。九年間の歳月をかけて行われた編纂事業により、これまでになかった新たな讃岐の歴史が具現化された。それ以後、いくつかの市町史が刊行されたが、県史を基礎としてその上に新たな歴史が構築されてきた。

今、平成の大合併が全国各地で進行している。香川県もその例外でない。合併により町名が消滅してしまうと、あわてるかのように町史の編纂が各地で行われている。歴史的由緒ある地名が消滅していくことは、歴史に関わる一員として悲しい。このような時こそ、後世に伝えられる讃岐の歴史を再度編集する必要に迫られる。そのような思いで、本書は刊行された。

編集委員のメンバーは、いずれも近年の自治体史の編纂に携わった者たちである。先のような思いを持ちつつ、本書の執筆にあたった。ただ、従来の讃岐の歴史をそのまま記述するのではなく、新たな視点で記述することに努めようとした。そこで四国中世史研究会の会員に協力を依頼した。阿波・伊予・土佐の三国から讃岐を見据えるならば、何が見えるであろうか。その成果は、本書の随所に現れていると自負する。

また、近年の研究成果を多く取り入れた。例えば中世城館跡詳細分布調査や、遺跡発掘調査、絵画資料の検証などである。文献だけにとらわれるのではなく、発掘資料なども大いに活用した。

開発という名のもとに破壊されてきた遺跡や史跡は枚挙にいとまない。今こそ先人が伝えてきた歴史文化を、我々は後世に伝えていかねばならない使命を持つ。本書がそのための一助になれば幸甚である。

なお、本書の編集にあたり多くの方々にお世話になった。ご協力くださった関係者各位と執筆者、および美巧社の方々に厚くお礼申し上げる。

平成十七年七月吉日　　橋詰　茂

執筆者一覧

編集委員

唐木裕志
善通寺市立竜川小学校長

橋詰　茂
香川西高等学校教諭

大山真充
香川県歴史博物館学芸課長

渋谷啓一
香川県歴史博物館専門学芸員

古野徳久
香川県埋蔵文化財センター
文化財専門員

萩野憲司
東かがわ市歴史民俗資料館
学芸員

寄稿者

芳地智子
四国中世史研究会会員

石井信雄
香川県文化財保護協会
小豆支部長

森　格也
香川県埋蔵文化財センター
文化財専門員

松本和彦
香川県教育委員会事務局
文化行政課文化財専門員

松田朝由
大川広域行政組合埋蔵文化財係
主事

片桐孝浩
香川県埋蔵文化財センター
文化財専門員

乗松真也
香川県歴史博物館主任学芸員

特別寄稿者

山内　譲
四国中世史研究会運営委員

久葉裕可
新居浜市広瀬歴史記念館館長

土居聡朋
愛媛県歴史文化博物館主任学芸員

山内治朋
愛媛県歴史文化博物館主任学芸員

福家清司
徳島県立川島高等学校長

長谷川賢二
徳島県立博物館主任学芸員

市村高男
高知大学教授

（順不同）

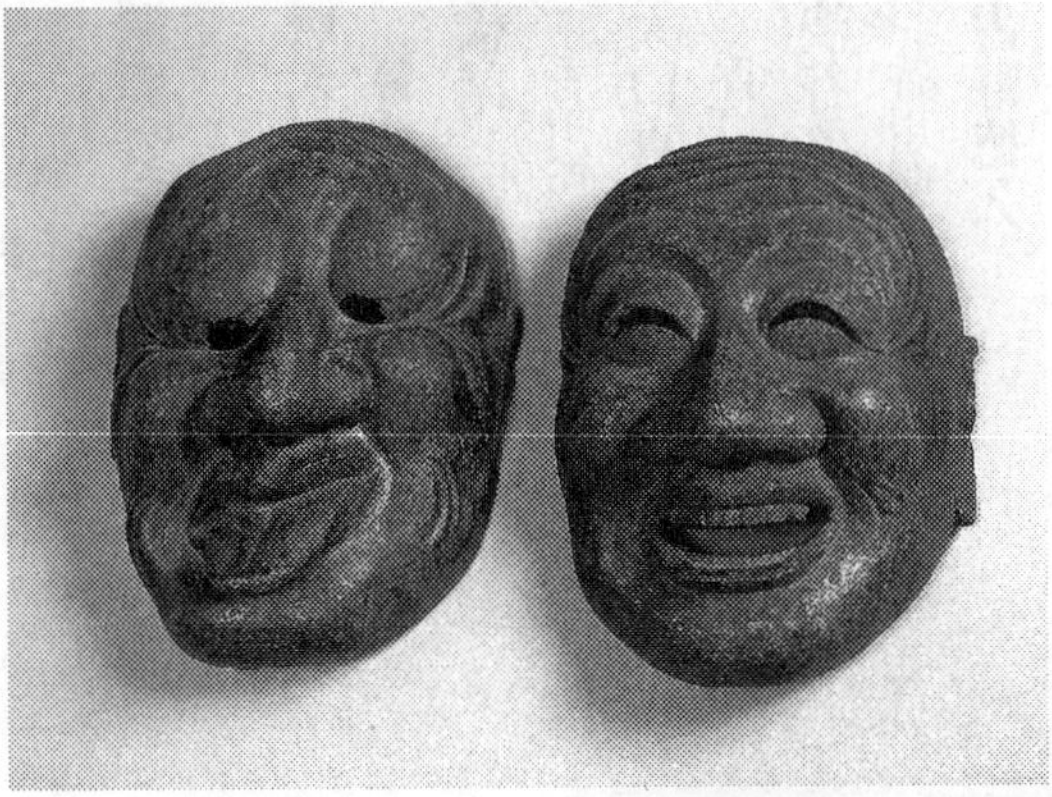

舞楽面（尉・嫗）
福家崇典氏 蔵
（県指定有形文化財　14世紀）

紙本墨書保元物語
金刀比羅宮 蔵
（県指定有形文化財　15世紀）

中世の讃岐

平成17年７月29日　初版発行
平成28年11月７日　第２版発行

編　者　　唐木　裕志・橋詰　茂
発行者　　池上　晴英
発行所　　㈱美巧社
高松市多賀町１丁目８－10　〒760-0063
電話　087（833）5811
印刷・製本　㈱美巧社

ISBN978-4-86387-078-9　C1021